2012 年度教育部人文社会科学研究青年基金项目"从碎片化支持到整合性支持：中国农村性别失衡治理范式的转换"（12YJC940053）资助

余冲 李立文◎著

从碎片化
到整合性支持

农村性别失衡治理范式的
转 换 研 究

中国社会科学出版社

图书在版编目（CIP）数据

从碎片化到整合性支持：农村性别失衡治理范式的
转换研究／余冲，李立文著 . —北京：中国社会科学
出版社，2018.5

ISBN 978 - 7 - 5203 - 2676 - 6

Ⅰ. ①从…　Ⅱ. ①余…②李…　Ⅲ. ①农村—人口
性别构成—研究—中国　Ⅳ. ①C924.24

中国版本图书馆 CIP 数据核字（2018）第 112422 号

出 版 人	赵剑英
责任编辑	喻　苗
责任校对	韩天炜
责任印制	王　超

出　　版	中国社会科学出版社
社　　址	北京鼓楼西大街甲 158 号
邮　　编	100720
网　　址	http://www.csspw.cn
发 行 部	010 - 84083685
门 市 部	010 - 84029450
经　　销	新华书店及其他书店

印　　刷	北京明恒达印务有限公司
装　　订	廊坊市广阳区广增装订厂
版　　次	2018 年 5 月第 1 版
印　　次	2018 年 5 月第 1 次印刷

开　　本	710×1000　1/16
印　　张	16.25
字　　数	294 千字
定　　价	79.00 元

目　　录

第 一 章

导　论

第一节　作为棘手问题的出生
性别比失衡问题

20 世纪 90 年代英国著名的行政学家佩里·希克斯（Perri Six）任职于英国左派色彩的智库时，就开始批判保守党所实施的以体现企业家精神的一系列改革，如市场化、强制竞标、服务外包、权力转移等改革。他认为这些改革的结果使得公共服务的提供呈现分散化、碎片化，难以高效益、高质量地解决人们的实质性生活问题①。他把新涂尔干理论的整体主义方法论运用于公共管理学，主张在政府日益面临跨部门、跨学科、跨时空的棘手性社会政策问题时，需要强调政府组织的整合关系，解决具有分散化、碎片化与棘手性特征的人民生活需求问题。出生性别比失衡是一个面临跨部门、跨学科、跨时空挑战的棘手问题，需要采取弹性而多元化的协调方式，对组织的目标和资源进行整合，才能解决这一问题。佩里·希克斯虽然是从政府机构层面讨论棘手性问题的处理，但他从整体主义方法论角度思考，着眼于推进政府、私人部门、混合组织、公众等多元主体之间的整合性供给服务，其逻辑意蕴彰显出极强的工具理性与时代价值，对于长效解决我国出生性别比失衡的问题具有重要的借鉴意义。

---

① Perri 6，D. Leat，K. Seltzer，&G. Stoker（2002）. *Towards holistic governance*：*The new reform agenda.* London：Palgrave：24.

一 棘手性问题内涵

(一) 棘手性问题

棘手性问题（wicked problems）也被译为抗解问题，所谓棘手性问题，指问题本身和解决方案都无法明确界定的问题，广泛存在于气候变化、自然资源和医疗保障等领域，影响个人日常生活、国家治理乃至世界秩序。佩里·希克斯认为棘手问题是指一种跨越了数个部门边界的问题，以致没有单一部门能独自轻易解决该问题。Rittel 和 Weber 对棘手性问题进行了归纳，概括出被学界广为认可的棘手问题的特征：棘手问题一般是不能明确地表述出来的问题；没有终止规则；解决方案不存在真或假，但有更好或更坏之分；棘手问题的解决方案不可直接或最终检验；每一个解决方案都是一个"一次性的操作"，没有试验和错误来学习的机会，每一次尝试都算是有意义的；不存在一个详尽描述的、潜在的解决方案集，也没有一个很好的可能被纳入计划的允许操作的描述；每一个棘手问题本质上是独一无二的；每个问题都被看成是另外一个问题的表征；在棘手问题的成因上，可能有许多种的解释，解释的选择就决定了问题解决措施的性质；规划者没有犯错的权利。以上对棘手问题特征的概括非常全面，但后续研究者认为这种概括复杂且有交叉，出现了多种简化的尝试。棘手问题的存在已经得到广泛认同，Rittel 和 Weber 从前工业社会、工业社会和后工业社会的社会形态方面阐述了棘手问题产生的宏观原因，认为，价值、观念和利益的差异甚至冲突，是导致问题棘手化的根本原因。罗伯特进一步追问了现代社会中出现价值、观念和利益多样化及社会多样化的原因，补充了棘手问题产生的体制、技术和组织层面。民主和市场经济的扩张、旅行和社会交流的增多，加剧、凸显了价值差异；技术和信息革命让更多的人能够参与问题进程，使得问题解决程序更复杂；政策和管理中意识形态转变产生的分权、试验、弹性化和创新弱化了传统权威、控制机制对冲突的统摄功能，管理和管理者不得不借助更多外界力量来应对棘手问题[①]。

---

① Roberts N. (2000). Wiched Problems and Network Approaches to Resolution. *International Public Management Review*, (1).

（二）棘手性问题的属性

Jake Chapman 等人①在总结前人研究成果的基础上，对棘手性问题进行了深入研究，对棘手性问题的特征进行了总结。一是在其他领域适用的常规的理性决策流程对棘手性问题不适合，即经典的科学与工程范式能够解决清晰的、易理解的和共识性的问题，但不适用于解决开放的社会系统问题。二是棘手性问题涉及严重的分歧。在大多数情况下，分歧的出现缘起于使用不同的视角、范式或框架观察问题和解释问题的分歧，是机构间或利益相关者间或不同群体的人们之间的分歧。分歧既涉及"解决方案"是什么的不同意见，同时对问题本身是什么存在不同意见。每个方案会从不同的立场对某一问题进行描述，把它们不同的方法加入这个问题的分析和解决中。但一个组织的解决方案是另一个小组的灾难。更糟糕的是，这些组织花费大部分时间和精力是试图赢得这场争论，而不是为了真正解决被卷入问题的群体的需要。所以，除非发现一种能调和这些差异的方法，否则，所有的政策都将失败。三是棘手性问题是无边界的。问题和解决问题的方案相互交织在一起，这些多层面的相互连接的问题，需要大量不同的机构来解决棘手性问题的某一方面，没有哪个部门能单独处理棘手性的问题，这给政府部门、地方当局、服务提供者、第三部门机构和个体行为的协调提出了挑战。因为多样化的利益相关者被聚集在一起解决问题，对于问题是什么和问题的根源的看法存在深刻的分歧是必然的。四是棘手性问题是复杂的。复杂性的具体方面表现在，对复杂的人类行为系统的预测变得不可能。理由有三：第一是人类行为系统的不确定性。由于存在许多不同的反馈回路，一些变化可能加强一些变化或是相互抵消，使得整体行为无法预测。第二是系统内每个行为人存在价值差异，对什么引起了什么，什么数据，什么证据，不同的代理人和代理机构有不同的解释。第三是相同的信息发送到不同的人有不同的解释，并且这些有意义的差异会导致不同的反应。不仅如此，不论接收或发送消息，人类总是有更多的选择，并且行使这种选择是无法预测的。因此，虽然我们现在能够用低得多的成本、少得多的时间将

① Milne J L, Chapman C S, Gallivan J P, et al. (2013). Connecting the dots: Object connected-ness deceives perception but not movement planning. *Psychological Science*, (8).

信息发送给对方，但是这些信息不会带来更大的统一性。此外，当一个问题体现了很强的专业复杂性时，模糊性和不可预测性也是这个问题的组成部分。

根据以上学者对棘手问题的界定和属性分析，我们可以把棘手问题的特征简单概括如下：棘手问题是持久性失败的场域，对问题的解决进行了反复尝试后但收效不大；对棘手问题的根源的认识存在严重分歧，即对问题是什么以及做出怎样的改善有不同意见；棘手问题没有边界范围，问题向外蔓延并与许多其他问题互相连通；棘手问题难以解决，棘手问题不能一劳永逸地"解决"；棘手问题极其复杂，在技术意义上是不可预知的。因此，对于棘手性问题的解决必须跨越部门、跨越正式组织和非正式组织进行沟通、协作。诸如贫困问题、都市贫困区域的住房问题及出生性别比失衡问题不能满足传统问题解决方式所需要的信息充分、目标清晰的条件，技术路径避免不了利益相关者价值、观点和生活经验的差异，工程方法更无法解决依靠政治判断而不是科学依据的问题。棘手问题没有现成、速效、万金油式的公式，更不会有类似"粉碎社会复杂性的七个步骤"的操作指南①。

二　碎片化治理的表现

在我国，碎片化政府并不是一个新问题。自新中国成立以来，"部门分割"便一直是困扰政府管理体制的重要问题。计划经济体制下，权力和资源集中在中央政府，分散在各个部委，形成了各自为政、相互掣肘的"条条专政"局面，也带来了异常突出的"条条分割"问题。随着中央政府将相当部分的权力和经济建设的责任一起下放给地方政府，行政体制的主要问题也由"条条分割"逐渐转为"块块分割"。这些改革可以祛除集权化治理的弊端，但是在某种程度上却陷入对问题进行碎片化治理之殇，碎片化治理的基本特征就是各社会治理组织均拥有独立的领域、目标、价值与行为规范，通过分散化的部门来提供多样化的公共服务。这种基于专业分工基础上的分割治理，虽有利于提高组织工作效率，但

---

① Conklin J. （2005）. *Dialogue Mapping：Building Shared Understanding of Wicked Problems.* New York：Wiley；19.

组织间的目标、资源、信息等要素却难以得到有效整合，无法形成一个有机协同的整体来解决那些日趋复杂化的社会问题。进入 21 世纪之后，社会建设和管理相对滞后、社会矛盾多发高发的现实又使"部门分割"问题变得凸显起来。我国政府不仅依旧肩负经济发展的使命，还必须越来越多地面对突发性公共事件、社会政策、城市病和可持续发展等多个棘手性问题，因此迫切需要摒弃碎片化的治理方式。具体来说，碎片化治理的流弊主要表现在以下各个方面。

（一）组织价值的碎片化

在政府内部，建立共识是各部门朝着整体目标协调一致行动的前提。社会治理价值理念的碎片化主要是指社会治理的不同部门形成的、各自的部门价值和文化，集中表现为"政府部门利益化"倾向。孙立平曾深刻地指出："政府部门利益化的实质，是政府的公共权力被具有私利的主体所分解，而这个主体恰恰是政府的一部分。"从制度设计上讲，政府各个部门的负责人应该是政府领导人派往各部门推行政府整体政策和整体目标的代表。但在现实中，他们往往蜕变为所在部门利益的代言人，只说或多说"行业话"，不说或少说"全盘话"，结果造成"行政权力部门化，部门权力利益化，部门利益法定化"。在该"三化"中，各个部门已用"部门利益追求"的价值取向替代了"公共利益关怀"的价值取向，部门对于政府领导人的服从往往是象征性的。在很多需要跨部门协调的事务上，政府领导人的部署精神往往不被部门所认同，即使他们在表面上表示了认同或顺从。由于部门间的协调难度颇大，政府领导人很容易沦为负责协调的人，而不是专一的决策者。部门作为利益主体出现，过多地从本部门、本行业的利益出发，过于强调、维护或谋取本部门利益，使政府所代表的公共利益的天平发生倾斜，这已成为我国政府内部价值整合的最大障碍。这种狭隘性、分散性、敌对性的部门主义，或许有利于局部效率的提高，但严重的本位主义导致了社会资源的浪费，消解了社会治理的整体绩效，最终丧失了公共性。

（二）社会治理组织结构的碎片化

政府往往按其功能角色划分为许多职能不同的部门，但由于组织间缺乏沟通协调、整合服务的机制，利益导致了行政业务之间、行政层级之间、行政部门之间以及公私部门之间的隔阂与冲突，形成了碎片化的组织结构。碎片化的组织结构使得部门的适应性和灵活性大为降低，难以适应复杂的公共议题，也无法对公众需求做出快速、及时的反应。以北京市东城区政府为例，政府管理职能分散在 37 个专业管理部门和街道办事处，一个井盖出问题可能涉及水、电、气、热、交通、电信等十几个部门。在垃圾管理中，生活垃圾归环卫部门，建筑垃圾归建委管理，建筑垃圾上再覆盖上生活垃圾就成了没人管理的混合垃圾。

（三）权力和资源配置的碎片化

权力和资源配置的碎片化一方面表现为部门间的职能交叉问题。我国政府普遍存在部门职能定位模糊、职责不清、多头执法等问题，各个部门有利则抢着干，无利或不利则退避三舍。其结果是，管的部门越多，缝隙就越大。另一方面则表现在"财政部门化"。"财政部门化"不利于政府统一调度和合理配置资源，严重削弱了政府实现整体目标的力量。从目前的财政体制看，尚有众多公共资源分散在各个部门，例如政策资源、审批资金和自有资产等。部门在使用这些资源时，根本不从政府的整体政策出发，而将之视为自己的"私房钱"。同时，财政本应是政府领导人实施整体政策的政策工具，却因"财政部门化"引致的"财政出钱，部门出政策"问题而未能发挥作用。

（四）政策过程的碎片化

我国的政府决策过程具有明显的碎片化特征。借用 Lieberthal 和 Lampton 在 1992 年提出"碎片化权威"（fragmented authoritarianism）的概念来理解，在我国政治体制最高层之下的权力是相分离的①。我国官僚政治的层级体系和权力的功能化划分相结合导致每一个单独的部门均有独立的权威来源，而且没有哪个单独部门的权威可以超过其他部门。各个部门会根据自身的利益制定部门政策或者影响政府政策制定过程，因此，Lieberthal 和 Lampton 认为，中国的公共政策一般由政府各相关部门共同参与制定，部门之间、上下级政府之间、同级政府之间需要在项目谈判中进行争论、妥协、讨价、还价，最后才制定出公共政策，公共政策制定的过程实际上就是部门之间相互博弈的过程。碎片化的决策过程不仅

---

① 叶托、李金珊、杨善平：《碎片化政府：理论分析与中国实际》，《中共宁波市委党校学报》2011 年第 2 期。

导致决策的成本升高、周期变长、效率降低，大量的资源和时间被浪费在部门利益的争夺、扯皮和推诿之中，还往往带来公共政策的扭曲和变异。

（五）社会治理方法体系的碎片化

长期以来，我国社会治理主要依靠传统公共行政范式下的权威，治理手段单一且带有强烈的刚性特质，造成了我国社会治理方法体系的碎片化。这种单一的刚性治理手段势必会影响到政府行为的选择，部分官员惯于动用行政资源或高压手段，简单粗暴地解决社会矛盾，这样做不仅不利于社会矛盾的解决，甚至会恶化政府与民众的关系。比如上访问题。在过去 10 多年里，农民上访已成为让基层政府在信访治理中"很被动""最头疼"的问题，甚至出现不惜一切代价进行拦访、截访、陪吃、陪住，或者以"精神病"为由将上访者送进精神病院的极端情形。另外，在行政管控思维的影响下，政府几乎包揽了所有社会事务，承担了所有社会责任，这不仅严重阻碍了政府职能的转变，耗损了过多的社会公共资源，而且压缩了社会力量参与社会治理的空间，降低了社会治理的效率和效益。

随着社会治理的日益复杂化，传统的以一元治理、专业分工、各司其职为特征的碎片化治理已不能适应现代社会治理的需要。必须转变治理理念，创新社会治理，"加快形成科学有效的社会治理体制，确保社会既充满活力又和谐有序"。因此，需要摒弃社会治理的碎片化，整合社会治理的组织、功能、资源等要素，实现社会治理的协同化。

（六）治理过程的碎片化

政府治理过程包括政策、规章、服务以及监督等活动环节。基于新公共管理理念的政府权力转移和单一目的组织的设置必然导致政府治理过程的碎片化。首先，部门政策或项目有可能相互冲突。各级政府部门和机构都有自己的政策目标，这一政策目标都是从自身政策领域的角度制定的，它可能在顶层设计时在价值取向和中间衡量指标上就与其他部门的政策相冲突。其次，组织业务流程不一致。各机构在执行政策时都有各自的程序，这些程序之间可能会产生冲突。再次，信息系统不兼容。各部门都有自己的一套信息系统、信息收集标准。在信息密级的幌子下，其他部门获取信息很困难，即使可以共享，由于信息标准和格式不同而无法兼容。最后，服务的碎片化。政府部门是按一定专业功能划分组织起来的，新公共管理改革所设置的大规模执行机构更是细化了专业分工，而公众生活中面临的问题不可能根据政府执行机构的种类来划分，公众要解决的生活问题被分散于多个执行机构，公众不得不来回于各个机构之间，公众想要获得公共服务变得很困难。

三　碎片化政府与治理失灵

可见，表面上完整统一的政府管理体制其实一直处在"四分五裂"的状态。在现行政府管理模式下，各级政府总是被划分成许多职能不同的部门。这种按功能划分的组织结构适应了专业分工的需要，有利于政府效率的提升，但如果不同职能的部门在面临共同的社会问题时各自为政，缺乏相互协调、沟通和合作，不仅将使政府的整体政策目标无法顺利达到，也会带来服务的分裂性和碎片化，影响公众的福利和服务接受的质量，碎片化政府（fragmented government）就此形成。

（一）地盘和地盘战

理解碎片化政府的关键概念是地盘（turf）和地盘战（turf wars）。地盘指的是不同部门具有各自独立的职能区域和政策空间，以及该领域的裁判权。每个部门都在各自的地盘上制定自己的政策议程，并试图以最有效的方式运用自己的资源，达到自己设定的政策目标，与此同时，它们也发展出了自己的组织个性或意识形态。在缺乏沟通和协调的情况下，各部门为了保护地盘，通常在合作的时候保留实力或者牺牲整体利益，而在冲突的时候相互侵犯，就此展开了地盘战。政府因地盘和地盘战而陷入高度分立的状态，各种问题将会接踵而至，服务的供给也将产生诸多弊端。这些问题包括：转嫁问题，让其他机构来承担代价；项目互相冲突，一些机构的政策目标互有冲突，或者，一些机构尽管从事同一政策目标，但却互相拆台；一些不同的服务目标会导致严重的冲突；由于缺乏沟通，在对需要做出反应时各自为政，一些机构认为可以在不与其他机构通气的情况下凭自己的力量解决问题，但最后却并没有满足真正的需要，进而使得不同机构或专业缺乏恰当的干预或干预结果不理想；公众无法得到服务，或对得到的服务感到困惑，他们常常不知道到哪里去获得恰当的服务，此外，由于没有考虑问题产生的原因，而是强调可得的或固有的一套专业干预，从而产生服务提供或干预的遗漏或差距。最后导致公众对政策越来越不满意，形成"每一个专业都是对大众的背叛"的理解。

（二）碎片化治理的根源

碎片化治理根源于官僚制的内在特性。自从亚当·斯密将劳动生产力的增进视为分工和专业化的结果之后，分工和专业化便成为现代社会的一个重要标志。韦伯研究官僚制的出发点有两个，一个是理性化，另一个就是分工和专业化。"官僚制是建立在高度分工和专业化基础之上的，为了有效处理纷繁复杂的事务和解决各种各样的问题，各个部门均有一套稳定且详细的技术规范要求，因此，组织在各个领域都必须配备专家和技术人员，以适应工作需要。"在韦伯看来，按照职能划分的官僚制组织有利于组织成员通过训练掌握专门的知识和技能，进而有利于提高组织的工作效率。但是，政府过度强调分工和职能区分将不可避免地造成部门间政策目标与手段的冲突。正如韩保中所说："官僚体系内部亦会不断地再分工及更专业化发展，进而形成官僚体系内部的隔阂，各机关组织朝向分离方向发展，组织关系便呈现'碎裂化'的状态。"[①]

在这种情况下，治理失灵在所难免。碎片化政府的治理失灵主要体现在两个方面，一个是关于政府的内部管理，另一个则涉及的是公共服务的供给。

1. 由于官僚组织领域界限的模糊性，碎片化政府经常陷入"边界冲突事件"，从而导致资源的浪费和效率的损失

安东尼·唐斯在《官僚制内幕》中运用"领域"这一概念深刻地解释过官僚组织的部门分割现象。他根据官僚组织的特定职能区分将政策空间划分成各个领域带，并认为，现代官僚组织领域的最重要的特性之一就是其界限模糊，而这种模糊性来自于现代社会复杂的相互依赖性。界限的模糊性使得官僚组织争夺政策空间位置的斗争从未停止。尽管官僚组织政策空间内的每一个"边界冲突事件"不会对其生存构成威胁，但是，弥漫在政策空间的不确定性，使得每一个官僚组织对于内部地带的"入侵"和发生在"无人地区"和外围空间及附近的事件特别敏感。

---

① 韩保中：《全观型治理之研究》，《公共行政学报》（台湾）2009 年第 31 期。

由于领域敏感性的影响，每一个社会机构本质上都是一定程度的领域帝国主义者，只要社会机构存在互动，它们的帝国主义行为必定导致相互之间的冲突。

2. 与碎片化政府相适应的传统决策模型难以有效地解决棘手问题

传统官僚制（Traditional hierarchical forms）采取的是"烟囱式"系统（stovepipe）对问题界定、管理和解决的线性路径，无助于棘手问题的有效应对①。而官僚制偏爱规避风险，不能容忍混乱的程序，善于解决边界清晰而不是需要试验、创新的混沌议题。Leach 和 Smith 指出，传统决策模式至少存在三个主要缺陷：一是决策过程的单线性。传统决策模型将政策过程简单地描述为从政策问题界定到政策方案制定和政策方案执行，再到政策评估的单线流程，根本难以真实地描述复杂而多变的决策过程。二是决策视角的单部门化。在政府碎片化的情况下，部门通常根据本组织的立场和利益制定政策，而政策的执行也是单单依靠本部门的资源和力量。三是政策的一次性（one off）。部门将每一个政策均视为独立的政策，相互之间毫无关系，每次决策都是新的开始。这样的决策模式在解决温顺问题（tame problems）时会表现出相当高的效率。温顺问题适用于具有以下特征的政策问题：一个相对明确和稳定的问题表述；一个明确的终止点，即我们知道何时可以解决问题；解决方案的对错可以得到客观的衡量；类似的诸多问题可以被类似的方式解决；解决方案可以先试一试。如果不行，可以马上替换。但是，在现实中，公众面对的是综合性问题（joined-up problems），公众的问题并不是依照学科、专业或组织的界限而来。这类棘手问题通常跨越了多个部门的领域界限，致使没有哪个部门可以单独解决这一问题。因此，传统决策模式一旦碰到棘手问题就将陷入束手无策的境地。

四 作为棘手问题的出生人口性别比失衡问题及其治理

（一）出生性别比失衡依然严重

我国出生性别失衡一直持续了 30 多年，出生人口性别比仍有增高

---

① Weber, E. P. &Khademian, A. M. (2008). Wicked Problems, Knowledge Challenges, and Collaborative Capacity Builders In Network Settings. *Public Administration Review*, (2).

的趋势，部分地区出生性别比失衡问题更为突出。出生性别比不仅造成了大量的缺乏基本公民权利的"失踪女孩"，而且直接剥夺了部分女孩的生存权，出生性别比偏好产生的社会后果正在快速积累中，其累积效应正在凸显。由于性别比失衡事关我国人口生态安全和公共安全问题，国家"十一五"和"十二五"规划纲要中，也明确提出要"综合治理出生人口性别比偏高问题"，要"综合运用经济社会政策"，"推进人口和计划生育服务体系建设"等。2003年国家人口计生委启动的"关爱女孩行动"，旨在逐步建立有利于女孩及其家庭发展的利益导向机制，为女孩和生育女孩的计生家庭提供优质服务，改变性别不平等的状况，建立和完善计生家庭的社会支持网络体系被提到新的高度。因此，采取整合性的策略来预防和解决农村家庭的生育性别选择问题，维护农村计生家庭的利益，使其共享人口控制的发展成果，无论从理论研究角度，还是从社会政策角度，都有必要对农村计生家庭的支持问题进行一次深入的审视和探讨，这是构建和谐社会的现实要求，具有重大的理论和现实意义。

（二）农村计生家庭的社会生态环境恶劣，承受着较大的社会压力

在农村，计划生育硬制度与父权制文化设定的男性中心的非正式规范相冲突，并遭遇基层的抵抗①。父权祖宗崇拜、父系族谱、排斥领养、歧视入赘婚等文化实践一道，将男嗣形象塑造成一种必需，而不仅仅是偏好。族与族、房与房、支与支、户与户之间的日常互动和竞争把家庭的生育行为转变成了一种权力游戏，农村家庭深陷其中。加上计划生育政策的落实是一个谈判、妥协、再谈判的过程，执行力度村村有别，户户不同。在这种选择性执行过程中，那些较少受到宗族庇护的户不得不成为政策上的"光荣户"。在男性偏好的强大的非正式规范影响下，农村计生家庭（以下简称计生家庭）则面临来自村落父权文化的巨大压力，所有基于"男性至上"的父权理念而发展出来的"传宗接代""光宗耀祖""养老送终"等社会功能都将因为男性子嗣的缺失而难以实现。在父权文化仍发挥影响的农村社会，这类家庭的生存状况及未来前景必将对

---

① 彭玉生：《当正式制度与非正式规范发生冲突：计划生育与宗族网络》，《社会》2009年第1期。

整个农村的生育文化产生重大的示范效应，对于农村地区（尤其是性别比偏高地区）男性偏好的生育文化的削弱、新型生育文化的传播以及国家人口均衡发展的目标具有深远的影响。

（三）农村计生家庭的社会风险渐显

毋庸置疑，30多年来我国计划生育政策所带来的社会经济效益是有目共睹的事实。但同时必须看到，家庭是计划生育的主体，计划生育政策的执行离不开每一个家庭对计划生育行为的选择，是他们使政策转化为现实，做到了30多年来我国少生了几亿人口。在相关保障措施尚不健全的情况下，计划生育手术并发症、计划生育家庭子女伤残死亡等问题日益聚集，计划生育家庭的生产、生活和生育的可持续发展受到严重威胁。在经济发展相对落后的农村贫困地区，家庭承担着更多的组织生产和赡养老人的社会经济职能，农村子嗣被作为承担家庭风险的重要载体，而农村计生家庭只有一个或两个女儿，因计划生育或其他原因所造成的家庭结构受损，必然使得家庭经济供养资源和支持来源少，其养老也必然失去经济保障，倘若计生家庭代际的经济资源流动和互补不足以支撑赡养老人，则农村计生家庭中传统的代际抚育和赡养机制就会被打破，农村计生家庭不仅将沦为经济上的贫困家庭，比如收入的减少，抗风险能力降低，医疗问题和养老问题严重，而且还将沦为文化上的贫困家庭，受到地方社会的排斥。很多农村计生家庭掌握资源少，抗风险的社会支持资源减少，加上制度设计的局限性和制度之间缺乏配套和衔接，该类家庭的社会风险增大。这种风险实际上反映了我国人口和计划生育政策实施所蕴含的风险，政策自身风险的规避是计划生育政策完善的重要目标之一，这就需要根据经济社会发展水平的变化，构建计划生育家庭的福利体系，建立有效的支持体系。

（四）大量的计生奖励政策尚未扭转性别偏好

为了调动农民实行计划生育的积极性，推动计划生育政策在农村的落实，解决群众的实际生产困难和养老担忧等实际问题，国家实施"对农村部分计划生育家庭实施奖励扶助制度""少生快富""利益导向"等政策。该政策在江西等地区试点，在执行过程中，计划生育利益导向机制还出现了很多形式与创新机制，在教育（中高考加分）、医疗、养老、孩子保险等领域对女孩家庭进行奖励扶助。如江西宜春市从 2005 年开始全面实施"绿色养老工程"，对夫妻双方年龄均在 45 周岁以上的农村独女户和二女不再生育户，无偿提供土地，供其栽种果苗、树苗、花卉或药材，发展绿色产业。但由于政策文本和实践文本的差异，以及生育主体的解读，利益导向政策没有收到预期的效果，出现了"有利无导向"的现象，甚至在很大程度上强化了男孩的偏好①。在这种情况下，有必要进一步思考影响计生政策实施效果的社会因素。

（五）性别失衡对我国的治理提出了挑战

我国人口的变化不仅仅是人口老化问题，它还包括性别失衡和人口的空间转移。这些人口变化挑战着我国的治理。在封建社会及新中国成立以来的很长一段时间，官方主要是通过地方机制（local institutions），如亲属关系网络、基于互助的社会关系对农村人口进行治理。解决问题的能力嵌入农村日常生活方式中。随着农村人口流入城市地区，传统的地方问题解决能力正在变弱甚至消失，与社会福利、老年支持、卫生保健、冲突解决等问题成为突出的挑战。

传统治理理念下的性别失衡治理问题比较简单，主要依托"关爱女孩行动"的战略平台，仅在人口与计生部门的行政管理区内通过计生工作人员的工作来进行管理。社会管理中传统的碎片化治理，首先就存在治理主体单一问题，而整体性治理提倡部门之间的协调与合作。其次，除了治理主体单一，治理的对象也没有完全覆盖。性别失衡问题涉及的利益相关者覆盖非常狭窄，不仅仅是计生家庭，也包括男性群体等。因此，在这些长期被忽视的治理领域缺乏系统的、整体性的分析，我国的出生人口性别比依旧还在高位徘徊，政府治理遇到困境。针对性别失衡治理的特征和治理困境，社会管理创新的意识就构成了社会管理模式转换的动力，对性别失衡的社会治理范式提出了要从碎片化到整体多元的模式变迁要求。

---

① 高莉娟、翟振武：《人口和计划生育利益导向政策"有利少导"现象例析》，《人口学刊》2008 年第 3 期。

第二节　文献回顾

本部分主要回顾西方和我国农村计生家庭相关的研究文献以及脆弱群体社会支持研究的进展。从农村计生家庭研究的文献可以看出，该类家庭的社会支持问题逐渐引起学界的关注，帮助该类家庭更好地融入当地社会应成为社会政策研究的目标。而从社会支持的理论文献回顾可以看出，社会支持发展至今已经接近完善，研究层次多样，所使用的学科范围和研究对象在不断扩大。

一　农村计生家庭的相关研究

根据笔者查阅的文献资料，本研究回顾主要从以下两个方面进行了总结。现有的关于农村计生家庭的研究主要集中在生育意愿、养老问题、社会保障和性别文化四个方面。关于社会支持的研究比较宽泛，笔者重点综述了社会支持的概念和类型，以及与计生家庭相关的社会支持。

（一）计生家庭生育意愿的研究

对农村计生家庭的生育意愿研究主要有三种观点，一种观点认为由于各种原因农村计生家庭渴求再生育，他们的生育观念难以较快地转变[1][2]，另一种观点认为农民群众的生育意愿和生育动机正向现代生育观念转变[3]。由于观察点农村在经济发展、文化观念、计划生育执行力度等方面的不同，出现了对农村计生家庭生育意愿研究不一样的结果。第三种观点认为计生家庭群体的生育意愿表现出明显的不稳定性，认为，独女户家庭有着强烈的再生意愿，而部分人则处于观望状态[4]。

---

① 姜木枝、黄桂花：《江西省铜鼓县农村纯女户再生育意愿调查与分析》，《江西农业大学学报》（社会科学版）2009 年第 1 期。

② 尹延庆：《农村纯女户再生育意愿的经济学思考》，《西北人口》2005 年第 1 期。

③ 周长洪、张宗益：《农村独女户生育意愿与动机的变化——宜昌市调查报告》，《南京人口管理干部学院学报》2000 年第 4 期。

④ 田雨杰：《父权制下农村独女户状况研究》，《华中科技大学》2005 年。

（二）农村计生家庭养老问题的研究

农村地区社会保障一直处于我国社会保障体系的边缘，而事先缺乏相应准备的"计生家庭"养老问题就面临更加严峻的挑战。研究表明，现行的农村计生家庭养老方式主要还是家庭养老，但随着劳动力的外流和观念的变化，家庭养老已不能承担所有的养老任务，而现有的各种针对计生家庭的养老保障方式也还存在缺陷，尚未真正形成"计生家庭"养老保障体系及其良性运行机制①；女儿婚嫁模式的复杂性使得独女户的养老面临种种困难，可供替代的养老方式就只有女儿养老、自主养老和社会养老，女儿婚嫁模式的不确定性则使得独女户夫妇对女儿养老的可靠性充满了疑虑，期待也随之降低。对于农村居民来说，老年的日常生活照料以及来自家庭的情感支持都是自主养老和社会养老所无法提供的。

已有的关于农村计生家庭规避养老风险的家庭策略研究，主要有传统的"领养""过继"策略，这样可避免这个家庭支派出现断裂的环节，维持整个家庭"正常"的发展与香火的传承。在人口老龄化和低生育率背景下，农村社会对招赘婚姻的需求将大大提高，"招赘上门"依然占有重要地位②。

（三）计划生育家庭的社会保障研究

计划生育社会保障是对农村计生家庭给予正式的社会支持。对计划生育社会保障的相关研究主要是围绕现在的计划生育社会保障存在的问题及其表现、存在问题的原因分析和政策建议等方面。研究表明，现阶段我国的计划生育社会保障没有真正地发挥到应该发挥的作用，相关法律支持不足③，④ 与其他保障机制协调不够甚至进一步强化了男孩偏好倾向⑤，农村计划生育社会保障存在奖励优待兑现困难、少生并未快富、养

① 姜木枝、张朝蓉：《和谐社会背景下农村计生纯女户家庭养老保障问题的思考》，《农业考古》2007 年第 6 期。

② 李树苗、姜全保：《中国的男孩偏好和婚姻挤压——初婚与再婚市场的综合分析》，《人口与经济》2006 年第 4 期。

③ 靳红梅、刘甘栗：《建立计划生育社会保障制度》，《人口与计划生育》2001 年第 3 期。

④ 张国平、蒋海清、宋君：《农村计划生育社会保障机制建设的探讨——以江苏省溧阳市为例》，《人口与经济》2006 年第 3 期。

⑤ 刘慧君、李树苗：《性别失衡风险的社会放大与政府危机应对：一个分析模型》，《中国行政管理》2010 年第 12 期。

老保障措施难以落实等问题①。因此，需要进一步大力完善计划生育社会保障体系。

（四）国外相关研究

国外学者多在研究计生政策及其后果时会提及计生家庭的问题，但缺乏专门研究。如陈俊杰等②探讨了土地改革和人口改革双重作用下的性别维度。在"性别与农村改革"一文中，对辽宁农村一孩半政策的性别偏见进行了调查，农村将第二个孩子是男孩视为家庭的运气，而第二胎是女儿的则被认为是不愉快的甚至是灾难。家庭成员尤其是丈夫对生育两个女儿不满意，认为是自己的世界末日。研究者认为，一孩半政策实质上是政府为适应而非挑战传统的父权的性别范式。在村中生育女孩被认为是一件很让人失望的事，入赘家庭数量较少并通常被污名化。改革的环境给人口政策和土地分配中的性别偏见带来很大冲击，妇女成为劳动力市场上受欢迎的员工。阎云翔对北方农村的人类学研究也展示了父权制的减弱，女孩权力在增加③。这些研究多预示着性别平等化。但也有研究结论相反，认为性别偏见实际上加重了，如魏昂德对改革开放后我国社会变化的研究中，认为劳动力的参与并没有降低性别不利，而是创造了新的和更复杂的问题④，工作中的女性仍被认为是家庭的负担⑤。墨菲的研究则进一步分析了政策是怎样加重农村地方文化中的性别偏好的⑥，女孩外出打工实际上是对农村性别不平等状况的逃避。总的来看，目前性别平等的研究多处于宏观制度或者家庭内部关系的女性权力两极讨论中，性别偏好如何在日常生活层面特别是交往层面上体现的还未知，

---

① 杨应敏、彭军：《重庆市农村计划生育社会保障的困境》，《人口与经济》2005 年第 1 期。

② Chen, J., & Summerfield, G. (2007). Gender and rural reforms in China: A case study of population control and land rights policies in northern Liaoning. *Feminist Economics*, (4).

③ Yan, Y. (2006). Girl power: young women and the waning of patriarchy in rural north China. *Ethnology*, (2).

④ Walder, A. G. (1989). Social change in post-revolution China. *Annual Review of Sociology*, (1).

⑤ Whyte, M. K., & Parish, W. L. (1985). *Urban Life in Contemporary China*, Stanford: Stanford University Press: 41

⑥ Murphy, R. (2003). Fertility and distorted sex ratios in a rural Chinese county: Culture, state, and policy. *Population and Development Review*, (4).

而只有放在具体家庭的日常交往层面讨论更有助于理解实践中的性别偏好或平等。

总之，从收集到的文献上看，农村计生家庭的研究还处于起步阶段。据笔者以"计生家庭"为主题在中国知网上进行检索，共有 31 篇，学术论文共 15 篇，其中 20 世纪 90 年代 8 篇，多以倡导政策倾斜为主，2000 年以来发表的有 8 篇（其中包括笔者 2 篇），集中在计生家庭养老和生育意愿等问题上，除了笔者的 2 篇外，基于社会支持理论对农村计生家庭进行专门研究者寥寥无几。在这个意义上，从社会支持网络角度对计生家庭进行研究有利于弥补计生家庭研究的不足，这也是研究的首要的创新点。事实上，农村计生家庭确实获得了一些支持，尤其是来自政府的正式支持，但由于提供支持的资源分散，且缺乏一种整合，提供的质量也不尽如人意，忽视了在特定的社会文化情景中，来自社会组织、居民等非正式的社会支持对政策等正式的社会支持的影响，正式支持与非正式支持系统之间如何相互作用的？作为利益直接相关人的农民是如何理解社会支持系统的变化的？对这些问题亟待进一步探索。

二 社会支持理论及经验研究

社会支持的最初研究是芝加哥学派对城市生活的研究，它构成了社会支持研究的主要基础，但直到 20 世纪 70 年代社会支持才成为一个重要的研究议题。自此，社会支持进入个体、社会服务或养老服务、贫困研究甚至于信息科学领域的决策研究中。尽管社会支持的相关经验研究很丰富，但"社会支持"一词仍没有被吸收进一般社会学或社会工作教科书或词典中。直到 20 世纪 90 年代中期，社会支持研究才更受到关注，由于社会支持研究文献庞杂，涉及社会学、社会心理学和社会人类学等许多学科，他们都从各自的理论视角出发来阐释社会支持的内涵，但是其内涵并没有达成共识。本部分仅选择与本书相关的部分文献进行回顾。

（一）社会支持概念及维度

早期的研究者将社会支持看作是宽泛、统一的关系的整体，没有考虑人与人关系的性质，倾向于认为只要有关系存在，这种关系就一定能帮助个人对付日常生活中的困难。而后一些研究者发现社会支持并不是铁板一块，具有统一的性质。社会支持既有结构上的要素，也有功能上的成分和评价上的要素。社会支持的功能是指个体所拥有的社会支持结构（如家人、亲戚、朋友等）为之提供何种性质的社会支持，如物质、情感、信息、友谊等支持。它们对于个体有效应对生活困境、摆脱心理困扰、保持身心健康和提高生活质量起着重要的调节作用。社会支持结构只是表明了个体所需要的社会支持的可能来源，但并不表明它们必定会为个体及时提供所需要的支持；社会支持的功能只是表明个体所获社会支持的性质，但并不知道这些支持在个体身上产生什么样的结果；社会支持的评价是指个体对社会支持的适合性的主观评价或社会支持的满意度。只有当社会网络所提供的支持能够为接受支持者清楚地感受到，并被认为是及时的、适当的、充分的，这时的支持才真正起到社会支持的作用。

可见，社会支持是"各种社会形态对社会脆弱群体即社会生活有困难者所提供的无偿救助和服务"，或者是"人们在社会中所得到的、来自他人的各种帮助"。但也有学者认为应该关注到给予和接受之间平衡的重要性，即将社会支持视为"互惠的支持交换"（reciprocal support exchange）。尤其是在对老年人社会支持的研究中，大多数研究者因过于强调接受社会支持对于老年人的作用，而忽视了老年人对家庭的贡献及其对老年人社会支持的影响。尽管对社会支持的概念及内涵多有争议，但基本上可以将其界定为工具性的社会支持和情感性的社会支持，前者包括经济供给和生活照料，后者指精神慰藉。如果以获得渠道来划分，又可将其区分为正式的（或制度性的）社会支持和非正式的（或非制度性的）社会支持。

以往研究表明，良好的社会支持对老年人的身心健康、生活质量以及生活满意度等都具有正向影响。事实上，近年来越来越多的研究表明，向他人提供社会支持也能促进老年人的主观幸福感，因为给予本身能够激发他们获得在社会网络中的个人控制感。从交换平衡的观点来看，如果在社会支持交换中过分受益会导致个体产生依赖感和亏欠感，而如果受益不足又容易使个体具有负担感及对人际关系的沮丧感[1]。对于老年人

---

[1] Eggebeen, D. J., & Davey, A. (1998). Do safety nets work? The role of anticipated help in times of need. *Journal of Marriage and the Family*, (4).

而言，互惠的支持交换主要体现在代内交换和代际交换两个层面。一方面，配偶通常因具有相近的、长期的承诺以及相似的兴趣和价值观而巩固了他们之间的社会支持，且多数研究都表明实际上老年女性给予丈夫的支持会更多。另一方面，对于老年女性的代际支持存在着截然不同的观点：公平理论者认为相较于男性而言，老年女性在无法对子代提供更多回报的情形下，似乎更不愿意接受子代的帮助。但"支持银行"（support bank）的理论则认为女性通常对其子女有一种支持投资，即在子女年幼的时候给予抚育和照顾，而当她们年老需要从子女处获取帮助时就不会有太多的心理负担。综观国内文献可知，尽管已有研究关注到老年人口的社会支持问题，但是从性别视角对社会支持现状、需求以及两者之间关系的经验探讨还比较少。

（二）社会支持动力研究

社会网理论对于社会支持的研究具有很大的推进作用，但社会网络分析的发展也是错综复杂的，一般有三个传统：一是社会关系计量学，由 J. L. Moreno 年提出，它运用数量来研究联系的正式模型和社会网络的拓扑学①；另一个传统是探索人际关系模型和帮会信息，如心理学家 Elton Mayo 和人类学家 W. Lloyd Warner 合作，把布朗的结构关系应用到他们对于美国工厂和社区生活的研究中；第三个传统受到布朗的影响，但所关注的是在部落和村庄社会中的社区关系结构的冲突与变化。20 世纪 80 年代，美国社会学年会设立了社会网研究专题讨论会，两年一届的国际社会网讨论会轮流在北美和欧洲召开。该领域的专业杂志《社会网》在荷兰出版，并成立了跨学科的学术组织——国际社会网研究联系网。现在，社会网研究在规模上不断扩大，方法上也日趋成熟。

尽管如此，由于许多社会现象并不能都被量化，社会网理论用于社会支持的研究改变了学者的研究兴趣，一些学者倾向于使用网络的其他方面作为分析工具，Wallman 把总体社会场网和自我中心的社会网结合起来，并使用了两张网络图，其中一张使它的联系设计当地情景，并记录着人们在家庭网中的地理距离。另一张网依据实用或情感资源评价将这

---

① Moreno，J. L.（1934）. Who shall survive?: A new approach to the problem of human interrelations. journal of the American Medical Association，（6）.

些联系分类，并记录了人们在家庭网中的情感距离。他还把距离圈划分为亲属处于核心圈、非亲属处于中间圈和外人则在圈外，这使得关于亲密关系的更多信息得以阐述①。相似地，我们把社会支持的来源区分为家庭、邻里、朋友、社会组织、专业人士和政府。由于本书研究目的是要观察围绕家庭的所有关系发现各种关系如何与家庭关联，它们提供的支持的类型、数量、质量，以及家庭如何维持各种关系，因此，我们会注意到家庭网内的人之间的互动关系，但不会展开系统的研究。

　　阎云翔关注了我国农村互惠的主题②。阎研究了培植关系网的动力过程及其在日常生活中的作用，以及关系网的结构。他分析了关系网络结构中的礼物清单模式，认为礼物赠送关系分为核心层、可靠层、有效层、村庄及村庄之外等构成，他还区分了继承性和创造的关系，以及赠送者与接受人之间的亲密程度。Seed 在社会工作领域对社会网的研究也有助于本书研究，Seed 认为社会网分析是关于网络特征、类型和关系质量之间的联系的建立。他把网络类型细分为密度、自我维持和环绕的类型③。在关系的质量上，在社会学家 Knoke 和 Kuklinski 看来，关系质量包括了相互影响、沟通、边界渗透、工具性关系、情感、权威权力、亲属和后代关系④。Seed 从社会学和社会工作不同的视野进行了比较，他认为，关系质量包括沟通和接近、工具性质量、情感质量、影响、尊重和互惠质量等。常向群在研究农村交换关系时，借此分为馈赠性往来、表达性往来、工具性往来和否定性往来。关系质量高意味着家庭在各类意外事件中会得到更好帮助，这是一种持续不断的互惠或礼尚往来⑤。常向群将社会支持网络研究与人类学的互惠原则相联系，构建了礼尚往来的模型，对于本书研究也有重要的启示。常以家庭生命周期中的重要事件为线索，使得研究具有了动态性和可追踪性。她把社会交换和互惠关系归为五种类别，并研究了前四种关系：馈赠性往来、表达性往来、工具性往来和

①　Wallman，S.（1984）. *Eight London Households.* New York：Tavistock Publications：25.

②　Yan，Y.（1996）. The culture of guanxi：in a north china village. *chinal journal*，（35）. .

③　Seed，P.（1990）. *Introducing network analysis in social work.* Jessica Kingsley Publishers：37

④　Knoke，D.，& Kuklinski，J. H.（1981）. *Network analysis.* Beverly Hills：Sage：18

⑤　常向群：《关系抑或礼尚往来?：江村互惠，社会支持网和社会创造的研究》，辽宁人民出版社 2009 年版，第 35 页。

否定性往来、市场交换或经济交换。她认为任何人都可能存在于这些往来中的一种关系，或者这些种类同时出现，或者一种往来在这个时间段出现而其他往来在另一个时间段出现，不同类型往来之间的转变可以是自然而然的，也可以是创造出来的。常认为，关系的任何一种转变或适应，都可以视为对当地习俗要求（礼尚）的一种积极的反应，这种礼尚往来和回报一样具有无尽循环圈的特点。无疑，人类学对社会支持的动态性研究对于本研究有重要启示意义。

（三）社会支持的影响：负担抑或支持

社会支持的影响主要有两个研究取向。一个是将关系所提供的支持视为一种生存的策略，这一研究取向与马瑟·牟斯的研究一致①，强调礼物交换在社会连接的创造和制度化中的关键角色，提供帮助和承诺实现对他人的义务被认为是物的自然秩序的一部分。扩大的家庭、宗族和邻居通过与主流文化的接触为种族和民族的少数群体提供情感和物质的资源②，特定群体的生存归于少数民族社区里存在的支持性的网络，这一研究取向占据着研究的主流。与这些民族志的研究结果不同的是，另一个新兴的研究取向关注的是维持信任和获得支持的困难，强调社会孤立和参与支持的障碍。该取向认为，社会支持性的纽带无疑可以使提供者和接受者受益，但在其他环境下，社会支持的成本会对提供者、接受者和其他人产生不良的影响③，对于这些群体而言，社会支持网络成为负担的主要来源，一段时期内过多的需求会导致提供支持者筋疲力尽，甚至导致社会关系的解散。互惠支持的压力也是支持系统的一个内在特征。研究表明，剥夺会严重损害参与支持系统的能力和对自足的维持，个体不愿处于过度收益（over benefiting）的位置，进而限制个体寻求支持④。此外，特定的文化因素也会阻碍需要帮助的个体去寻求支持，阻碍他们整

---

① Mauss, M. (1967). *The Gift*: *Forms and Functions of Exchange in Arachaic Societies*. New York: W. W. Norton Company: 51.

② Delgado, M. , & Humm – Delgado, D. (1982). Natural support systems: Source of strength in Hispanic communities. *Social Work*, (1).

③ Schilling, R. F. (1987). Limitations of social support. *Social Service Review*, (1).

④ Offer, S. (2012). The burden of reciprocity: Processes of exclusion and withdrawal from personal networks among low – income families. *Current Sociology*, (6).

合到主流社会中①。在这种取向下，互惠并没有成为该类家庭的生存策略，而是导致社会分裂或社会孤立。

这两个视角都是基于这样一个假设，即脆弱群体的生活需要在他们广阔的社会情境中去检验。然而，第一个视角假设人们会必然地维持与亲属和社区成员的关系，而后一个视角则忽视了人类关系的动态性和易变性（volatility），通常不能说明随着时间的变化关系发生的增减，这两个视角都没有充分表达社会支持网络构建、维持和动员的复杂的过程。常向群对江村的人类学研究中，也发现村民实际上处于"逃避"和寻找乐趣的双重处境中。而在黄光国那里，人情关系建构与维系则是一个权力的游戏②。因此，笔者认为，社会支持过程是参与网络中的主体之间根据自身的资源在一定的社会情境下权衡收益和得失的复杂过程，关系提供的社会支持同时具有支持和负担两个面向，各种力量甚至是相反的力量充斥其中，这个过程也成为支持网络变化的内在动力。

（四）不同家庭生命周期的社会支持

该类研究主要存在于家庭研究中。研究社会结构、社会系统与个体的发展、关系及内容的影响一直是家庭和孩子幸福研究的中心目标。社会网络和社会支持对于理解家庭互动过程和提高幸福有帮助，例如研究者研究了父母的网络如何为夫妻的关系网络资源提供机会和限制。此外，大量的经验研究表明社会支持是压力生活事件的缓冲器③，对于心理功能、身体健康和社会调试都有积极的功能。在转型时期，因为在社会系统内成员模式和资源发生了变化，一些研究探讨了父母社会网络在转向父母身份（parenthood）的结构性的变化。Belsky 和 Rovine 研究了夫妻在怀孕期、生孩后和几个月后的与网络成员的接触模式，他们报告说，在产后与家庭成员的接触和与有小孩的妇女的接触增加，与亲属关系的增

① Portes，A.（1998）. Social capital: Its origins and applications in modern sociology. *Annual review of sociology*，（1）.

② Hwang，K. K.（1987）. Face and favor: The Chinese power game. *American journal of Sociology*，（4）.

③ Cohen，S.，& Wills，T. A.（1985）. Stress, social support, and the buffering hypothesis. *Psychological bulletin*，（2）.

加已经被很多家庭生活变化的研究所证明。① 这与社会网络研究相一致，即直接亲属连接比其他网络连接更持久。

Larner 认为，网络的结构性特征如网络规模在变化的情景下仍得到维持。也就是说，虽然特定的网络成员离开和添加到网络中，但全部的网络规模仍趋于稳定②。Belsky 和 Rovine. 检验了夫妻的家庭和朋友网络以及向父母期转型的支持的变化模式，社会网络接触和家庭支持从妻子怀孕到第 9 个月的产后期虽然有变化但具有稳定性，这种稳定性突出表现在夫妇的社会网络与家庭成员互动的增加上，家庭网络规模在孩子出生后下降但与家庭成员互动的频率增加③。Sarason 在考察了早期社会历史的基础上，发现个体发展出的关系、支持的期望以及应对的策略等，这些因素共同影响个体，或可能成为毁坏家庭系统的生活事件。虽然研究者意识到支持性的关系之间可能存在冲突④，但缺乏对支持关系的深入研究，尽管研究者也意识到家庭、朋友网络发挥着不同的功能，相应的产出也会有差异，但对于不同支持性的提供、家庭连接和关系维度随着时间的变化发生的变化急需进一步研究。

三 我国农村社会支持网研究

围绕农村社会支持结构的研究，比较共识的观点是基于二元社会结构下的封闭性农村，以血缘、姻缘、地缘为基础的非正式支持和农民间的互助构成了传统农村社会支持结构的主要内容，现正在发生的社会转型导致农村社会关系已经发生巨大变化，改变了传统社会支持结构的基础，这导致农村社会支持结构必然发生变革。

有学者专门研究了我国的社会支持系统的变化，认为我国农村现行

① Belsky, J., & Rovine, M. (1984). Social – network contact, family support, and the transition to parenthood. *Journal of Marriage and the Family*, (2).

② Larner, M. (1990). Changes in network resources and relationships over time. *Extending families* (2).

③ Belsky, J., & Rovine, M. (1984). Social – network contact, family support, and the transition to parenthood. *Journal of Marriage and the Family*, (2).

④ Pierce, G. R., Sarason, I. G., & Sarason, B. R. (1991). General and relationship – based perceptions of social support: Are two constructs better than one? *Journal of personality and social psychology*, (6).

社会支持系统的结构是不完整的，农民主要依赖集体支持和个人间的互助支持，传统的家庭支持仍然是满足农民需求的最根本手段，国家支持基本不面向农民。由于农村生产力低下，自助性支持的水平相对较低。随着农村经济改革的推进，原有的小农经济已进一步被市场经济所取代，人民公社时期的集体保障也趋于瓦解，我国广大农村的社会支持问题在今后还将进一步凸显徐晓军从乡村社会个体的社会关系系统进行了研究，认为，社会关系系统已呈现出明显的内核与外网两极分化的结构，乡村社会关系结构日益简单，传统的社会支持网络向家庭内核萎缩，使乡村生活的风险加大，建议在农村家庭作为基点的社会支持系统之上，建立以经济利益导向为基础、现代"抽象体系"为媒介的社会组织体系与社会关系系统，来变革乡村社会组织形式①。

张文宏等人分析了天津农民社会网的规模、关系构成、紧密程度、趋同性和异质性。研究发现，高趋同性、低异质性、高紧密性是天津农民社会网的特点。血缘关系和姻缘关系是最重要的关系，同时，业缘关系、地缘关系和朋友关系也占据重要的地位在农民的财务支持网中，兄弟姐妹和其他亲属比父母发挥更大的作用，邻居在财务支持和精神支持两方面有重要作用②。刘军运用社会支持网络理论，对一个村庄进行了支持关系的整体网络研究，并揭示了社会网络分析特别是整体网络分析在社会支持行为上的解释力③。在家庭社会支持网的研究上，国内主要集中在城市贫困家庭的社会支持网上，有代表性的论文有洪小良和尹志刚的《北京城市贫困家庭的社会支持网》、李刚的《西部城市贫困与社会支持网缺失研究——以昆明为例》和唐钧等的《城市贫困家庭的社会保障和社会支持网络——上海市个案研究》、卢汉龙主编的《风险社会的家庭压力和社会支持》等。农村社会不再是一个静止不变的"熟人社会"，而是一个充满机会和风险的"陌生人社会"传统的社会支持网络正在瓦解④。

---

① 徐晓军：《内核—外围：传统乡土社会关系结构的变动—以鄂东乡村艾滋病人社会关系重构为例》，《社会学研究》2009 年第 1 期。

② 张文宏、阮丹青：《城乡居民的社会支持网》，《社会学研究》1999 年第 8 期。

③ 刘军：《一般化互惠：测量，动力及方法论意涵》，《社会学研究》2007 年第 1 期。

④ 徐勇：《"再识农户"与社会化小农的建构》，《华中师范大学学报》（人文社会科学版）2006 年第 3 期。

这些研究从整体上把握了农村社会关系变化的方向，但对于特定群体和家庭而言，以农民家庭的社会支持网为主题的研究还没有充分展开，关系所提供的支持的变化仍需要具体的讨论。

四　社会学视野下支持网络的连通性研究

"连通性"（connectivity）一词最早出现于图论中，是空间或集合不间断连续的一种拓扑性质。自 20 世纪 60 年代以来，"连通性"作为一种数学工具已被运用于多个领域。1984 年，Merriam 将这一概念引入景观学，提出了"景观连通性"。Amoros 和 Roux 认为连通性是河流水系的重要特性，提出了"河流连通性"，这一概念逐渐被广泛接受。尤其是 21 世纪以来，河流水系连通性问题已成为河流管理的重要热点，很多学者从不同学科角度提出了景观连通性、水文连通性、生态连通性、连通性修复等多个相关概念①，并研究了深水系连通对我国水环境生态健康的影响机理。但在社会科学中，对于连通导向的研究还处于初级阶段。

（一）社会网络研究中的连通性问题

构成社会网络的条件是节点之间的连通性。在连通性的基础上，结构既是连通性的后果，又是影响连通性变化的因素；而对结构形成影响的则是节点的内生或外生属性。因此，节点、边、结构以及动力，构成了社会网络研究的不同层级，也提出了社会网络研究的不同议题。就社会学而言，对社会网络的思考可以追溯到齐美尔，他的形式社会学最明显地体现了连通性的思想。齐美尔认为，社会是由个体的互动形成的，社会存在于若干个人有着相互影响的地方，因此，社会学的研究对象不是宏大的机构和系统，而是从最简单、微妙的人际互动的形式和类型入手，研究（人）数对互动形式的性质和关系复杂性的影响②。齐美尔对互动形式的重视是社会网络分析的重要思想渊源。如今的社会网络研究延

---

① 夏继红、陈永明、周子晔：《河流水系连通性机制及计算方法综述》，《水科学进展》2017 年第 5 期。

② 齐美尔：《社会学：关于社会化形式的研究》，荣远译，华夏出版社 2002 年版，第 17 页。

续了来自齐美尔、莫雷诺和拉巴波特等所在不同学科的研究传统，围绕社会网络的特征、影响网络的因素、网络对个体或群体的影响这三类基本问题进行探讨，在不同学科传统的基础上，把不同学科传统的社会网络研究融合到一起，运用由传感器汇集的人类行为（大）数据，正在形成崭新的社会网络领域，这就是瓦茨所说的革命，其基础正是各学科传统中共有的基本原理：连通性。但系统回顾社会科学和自然科学对社会网络的探讨就会发现，研究的基本方向出现了偏差，工具主义替代了对人类社会基本原理的探讨。邱泽奇等研究者系统探讨了既有研究在连通性的形成、特征及影响因素等维度的得失，认为在这个具有高度连通性的时代，更需要对连通性及其作用的基本原理进行探讨①。

连通性的特征。在社科领域，前人探讨连通性特征时就观察到，社会网络中的连通性并不是均匀分布的，而是呈现聚簇、隔离及等级等现象。怀特系统地探讨了构成连通性的第一要素即节点，第一次将数学模型放在组织中对节点（职位与人之间连通性）的实证探讨。怀特的文献实际上是试图揭示人类社会体现在社会交往与互动之中的基本规律是连通性，是因连通而形成的社会网络结构的特征，以及连通性、结构、动态之间的发展变化规律。怀特的学生格兰诺维特则将研究重心转向了人是如何找到职位的②，格兰诺维特研究了促成获得职位的人与职位之间的连通性，从节点的探讨转向影响人与职位之间连通性的因素，即边的探讨，他用人际关系的"强度"区分了强、弱和无关系三种不同的连通性类型，提出了"弱关系力量"假说，然而，格兰诺维特的弱关系假说也遭到边燕杰等学者的质疑。边燕杰认为，在研究我国计划经济体制下劳动力市场的特点时，发现中国人主要是通过强关系找到工作③。这是因为，在计划经济体制下，流通于社会网络结构之中的资源主要是影响力而不是信息，这样出于规避风险、互惠义务等方面的考虑，连通求职者与其帮助者之间关系的纽带是强纽带而不是弱纽带。两者对关系强弱的

---

① 邱泽奇、范志英、张樹沁：《回到连通性——社会网络研究的历史转向》，《社会发展研究》2015年第3期。

② Granovetter, M. S. (1977). The strength of weak ties. *Social networks*, (6).

③ Bian, Y. (1997). Bringing strong ties back in: Indirect ties, network bridges, and job searches in China. *American sociological review*, (3).

争论，都是探讨了"边"对个体的意义，因为资源通过"边"流向个体。此后，我国的社会网络研究多集中在其工具性应用上。事实上，社会网络不仅有其社会资源的一面，更蕴含了人类社会的基本原理（Scott & Carrington，2011）。

连通性的机制研究。学界多认为，连通性获得有三个机制：同质性、平衡性、支配性。事实上，真正影响连通性的只有同质性和平衡性，支配性机制以及作者提出的生态机制，只是同质性机制和平衡性机制在给定环境下的变体而已。

影响连通的机制的研究。在教育获得、职业获得、地位获得的众多研究中，除了个体特征，社会学家常常关注来自其他个体的影响，这类影响常常被归因于"社会资本"的作用。在科尔曼看来，社会资本似乎更像个体在达到某项目标时所获得或拥有的技能。学者多探讨社会网络作为产生支持性社会资源的载体作用，研究停留在了对连通性的工具性及其影响的讨论，没有讨论到底其影响是如何发挥作用的，也忽视了布迪厄和科尔曼在提出"社会资本"概念时强调的概念背后的关系和结构性质。

在给定连通性条件下，连通性本身的结构在微观互动层面和宏观制度层面都会对互动过程产生影响。一些早期的社会网络研究已经注意到结构对节点行动策略的影响，如伯特的结构洞理论，强调的正是处于结构洞位置节点整合资源的能力，但对网络变动影响机制的研究较少。网络结构变动造成的连通性的变化，打破了原有网络的节点间平衡，使得网络的节点有机会改变自己的行为，形成新的结构平衡，从而使得整体网络呈现出新的面貌。既有的研究说明，边上负载的无论是信息还是收益，都是互动中节点行动策略的基础。

总之，从宏观到微观，连通性承载着人际相互影响的信息，使得行动者的观念、行为得以传播，使得人们在网络中交换和流动。因此，连通性的影响的确具有工具性，在互动的意义上，正如齐美尔所说，则更具有人类社会行动规律的一般性。

（二）社会工作服务中的个案管理

个案管理也称照顾管理或者服务管理，自 20 世纪 70 年代发展起来，到 90 年代，由于各经济发达国家将福利政策转向有效使用公共资源，个案管理成为社会服务领域中重要的服务方式。个案管理也是近年来兴起的一种从整合视角出发的社会工作专业方法。目前，社会学和社会工作界对个案管理的研究正在兴起，主要研究有：

个案管理服务的涵义及特点的研究。关于个案管理的定义，国内外相关学者仍在不断探索。美国个案管理协会认为，个案管理包括评估、计划、实施、协调、监督和评价所选择的治疗和服务的合作性程序。全美社会工作协会（NASW）的界定，对个案管理的定义是：个案管理（Case management）提供给那些正处于多重问题且需要多种助人者同时介入的案主的协助过程。在服务过程中，各个不同机构之工作人员相互沟通协调，以团队合作方式为案主提供所需的服务，并以扩大服务成效为主要目的。当提供案主所需服务必须经由许多不同专业人员、福利机构、卫生保健单位或人力资源机构来达成时，个案管理即可发挥其协调与监督的功能。这种程序需要来自相同或不同福利机构及相关机构中的各个工作人员彼此协调沟通，以专业的团队合作方式提供服务对象所需服务，并扩大服务效果。

个案管理中工作者的角色研究。在个案管理中，工作者的角色在不断变换，可以充当倡导者、经纪人、协调者、辅导员、解决问题者等，这就对从事个案管理的工作者提出了更高的能力要求。一般认为，个案管理要求"通才"。

个案管理服务的输送方式。可划分为"角色为本""组织为本"和"责任为本"三种模式。其中组织为本的模式注重为服务对象提供一站式的服务，对服务对象进行多面向的评估，制定并且检查整个服务计划。

个案管理服务的优势研究。个案管理服务被认为是社会工作中一种有效使用社会资源并提供优质服务的社会服务方式。主要有三个优点：一是可达到服务的协调、整合社会资源的效果。社会服务资源的分散，既提高了服务成本，也削弱了服务效果，影响着社会服务质量。二是有助于解决棘手问题。个案管理服务可通过"一揽子"综合服务方式对服务对象的问题进行统筹解决，使服务立体化。三是可抑制社会服务成本。个案管理以社区资源为依托开展服务，强调现有资源的利用，是对社会资源进行个体化重组①。

在个案管理的目的上，主要是提供了全面的、整合的、连续的服务，协助案主获得案主所需要的服务以及能够强化服务效益的责任要求，提供监督的服务，以提升服务输送的成本效益。许临高认为采取个案管理模式的目的，主要是在可行范围内，提供最佳素质、有效率的而且合乎成本效能的服务给案主，在结构上，个案管理包括了服务成果、服务效率及成本效能三部分，这三部分是互相紧扣的，以服务案主及发展服务的整合这两部分作为协助的焦点，所以协助计划中所拟定的目标及目的，也会影响到个案管理的运作②。

个案管理工作模式往往因为个案管理者的不同，而有明显差异。卢明斯（Loomis）从卫生保健领域，探讨个案管理工作模式之运用，最后归纳出三种模式：社会性模式（Social model）、初级照顾模式（Primary care model）、医疗社会模式（Medical social model）③。个案管理者包括服务对象体系、资源体系、改变协助者体系、运作体系与目标体系五个体系。在个案管理的发展趋势上，研究者认为主要有四个面向：个案管理团队的使用增加、非正式助人者的使用增加、提供给不同密集服务之各种形式的个案管理、针对需要长期性的治疗以及照料的个案群提供以社区为基础的照顾④。

总体而言，个案管理被视为在一个服务网络中一套有逻辑的步骤和互动过程，确保用持续性的、有成效的、有效率的和有成本效益的方式向服务对象提供所需的服务。个案管理成为社会服务传输体系中一个重要的、必不可少的元素，因为它用有序的方式为传输服务提供了聚焦点，把焦点放到了服务对象参与、服务整合和成本效益上，并检查其情况。在个案管理中，个案管理员扮演着倡导者、经纪人、协调员、制订计划者的角色。在我国，即使有了低保政策，也有了临时救助措施，农村家庭依旧有许多风险不断涌现且时有家庭悲剧发生。究其原因有二，一是

---

① 周湘斌：《个案管理服务：适合于社区矫正的社会服务方式》，《北京政法职业学院学报》2006 年第 3 期。

② 许临高：《社会个案工作》，台北：五南图书出版公司 2003 年版，第 46 页。

③ Loomis, J. F. (1988). Case management in health care. *Health & social work*, (3).

④ 巴柳：《个案管理》，王玠译，台北：心理出版社股份有限公司 1998 年版，第 52 页。

它与我们现有的帮扶体系条块分割、救助系统零碎多头等状态不无紧密的关系；二是所有的行政性救助服务内容都仅仅停留在对计生政策性家庭个人及其家庭的物质性、经济性扶助方面，而绝少有更深入和更具针对性的专业服务。目前的服务没有区分计生家庭及照顾者遭遇的风险程度，服务的针对性和个别化还有较大欠缺；服务资源的连通仍不够充分，尤其是尚未与最重要的行政资源联系起来；针对计生家庭及照顾者的服务类型或服务内容还有很大拓展空间。

在个案管理模式和思路下，需要对计生家庭的支持进行资源配置和管理，甚至可组建类似的机构或中心，它连通和整合了社区行政资源和社区社会资源，承担着照顾资源配置与照顾资源管理的功能，根据计生家庭的不同风险及照顾者需要和情况，设计、安排和输送多样性与针对性的服务，从而真正帮助服务对象降低照顾风险和提高生活质量。

五　对前人研究的简评

从上文中可以看出，社会支持网在国外和国内都取得了很大的研究成果，正成为社会科学界新的理论与方法研究范式，丰富着社会科学的内容。在国外，社会支持网的理论与方法取得很大成绩，值得我国学者批判地借鉴。但有以下不足和需要进一步研究的方面。

（一）对计生家庭的研究侧重正式的社会支持的研究，而对于非正式支持缺乏足够的重视

从收集到的文献上看，目前对农村计生家庭社会支持网络的研究不多，相关的有如基于风险社会的视角对独生子女家庭社会支持网络建构的研究①，香港乐施会基于社会性别敏感的视角在甘肃等地的实践也透露出社会支持的色彩，但总体而言，基于社会支持网络理论对农村计生家庭进行专门研究者寥寥无几。事实上，农村计生家庭确实获得了一些支持，尤其是来自政府的正式支持，但由于提供支持的资源分散，且缺乏一种整合，服务质量也有待提高，忽视了来自社会组织、居民等非正式支持对政策发挥效果的潜在影响，特别是正式支持与非正式支持系统之间影响情况，作为利益直接相关人的农民对这些社会支持系统的理解和

---

① 马芒：《构建独生子女风险家庭的社会支持网络》，《中国发展观察》2011年第5期。

解释情况，对这些问题则亟待进一步探索。

（二）多侧重非正式支持的研究，对于正式支持研究缺乏足够的重视

社会学对社会支持的研究成果汗牛充栋，绝大部分集中在网络结构与社会支持的分析上。研究者一般立足网络结构观，主要从社会网络的结构、规模、密度和强度等维度探讨网络对各种社会支持后果的影响及社会支持网络的致因，这些研究在探讨支持网时，往往多将焦点主要集中在基于人际互动的社会网络与社会支持的分析上，或仅重视正式支持的研究。事实表明，不同来源提供不同类型、质量的支持，人们在日常生活中借助由多种来源构成的网络支持来满足自身的需求，正式支持和非正式支持同是社会支持系统不可或缺的组成部分，强调任何一方而忽视另一方会影响对社会支持研究的整体把握。此外，正式支持和非正式支持作为社会支持系统的构成要素，要素内部和要素关系的变化影响着整个支持系统结构的变化，进而引发社会支持系统的变迁。从整体上研究社会支持系统及其变迁具有重要的实践和理论意义。

（三）对于正式支持和非正式支持关系的研究较少

完整的社会支持由正式支持和非正式支持部分组成，二者的配合情况影响到支持网络发挥的效用。现有的研究多假定尽管提供者的来源目的各异，但二者在对主体的支持上方向是一致的，因此，二者同时发挥了效用。这种假定其实忽略了受助者的能动性和受助者所在情景的影响，将他们视为被动的主体，而实际上，由于受助者的文化惯习的影响，往往会使得正式支持和非正式支持之间存在排挤效应，从而使得社会支持效果未达到预期的目标，这也是导致利益导向机制有利无导的重要原因之一。目前，仅有少数学者探索了两个体系之间的关系。农村计生家庭如何在正式支持和非正式支持之间进行选择？国家应以何种方式、多大程度上提供正式支持？这些都应纳入社会支持的研究中。

（四）连通性的探讨应被重视

人类社会的发展，本就是一幅连通性不断发展的画卷。来自各种因素的影响，把人类从地理、族群、国家、宗教、意识形态等的隔离中解脱出来，让人类社会通过物质的交流、信息的沟通、地理的交通等技术的发展，在连通性上逐步增强，从物质到情感，再到精神。在近代科学的发展中，不同学科在各自的领域对网络现象中的科学问题进行探索；

互联网络发展对人类社会与经济生活的影响，让来自自然科学和社会科学不同的学科传统，在知识积累的意义上汇流，形成一个覆盖了自然现象和社会现象的"网络科学"，数学家的"三元闭包"和社会学家的"三人互动"变成了一个议题的不同维度。连通性成为科学家在各自领域面对的共同议题。

综观围绕连通性的文献，如果说自然科学家已经探讨了连通性的基本特征、机制，让人们看到了同质性闭包、结构平衡的意义，在信息时代，连通性成为影响社会网络构建和质量的重要属性，探讨连通性在协助弱势群体、特殊家庭如农村计生家庭服务和资源传递的意义，探讨影响网络连通的因素，完善农村计生家庭社会网络，急需社会学研究者的加入。

第三节　研究设计

一　概念界定

（一）社会支持概念及其构成

社会支持尚无统一定义，本研究在 Sheldon Cohen 和 S. Lenard Syme 界定的基础上，将社会支持视为由提供者与接受者两个有意识的主体之间的（可用的和潜在的有用的信息或事物）资源的支持性交换过程。具有接受支持和提供支持双向性，支持性和负担性的双重性及动态性的特点。

该定义的特点在于：其一，将社会支持视为资源，考虑到社会支持可能发挥负面的也可能是积极的影响，这有别于以往研究倾向于将社会支持假定为一致的、积极的讨论，而忽略了支持概念的复杂性和不一致性，这对于研究社会支持的过程具有重要意义。其二，凸显了社会支持的双向性，正如 Uehara 所言，社会支持不仅仅是一种单向的关怀或帮助，它在多数情形下是一种社会交换[1]。

---

① Uehara, E. （1990）. Dual exchange theory, social networks, and informal social support. *American Journal of Sociology*, （3）.

本文研究的是农村计生家庭的社会支持。地方男孩偏好的影响和正式支持的强力切入，使得他们在不同家庭生命周期内所获得、管理和维系的社会关系与支持的类型、内容等有所差异。在孕前期、产（女孩）后、女儿出嫁后和空巢期四个时期所需要和所受支持的内容、形式都有很大差异。但大体而言，社会支持从其来源上可分为两类，正式社会支持和非正式社会支持。正式支持源自国家、市场的正式支持以及社会组织和专业人员的支持。

正式的社会支持强调政策或社会资源分布对于个体或家庭社会支持网的影响，是指来自于正式组织的各支持供给者的集合，如各级政府、机构、企业、社区、社会组织和专业人员等。正式的社会支持具有经常性特征，往往有政策或者法律依据，具有特定的功能、正式的规则和程序，对人们获取帮助和服务的资格有明确的评价标准，为人们提供帮助时有一套标准的程序，有着不同的交换准则。

来自国家层面的支持一般包括：政策、法规、条例、执行性文件等对公众个人的权利进行规定；社会保障制度尤其是专门的计划生育社会救助、社会保险和社会福利方面的制度，为处于困境中的个人提供物质性和非物质性的支持与保障。此外，在 House 等人的研究中，来自市场的支持也属于正式的支持，对于大多数农村家庭而言，由于经济条件的限制，寻求市场的支持是重要的选择，而对于该类家庭而言，向市场寻求支持则反映出农村计生家庭在权衡支持的成本和收益后，主动弱化社区初级群体支持的策略。非正式社会支持是指来自于家庭在日常生活中获得的非组织性的社会支持的集合。非正式支持包括五种关系：血缘关系（自己及配偶的父母、兄弟姐妹及子女）、亲缘关系（自己及配偶的亲戚）、业缘关系（同事及同学）、地缘关系（邻里）和私人关系（朋友）。在本书中，由于研究的是计生家庭的社会支持，他们最需要的社会支持是解决因劳力缺乏所带来的日常生活困难和情感性或归属性需要。

由于支持的过程实际上是网络内资源流动的过程，参照网络中资源的类型，我们可以将支持内容大体分为四种一般的类型：物质的支持、行动的支持、符号的支持和情感的支持。符号的支持包括信息、观念、价值、规范、消息等；物质的支持（物质事物，也可能是符号，比如金钱，它可以换取物质事物）；行动的支持如分担劳动，提供服务、参与正面的社会互动等；情感的支持如赞赏、尊敬、喜欢、高兴等。

（二）农村计生家庭

农村计生家庭是指按照国家及江西省有关计划生育法律法规和政策性规定实行计划生育的农村独生子女和双女户家庭。对于这类家庭，国家设置了农村部分计划生育家庭奖励扶助制度。其中的纯女孩家庭除了享受一般计生家庭享受的福利外，还享受国家、地方所实施的关爱女孩行动在孩子教育、就业、保险、医疗等方面的优先和优惠政策。根据拥有女孩的数量包括实行计划生育的农村独女户和二女户。这类家庭是自1984年起实施的一孩半政策的产物。在实际调查中，则统一使用"计生家庭"称呼以策略性地模糊该类的特殊性。

（三）家庭生命周期

对于家庭而言，家庭生命周期是指从某一家庭的产生到这一家庭结束所经历的时间跨度，即从夫妻建立新家庭开始，经过中间的扩展和收缩阶段，直到夫妻双方死亡为止的时间。研究表明，在家庭生命历程的各主要阶段上表现出不同的社会网络和支持的特点。家庭在不同的阶段有不同的任务与活动，而每一个阶段任务的完成对家庭发展是相当具影响力的[1]。每个家庭生活阶段为了执行该阶段的家庭任务，会遇到生活适应上的困难，面临不同的挑战。家庭是一个互动系统，与外在环境息息相关，当家庭或个人遇到问题时，除了依赖家庭或个人本身所具备的能力来回应之外，有时也须善加利用外在的资源来协助家庭渡过难关。

关于家庭生命周期划分的讨论常见于人口学和家庭社会学的讨论中，本书借用家庭生命周期来收集家庭不同阶段的需求和社会支持网络的情况。Nock 的观点与一般将家庭生命周期不断细分，精确化的观点不同，他认为随着社会发展，一些家庭生命周期中的重要事件已经不再作为区分家庭阶段性的主要指标，所以，可以考虑按照家庭成员减少诸如子女减少带来的家庭变化，来划分家庭生命周期阶段[2]。德国社会学家瓦尔纳从理论方面把西方的核心家庭划分为"准备建设阶段""抚养和教育阶

---

[1]　蓝采风：《婚姻关系与适应》，台北：张老师出版社1986年版，第61页。

[2]　Nock, S. L. （1981）. Family life – cycle transitions: Longitudinal effects on family members. *Journal of Marriage and the Family*, （3）.

段""分离阶段""老年阶段"四个阶段。我国的研究资料和事实表明，其核心家庭在"准备和建设阶段""抚养和教育阶段"与西方家庭在模式和结构上差别不大，而到了"分离阶段"区别明显，在不同阶段，家庭的需要不同，社会支持网络生产和维系、扩展和萎缩的过程、机制与策略应有差异。本书试图将家庭的生命周期和社会支持网络的建构过程结合起来，对家庭主体关系网络的实践过程进行解释和分析。

（四）性别偏好

在儒家文化中，社会性别偏好主要是对男性的偏好。在传统的中国，男性被认为有更大的经济资产，男性被期望通过他们的生活维系家庭的金融和社会纽带，家庭血脉只有通过男孩子才能传递下去。随着现代化进程的推进，尤其是国家话语中性别平等的大力倡导，父权制式微，男性偏好呈现出地区性差异，在很多地方，男性偏好已经变弱或不显见，但在有些地方依然非常严重。而且在现代化进程中，在日常生活中存在着大量的基于性别的潜规则，正是这些潜规则或者说是非正式的规则正代替传统的正式的性别偏好制度继续发挥作用，而且更具实践的弹性为了解这种文化的潜在影响，注重社会事实的建构过程和主体在具体文化情境下的感受的质性研究则有助于对性别偏好的弹性实践把握，采用质性研究的方式较为合适。

（五）连通性及其相关概念

尽管支持网络的连通度对性别失衡具有深刻的影响，但在性别失衡研究中支持的连通度概念近年来才开始受到零星的关注。对支持网络的连通度概念存在多样化、不一致的理解，在性别失衡治理研究和实践中，连通的机理、影响及支持网络连通的作用尚未被明确提出。基于支持网络连通度与性别失衡相互作用，从概念、表征及其在性别失衡过程中的作用等方面对支持网络连通度进行阐述和探讨。

1. 连通性概念

根据邱泽奇的定义，连通性是指在给定的节点群中，任一节点是否均可通过某条路径到达任一其他节点，即社会中的任一行动者之间是否可以产生关系。参照前人对连通性的定义，本研究认为，支持连通性（support connectivity）是描述支持网络系统的重要概念。支持网络的连通性可定义为：在正式组织和非正式网络中，维系、重塑或新建满足一定功能目标的支持连通通道，以维持相对稳定的支持体系及其联系的循环的状况。支持网络的畅通性主要包括两种情况：一是支持通道的消解能力，主要体现在连通对性别歧视的消解能力方面；二是支持连通是否受人为因素阻隔，主要体现在政策通道、实施和传递通道、政策与民间沟通渠道是否受阻等方面。

2. 连通性的构成要素

支持网络的连通将形成一个多目标、多功能、多层次、多要素的复杂支持网络系统，其构成层面可以概括为三方面。

一是非正式支持网络。通过在日常生产生活中演进形成的血缘、地缘等各种因素构成非正式支持体系，它是支持资源的基础，也是实施支持网络连通的基础。非正式支持的形成和发育过程受家庭日常交换和社会环境的影响，如人情关系、文化、村落的封闭性、村庄的生产方式、地理位置等，是一种传统的问题解决和需求满足的方式。非正式支持体系是支持体系连通实施的基础条件，区域的非正式支持体系越发达，则支持体系的连通条件越好。

二是正式支持网络。人类社会发展过程中形成了各种组织、管理机构、政策文件等性别失衡治理的策略和行动，不但形成了正式支持体系，同时也为实现支持体系连通提供了有效手段和途径。目前，在对性别失衡的治理中，正式支持起着越来越重要的作用，但是，不可忽视的是正式支持对支持体系的影响和作用是双向的。一方面，正式支持可以恢复正式支持和非正式支持主体之间的支持联系，实现支持资源的优化调配，改善农村家庭的生计和性别治理的社会环境；另一方面，如果连通不当，运行失调，也有可能造成支持系统紊乱甚至冲突，违背正式支持的初衷。

三是运行准则。支持体系的运行需要靠一定的运行调度准则来实现。目前的调度准则呈现出自发性、被动性、碎片性特点，应该向以家庭生命周期的需求为中心、统筹考虑和提供资源的效益方向发展。支持网络连通将构建一个多目标、多功能、多层次、多要素的复杂网络系统，须从更高的层次、更大的范围、更长的时段来统筹考虑连通各区域相关政策（如人口流出地和人口流入地）的经济社会、生态环境等各方面的需求。支持系统连通工程的庞大性、连通格局的复杂性和政策变化的不确定性，势必要求调度准则更为全面、宏观、精确、及时，从而使支持网络连通工作真正实现引导农村居民形成正确的性别观念、尊重生命权利、提高养育的质量、避免对出生性别比进行非法的人为干预等目的。就农村家庭的社会连通网络而言，运行的准则应特别注意三点：

一是提升社会支持网络主体的多元性。在这样一个规模范围大、主体组成多样的社会支持网络中，人们也就会相应地获取多层次、多形式和多来源的社会福利。在多层次的互动中，工业社会所带来的信任危机和道德崩塌会被逐步修补，人与人之间的信任感和关照感会得到提升，在这个过程中，社会支持网络得以完善和发展。

二是可为网络中的"行动者"增权赋能。人是社会化的产物，造成个体问题的情境主要来源于社会联结的断裂。当个体由于方方面面的原因，与社会的连通网络断裂后，必然脱离了社会支持的帮助，进而不能正常地生存和发展，其自身的功能也就不能正常发挥。

三是强化与社会资本之间的体系连通。按照美国著名社会学家科尔曼（James S. Coleman）的观点，工业革命前的"原始性社会组织"能为自然人提供一种基于人际的亲缘关系和信任关系基础之上的社会资本，这种社会资本具有社会支持的功能。在社会资本建设中，强化社会资本的支持，进而提升人们获取社会资源的能力，避免出现由于不合理的构建带来的社会排斥的后果。

3. 连通的节点

连通的节点即社会支持网络的主体，建立起家庭、社会组织和行政组织的有效连通关系是支持连通的重要内容。其中要注重非政府组织提供社会支持服务的作用，因为相对于正式性的政府组织，前者与人们之间的联系交往更为紧密，有利于增强与人之间的同质性，促进人与人之间信任感和关照感的提升，进而促进社会支持网络的完善和发展。

4. 家庭在社会网络中扮演的角色

一是开创者的角色。基于人们的理性利益选择，为了使有限的社会资源最大化地满足人们的需求，提升人们内心的公平感，提升社会整体经济效益以及资源分配的效率，产生社会秩序。但这种社会秩序不是凭空形成的，而是由成型的组织结构、社会制度、社会支持网络以及社会规范等形成的。社会支持网络既体现着人与人之间的相互信任与关心形成的网络，还包括人们通过某种契约与协定与国家之间形成的双向互动体系，在其中，社会支持网络的形成与发展都是围绕着"人"这个中心而展开，离开了人的需求和发展的网络构建和维系是没有真正意义和价值的。而为那些脆弱群体或家庭提供网络支持是社会支持网络的应有之义。

二是连通者的角色。我国的社会相对于西方国家的团体格局，更凸显差序格局的结构。即社会以己为中心，根据亲缘和血缘关系，区分于自身的影响力的不同，扩散的范围也是不同的，这就形成了典型的"熟人社会"。这也是我们社会支持网络中强连通的由来。根据人与人之间关系的强度，区分为强联系、弱联系和无关。社会支持网络能不断扩展和强化的一个重要的原因就是基于人与人之间的这种强关系。这种强联系存在于与个人特质相似的群体内部，通常人们会选择一些倾诉烦恼、娱乐性的活动，这就是表现性的行动。这种强联系一般是存在于关系性的熟人社会之中。相对于强联系，弱联系一般是由不同群体中的个人所组成，相对于熟人社会，弱联系通常存在于规则性社会中，这与西方的团体格局有着联系。因此以人为中心，强化了社会中各个主体的连通，社会支持网络也相应地起着连通与纽带作用。

此外，根据人们之间的关系类型划分，父母的关系最为主要，其次是配偶、子女等，中心的人的其他直系血缘关系的亲属和家人以及他的朋友等仅仅作为这个支持网络中的补充；根据个人的影响度不同，社会支持网络的规模也不同。一个掌握丰富的社会资源、自身有着极强的金钱、权势等社会地位的人，必然处于社会金字塔的顶端，以其为中心扩散出去的社会支持网络势必会覆盖较大的范围；根据人们之间的紧密度的不同，区分为紧密型和分散性的社会支持网络。

5. 连通的意义

一是连通加快资源和信息的传递。

网络环境中管道是连通支持节点的关键，资源和支持便是通过管道在节点（农村家庭或个体）之间流通。节点的连通为农村家庭或个体与农村家庭或个体之间、农村家庭或个体与资源之间、农村家庭或个体与组织之间、资源与资源之间建立了连通，使资源和支持能够迅速扩散出去，使农村计生家庭或个体能够及时快速地获取资源。农村计生家庭在获取资源后，一方面把资源或信息推送给更多农村计生家庭，扩大资源的传播范围;另一方面可创建生成性资源,丰富了原始资源。在连通的网络中,资源传播速度大于非连通网络中的资源传播速度,因为开放的网络中,社会群体的连通属于弱连通,农村计生家庭或个体之间的联系具有脆弱性,即农村计生家庭或个体之间很容易建立连通,同样也存在连通的易分裂问题。但是弱连通有利于吸引更多的农村家庭或个体建立连通而组成一张庞大的人际社会网络,从而使资源传播具有了快速、低成本和高效能等特征。

在农村家庭或个体连通形成的人际网络中,农村家庭或个体可以通达各个角落,可获得该网络中所有资源或支持节点。支持节点数量越多,它们之间的联系越频繁,每个支持节点的规模越大,就越能够吸引更多的农村家庭或个体接受资源、利用资源、交换资源和传播资源。作为中间人的农村家庭或个体在加强支持节点连通的同时,也建立了农村家庭或个体之间的连通,促使资源通过连通的农村家庭或个体传递出去,中间人为资源传播提供了渠道。

农村家庭或个体之间的连通受到农村家庭或个体认知特征、个人影响力、网络位置和获取资源的能力等多种因素影响,因而,存在一些农村家庭或个体可以通过改变自己与他人的连通来影响其他农村家庭或个体的连通和获取资源的能力。资源的传递需要农村家庭或个体或组织作为传播中介,需要以农村家庭或个体或组织的连通作为管道,而支持节点以其丰富性、系统性、准确性等优势吸引大量农村家庭或个体利用和传播,在加快资源和支持流动上起到重要作用。

二是连通可加强农村计生家庭支持的共享。

农村计生家庭、群体、组织间协作共同促进了社会支持网络的发展。农村家庭或个体对资源的评价、补充、纠正等是在接受和使用支持的基础上实施的行为,虽然农村家庭或个体之间没有明确开展协作支持活动,但是这种群体参与资源讨论本身就是一种协作。在社会支持网络中,农村家庭或个体往往是带着问题搜寻资源来解决问题,这样,农村家庭与资源之间就发生了一种积极的交互行为,农村家庭间则围绕资源开展交互的农村家庭构建了一个支持共同体,这个支持共同体所在的网络化的社会环境就成为协作治理环境。协作治理环境能够促进问题的解决,同时也促进了支持的生产和建构。在个体空间内,农村家庭或个体通过获取、利用资源建构支持，并进行着个人支持的管理。在支持过程中，农村家庭或个体对支持进行获取、鉴别、利用、开发等，在加强个人支持建构的同时也创造了新的支持，并促进了支持的共享。

在连通的支持网络中，农村家庭连通、资源连通共同促进了资源和服务的发展，使其形成有力量的、重要的支持节点；由于支持节点的系统性和准确性，其在横向上扩充了资源的数量，在纵向上深化了资源的内涵。而支持共享是资源发展空间、组织空间和个体空间共同存在的行为。支持共享丰富了资源，加快了支持节点的形成和发展，同时也激励个体进行自我和相互的支持管理，促进农村家庭支持建构。而且，在网络化关系中，农村家庭或个体与农村家庭或个体、农村家庭或个体与资源以及资源与资源之间易于建立连通，增加了农村家庭或个体的学习机会。网络化支持和治理空间中资源的多源性、可选性、易得性、及时可达性，从本质上改变资源和支持服务的分布形态和人们对它们的拥有方式；同时基于网络化支持的优势，农村家庭和个体可实现更大范围的支持的获得和共享。

三是连通可有助于增强个体的自我管理能力，分散风险。

支持的连通关系和成功的良性循环会形成社会放大镜，让更多的权力和财富集中到已拥有它们的那些人手中。而对于穷人而言，则可利用社会网络与不平等做斗争，比如尤努斯在小额贷款市场上创建的第一家乡村银行（Grameen Bank），将贷款借给自愿组成的小组而不是个人，用于做小生意或者有助于脱贫的事情上。尤努斯的乡村银行模式的成功在于利用了组内和组间的竞争意识，让每个成员都想成为更有成就的人。这是将社会连通关系资本化的例子。这类组织等不仅具有经济支持功能，而且具有社会和象征意义，通过社会连通，防止某个人收到资金后出现背叛行为，钱沿着已经建立起来的社会网络从一个人流向另一个人，任何人都知道"乔治在哪里"。社会网络有其天然的优势，连通的社会网络有助于分散风险，能帮助这些小组有效地处理干旱或家庭成员去世等意外事件，但从本质上来说，就是把社会网络的连通关系当作有价值的东西处理了。

社会网络是一个非常有价值的共享资源，人们可以从社会网络中受益。在社会网络中，这些共享资源是"公共物品"，每个人按照自己的意愿选择自己的朋友，但在这一过程中，人们创建了越来越多的社会网络。这个网络需要进行一定的管理，以便让所有人都从中受益。网络中，利他和回报、积极的情绪如爱和快乐对于社会网络的产生和持久存在都是至关重要的。

二 研究的理论框架

（一）社会支持的互动取向

大多数社会支持的研究倾向于将它视为一种稳定的个人特征，它基本上是静态的，本书将社会支持视为个人与其社会网络之间进行的一种复杂的、连续的和相互交换的过程，这种交换过程受到个人和环境因素的影响。沃克斯认为，社会支持是"涉及一定生态环境下人同他/她的支持网络之间发生的交易或相互影响的动态过程"[①]；撒拉逊等指出，"传统上所谓的社会支持包括了人与环境之间互动的方方面面，它们由亲密的社会关系，以及一系列由人、组织环境和总体的文化期待定义有关的大型场所构成"[②]；皮吉认为，社会支持是人们的基本社会需要通过与他人的互动得到满足的程度，维持、评价、更新是社会支持能够进行的必要阶段，也是网络存在的关键[③]。互动取向的社会支持焦点在于阐释在整个社会支持过程中涉及的支持网络中各个主体之间的动态及互动关系，而非仅仅说明支持的结构和支持内容。将互动取向引入研究，有助于丰富对社会支持理论的探索。而社会交换理论中关于社会交换的动力、规则的研究有利于深化社会支持理论的研究。

（二）社会交换与社会支持

当代社会学中的交换理论是在对经济学的功利主义、人类学互惠等理论的继承和批判中发展起来的，其中具有代表性的是霍曼斯的行为交换理论和布劳的结构交换理论以及后来的埃莫森的网络交换理论，社会

① Vaux，A. （1988）．Social support：*Theory，research and intervention*. Praeger Pulishiers：78.

② Sarason，I．G．，et al．（1983）．Assessing social support：The social support question-naire. *Journal of personality and social psychology*，（1）．

③ Thoits，P. A．（1995）．Stress，coping，and social support processes：Where are we? What next?．*Journal of health and social behavior*（Extra Issure）．

交换理论为社会支持过程的动力提供了解释基础。

作为社会支持的社会赞许。霍曼斯认为人们获取的报酬可以是物质的也可以是非物质的，人们向他人提供支持和帮助不仅能够得到人家的回报，同时亦能得到别人的感激、尊重，从而使自己有一种满足感和道德荣誉感。布劳的交换理论则试图弥补霍曼斯理论的缺陷，布劳认为个人间基本交换的"人际吸引"在宏观层次为人们共享的价值观所取代，布劳更强调社会赞许（social approval）对人的行为的制约作用，这种社会赞许代表了社会的价值规范、行为准则和伦理秩序。布劳把社会赞许归类为社会支持的一个组成部分，并认为内在吸引是社会支持的另一个组成部分，"因为根据社会赞许和内在吸引的基本原则，一个人向他人提供了报酬性的服务，使受惠者为此感激，此种行动得到社会的赞同，为了偿还这种报酬性服务，受惠者必须反过来向对方提供好处，在这互动过程中，社会支持内在的吸引越来越加强"。①

埃默森认为权力的运用和平衡支配着交换关系的基本过程。如果交换关系表现为行动者 B 对行动者 A 的依赖（dependency），即得到了强化，那么，A 对 B 就拥有权力优势（power advantage）。拥有权力优势就会运用它，结果是行动者 A 在交换关系中将越来越多的成本加诸 B，按埃默森的观点，权力优势表示为非均衡的交换关系，交换交易会表现为权力上的差异随着时间推移而趋于平衡。当然，在涉及许多行动者的复杂交换关系中，新的行动者与新的强化物或资源的加入会使基本的依赖过程、权方、均衡发生变化②。

社会交换理论对本研究的意义在于：

社会交换理论阐释的互惠的期望、回报的松散性、社会赞许、平衡等对于社会支持研究具有重要的理论启示，为理解社会支持网络的动员、维系提供了一个有用的框架。从社会交换角度看，所谓社会支持是一个包括施者与受者两个有意识的主体之间的资源交换的、双向的过程，而非仅提供照顾或接受帮助的、单向的过程。在这个过程中，强调给予和

---

① ［美］彼得·布劳：《社会生活中的交换与权力》，孙飞、张黎勤译，商务印刷馆 2008 年版，第 67 页。

② Emerson，R. M.（1962）. Power – dependence relations. *American sociological review*，（17）.

接受平衡的重要性。很多研究证明，那些参与互惠性支持交换的人具有
较好的心理产出。总体上，过度收益会引发依赖感或负债感，而过低收
益则会使人感到负担或沮丧。人类学的研究表明，为了参与支持系统，
人们需要最低限度的资源以便参与互惠，而那些需要太多的支持或支持
能力有限或提供支持的质量较低的成员或被认为是一种网络负担，可能
从他们的网络中排斥出来。一方面，那些缺乏物质和财务上的资源及符
号资源的群体较少参与支持系统交换，因为他们可能不太吸引网络成员，
资源缺乏可能损害他们回报支持的能力，并严重限制他们对支持网络的
贡献。另一方面，对于那些无法实现长期的平衡性互惠的个体而言，互
惠可能并非是一种促进融入的因素，而是一种负担，由于自身可用交换
资源的有限性，出于维护个人自尊等需要而可能主动退出或逃避支持交
换，进而造成社会隔离。在本书研究的探索阶段中发现，计生家庭的交
往退后现象突出，他们受到社会关系的有形或无形的程度不同的排斥，
如在交往的人数、交往的对象、社会网络的密度和分布、从社会网络所
能获得的社会支持、和当地的社会关系网容纳情况等多方面，他们可能
由于受到社会接触、社会关系和群体身份的限定和限制而成为边缘性的
群体，并被打上耻辱的烙印，在社会交往上出现了交往退后，甚至逃避
的现象，如他们试图通过外出打工甚至彻底逃离农村移居城市的方式而
试图弱化这种支持。

　　本书拟借鉴霍曼斯、布劳、埃默森的交换理论中关于交换规则、动
力的解释来研究支持动员和交换的动力和过程。需要特别指出的是，本
书研究中的社会交换是高度隐喻的。它强调支持在资源稀缺的情境下参
与其中行动者的成本和收益的资源选择策略，社会支持涉及参与此事的
行动者的付出与获利的权衡，涉及接受者对于支持资源的策略选择。在
隐喻之外，运用社会交换理论研究社会支持，意义不仅仅在于发现和把
握支持网络的运作过程及主体维系网络的策略，社会交换理论也为理解
结构、互动和支持的复杂关系提供了分析工具。当然，简单地套用现有
的分析框架一方面会模糊我们对我国社会支持交换特殊性的认识，另一
方面会忽视此类概念所包含的文化差异。因此，需要从我国文化的角度
审视社会支持的理论。

三 研究的基本思路

系统回顾社会科学和自然科学对社会网络的探讨后就会发现，如今的社会网络研究出现了不同学科的融合趋势。在河流、交通、信息领域中，连通性是基本的问题，有着较多深入的探讨，但社会学领域中，对于网络连通性及其对社会支持网络形成与运作及影响的研究还呈现出零散或无意识的状态，正如邱泽奇所说："综观围绕连通性的文献，如果说自然科学家已经探讨了连通性的基本特征、机制，让人们看到了同质性闭包、结构平衡的意义，那么，正如哥德尔和梅西直觉到的那样，我们认为在连通性成为影响人类社会特征与属性直接因素的时代，探讨连通性的动态及其与人类社会基本原理之间的关系，探讨连通性对人类社会发展的意义，则是社会学家在这个时代当仁不让的责任。"以往基于社会网络理论进行的社会支持理论的研究，多从功能或工具性角度分析，另外，缺少对网络连通的研究，比如网络内部各个主体之间的连通情况、正式网络与非正式网络之间的连通。网络连通被视为前提预设，在社会学中，探讨连通性及其影响的研究迫在眉睫。

社会网络的连通的基本层面包括正式网络与非正式网络之间的连通，以及正式网络、非正式网络内部节点之间的连通。在网络连通有效的情况下，既有信息和资源在边上流动，也有新观念、新行为在网络中的传播过程。社会网络通常由大量节点和连通边构成，个体、农户、政府、社会组织等作为网络中的行动者，也是网络的节点，网络中少量节点故障通常会产生复杂的级联效应，从而对网络可靠性产生重要影响，甚至会造成大面积的网络瘫痪，保护和疏通网络关键节点的问题对于提高网络可靠性和持续性具有重要意义。同时，网络能否发挥作用还取决于节点之间权力关系，节点之间权力的不平衡，会带来连通的阻碍或者节点之间交换的不平衡，进而带来对权力的依附，社会网络成员尤其是普通节点的社会参与度下降，经由网络达到的治理效果受限。

本书研究以社会交换理论、社会支持网络理论等理论为基础，使用深度访谈、观察等方法，从节点属性、节点之间的关系、正式网络与非正式网络连通等方面分析农村家庭支持社会网络变化连通状况、特征、连通机制、对农村计生家庭的影响，以期对转型时期农村计生家庭的社会支持网络面临的挑战和抉择做出初步分析；从社会支持的角度理解制度性社会支持与非制度性社会支持之间的关系变化所引发的社会支持系统的变迁及其对农村计生家庭的意义。

四　研究过程与研究方法

（一）分析单位

在研究中国社会结构的特征时，费孝通先生提出了著名的"差序格局"的论点。他认为，我国社会的本质结构是从家庭出发，由亲到疏一层一层向外延伸的差序的人际关系网络。这个差序网络不但是个人和家庭借以发生社会联系的渠道，而且为他们提供了生存和发展所需要的社会资源。它表达了在乡土社会中以家庭为中心的网络结构，并且这种结构至今仍有存在的基础。但美国著名的社会学家费正清指出，中国的社会单元是家庭而不是个人，村子通常是由一群家庭和家庭单位组成的，他们世代相传，永远居住在那里，每个农家既是社会单位，又是经济单位①。阮曾媛琪使用扎根理论的方法，发展了中国人的自己的社会支持网络的概念，将中国就业妇女采用的支持网络界定为我国"社群支持网络"，其明显的特征包括：社群特性、支持资源的全方位性等，多数就业妇女采取的也是一种家庭网络支持策略，这一结果与 Wellman、Berkowitz等人的研究结果不谋而合，他们发现我国的社会支持网络表现出社群性，中国人的社会关系也表现出"社群性"，并且指出了这一网络所具有的如下特点：第一，中国职业女性的社会支持网络是"公共的"，没有中心，而非西方的以"个人"为中心的社会网。中国人往往把家庭看成是一个整体，把自己看成是整体的一部分，从人与人之间的相互关系的角度出发考虑问题，因此，中国的社会支持网常常是无中心的，与西方的社会网络截然不同。第二，网络资源的整体性供应，这反映了中国文化重整体的特点。以农户或家庭为研究单位代表性的研究还有经济人类学家恰亚诺夫的《农民经济组织》，斯科特的《农民的道义经济学》；葛学溥对华南农村凤凰村大家庭研究，林耀华的《金翼》及庄孔韶的《银翅》等等。

---

① ［美］费正清：《美国与中国》，世界知识出版社2000年版，第45页。

基于上述讨论，笔者赞同徐勇教授提出的从农户出发考察农民的行为及乡村社会的主张①。农户构成中国农村社会的"细胞"，也是认识和分析中国农村社会的基本出发点。农户不仅是农民的基本生产单位，同时也是基本的生活、交往单位，还是国家治理的基本政治单元，更是农村计生家庭获得国家各个层面支持的福利单位，以家庭或农户为单位研究可以兼顾个人与家庭，兼顾农户与村庄，可以更好地把握乡村社会的基本特征，更能够显示出以家庭为代表的非正式支持和以国家为代表的正式支持的整合研究，对于本研究来讲较为适合。计生家庭是国家计划生育政策下的直接产物，国家相关政策和制度构成计生家庭外部环境的一个重要因素，其发展和变化对于家庭结构和家庭成员的生活轨迹都可能产生冲击性的影响，国家计生政策的优惠政策等都是以家庭为单位进行的，家庭成为国家进行计划生育政策管理、执行的基本单位，也成为获得国家、组织等正式支持的基本单位。当地对户数的计算有两种办法，一种是按计生户算，所谓计生户就是夫妻只要生了一个小孩就单独算一户，无论其实际上是否离开父母单独生活，这种户的概念是为了计划生育管理的需要，是个管理上的概念。一种户的概念就是根据实际，按共同的生活单位进行计算，本研究是以实际户为基础进行调查的。

（二）研究方法

1. 研究方法概述

工业化、城市化、现代化已大大更改、转变甚至完全取代了传统的社会风俗和行为模式。所有的家庭都面临着由发展带来的外部压力，而在传统文化特别是父权制仍存在的地区，计划生育政策所引发的家庭风险和社会压力在增大，如何改变和提高对该类家庭的支持结构和支持质量，这无论对计生家庭的生活品质的改善还是对人口的均衡发展，都有极其重要的意义。

首先，本研究试图回答的经验问题是："农村计生家庭近年来获得的社会支持变化是怎样的？原因是什么？"农村计生家庭对社会支持关系的理解、建构、维系与支持行为，既需要从支持的结构上测量，更需要通

① 徐勇：《"再识农户"与社会化小农的建构》，《华中师范大学学报》（人文社会科学版）2006 年第 3 期。

过对日常生活、生活历程和家庭生命周期的考察，来揭示社会支持的真正变化。阮曾媛琪的《中国就业妇女社会支持网络研究——"扎根理论"研究方法的应用》，是国内为数不多的采用定性研究方法对社会支持进行研究的学者，她对妇女的社会支持网络进行了文化视角上的分析。由于本书研究的目的是为了探寻社会支持网络的建构过程、动态趋势与性质，因此，质性研究为主的研究方法更适合本书。

其次，正如前面所述，社会关系与支持是一个复杂的概念，并非总是单向、积极的，其中也蕴含着矛盾和冲突，两个人之间存在关系并不意味着一定要提供社会支持。本书要研究的是关系转化为社会支持的条件、过程和策略，抑或是社会支持缩减的原因、后果。这些研究内容无法很好地在定量研究中得到体现。

再次，从研究对象上看，采用质性研究为主的方法更能获得真实有效的相关信息。本书研究的对象是涉及在1933年后生育的计生家庭，这类家庭主要成员年龄跨度较大，尤其是老人中有近一半只有小学文化程度，对于问卷中的问题与选项书面语有时并不能准确地理解其含义。因此，我们的问卷没有采用自填法，而采用一问一答，访谈员记录的形式。老人如果对选项不明白，访谈员根据事先培训要求予以口语化解释，帮助老人理解。问卷调查与结构式访谈同步完成，问卷调查成为质性研究的辅助手段。在分析问卷资料时，笔者也采用了描述分析为主的方法，目的在于为质性资料分析提供数据背景，促进人们对问题的全面认识，基本不涉及统计推断。

最后，笔者对社区熟悉，参与观察时间长，有"在场"优势。自2012年10月开始，笔者第一次到该县区参加调研，其间，利用带领学生实习的机会，经常往返于学校和农村之间。笔者在村中心商店旁与村里人拉家常，在社区活动中心看村里人打牌，到村里人家做客，与村民在中心或在家门口的空地上一起跳广场舞，参加学校开展的各种文化娱乐演出活动，与村民一起去城里购物，……时间长了，有些村民开始对笔者讲述一些不为人知的心里话，再加上省直工委的小刘作为超级合格的"联系人"，使笔者获得了难能可贵的"在场"优势，有利于深入理解农村计生家庭日常交往背后的动因逻辑。同时，参与观察时间持续长，也有利于纠正思考的偏差性，也可以随时调整研究的内容和目标。

2. 收集资料方法

（1）深度访谈法

叙述分析是一种将个人"经验世界的再呈现"过程，是将研究对象的个人谈话和叙说作为经验再呈现的载体，从而使研究对象完成或达到对其经验世界的表达行动，所以叙述者对自己经验世界的叙述是以研究者与研究对象之间的直接面对面深入访谈这种方式进行的，通过研究者和研究对象之间的对话由叙述者诉说自己的经验是研究者迈向实施研究计划、获得研究所需资料的最基础和重要的一步。

在深入访谈和研究者与研究对象之间的对话中，研究者和研究对象以语言和身体语言进行互动和沟通。在这个过程中，研究者是一个媒介和听故事者，给研究对象提供了一个自由的空间去回忆他们的经验、叙说他们的经验，也为研究对象对其经验世界的表达行动提供了渠道。在研究者的引导下，一对一的单独对话起到了将非常个人化的"叙述经验"引向深入的作用，同时，由于面对面近距离的互动，也使我们有机会通过观察洞悉研究对象那些说出来的和没有说出来的，甚至是歪曲的叙述经验。为了使研究能够顺利进行并达到预期的研究目的，在访谈开始之前，笔者做了以下准备工作：

准备半结构访谈大纲：半结构访谈大纲包括了与研究问题有关的方面，但只是作为当研究对象结束一段故事时对研究者持续访谈的提示和提醒，以引发研究对象的讲述。在正式开始访谈之前，这个访谈大纲是试验性的，是根据研究问题所提出的社会背景、文献研究中所揭示出的与求助受助有关的因素，以及研究者的想象、猜测和判断而制定的，它只是访谈的大概方向和部分话题，经过试访谈之后修正了一些问题和问题的提问方法，使得访谈话（问）题更适于研究对象展开故事或者话题叙述。值得注意的是，半结构访谈大纲只是提示了访谈的初步核心议题，对每一个研究对象的具体问题则需要根据研究对象在叙述过程中所带出来的话题而不断发展，随时修正和加入新的议题，这就需要在访谈中应始终坚持开放的态度。

了解研究对象的总体属性和特征。为了获得对研究对象的全面深入了解，以便更好向研究对象解释本书研究的目的和实地访谈时进行提问，并拉近与研究对象的距离，在开始访谈之前，我们向联络员——村委会主任和计生干部了解该地区的背景资料，包括社区经济发展情况、下岗失业的状况以及政府各项政策和服务的情况、可能影响居民互动的社区环境、居民的工作、收入来源和水平等，以加深对他们求助和受助经验的理解。除了微观资料外，还通过相关的网站了解江西省计生政策、该类家庭的总体状况，以便了解正式支持情况。

进行试调查。进行试调查的主要目的是测试访谈大纲是否恰当，并根据初步访谈的情况进行调整和修改。试调查在帮助完善半结构访谈大纲方面主要起到了两个作用：第一，完善了访谈的思路，使之与研究问题和研究目的更加吻合，在访谈大纲中，我们详细列出了与研究对象求助受助经验有关的可能议题。整个思路基本是沿着"需求状况—问题或需求对他们生活的影响—寻求和接受支持的过程和经验"这样一个线索来引发研究对象的叙述。

（2）焦点小组

作为一种有效的定性资料收集方法和策略，焦点小组近年来在社会科学领域得到了广泛的应用，尤其是在市场学、新闻传播学、社会学等方面。一方面，焦点小组作为一种资料收集的具体技术，它的采用是对档案研究、深入访问和调查研究方法的补充和加强。在焦点小组中，多个参与者的讨论和对问题的回应，既可以帮助研究者解释某一现象和成因，同时也可以发现一些新的信息，进一步深入探究和探索所研究的议题。另一方面，研究者对家庭的支持者等进行焦点小组式的资料收集，其作用在于充分了解研究对象所在的支持网络的质量，评估家庭的需要，找出正规支持与非正式支持之间的支持差异和运行机制的差异，探索联通的方面和可能的困难。开展的焦点小组成员包括村委会成员、计生家庭、普通家庭。座谈会每一次的主题不同，参与对象有时是同一批人，有时是不同的人，每次座谈会就相关问题引发深入讨论。讨论的内容围绕着对农村互惠的态度和看法，家庭的困难和压力，邻里、组织在其中的功能、性别偏好在日常生活中的表现，对计生家庭的支持情况等问题展开。

召开座谈会。主要是在所调查的每个地区，召开县乡两级座谈会，与会人员总数控制在 15 人左右，主要包括：分管计生工作的副县长或者书记，计生局、民政局、财政局、卫生局、宣传教育部门代表，农村独生女家庭、独生子女伤亡家庭及多子女家庭代表，村民小组或者村委会的计生干部若干。以期通过座谈会了解不同家庭类型的养老状况，以及政府部门在农村独生子女家庭的养老保障方面所开展工作的情况。

（3）参与观察法

参与观察是调查者为了达到深入了解情况的目的，在一定时间内进入被调查的群体或单位之中，不断地观察和记录这个群体内部行动的一种观察方式。参与观察强调"观察者与被观察者一起生活、工作，在密切的相互接触和直接体验中倾听和观看他们的言行"。参与观察常用于有深度的专题调查，常用来研究社区和群体活动，有利于了解情况的细致、深入，能掌握第一手材料，能发现一些未曾料到的情况、问题和经验，还可以对某些不甚了解的问题追根究源，查明原委和症结。本书拟采用参与式观察的方法，通过与农村计生家庭的直接接触，观察其生产、生活、休闲的状况，了解其所处的环境及对其获得支持的影响。

3. 资料分析方法

在研究中，笔者采取了"描述—诠释"的视角和观点贯穿资料的分析过程，这一过程包括：整理和转录资料、阅读文本、开放性叙述编码并归类、解读和分析文本，在解读和分析的基础上呈现主题、进行概括和提炼。

4. 研究样本情况

研究样本是农村父母年龄在 25—65 岁的家庭。江西省农村地区有近30 万户计生家庭。截至 2013 年 7 月底，南昌市二女户 1008 户，一女户1913 户，多女户约 30 户。在镇计生干部的帮助下（乡镇计生干部是计生委委派的，也有乡镇公务员身份），由他们按照研究要求寻找符合研究条件的样本，并提供样本所在村的计生专干的联络电话。经过与计生专干的联系，核实样本情况，剔除不符合条件的样本，再由计生专干告诉研究对象，获得他们的同意，最后在计生专干的陪同下或笔者直接电话联络，进行访谈和调查。在地方计生专干的帮助下联系访谈对象，成功访问了 40 多户有一个或两个女孩的家庭。

因为本研究的目的在于获得对研究对象的深入理解，而不在于推论研究结果，所以采用了目的抽样方法选取研究样本。采用目的抽样方法的意图在于寻找那些与研究目的相符合的、能够为研究问题提供最大量资料的研究对象。此外，在以陌生人的身份难以获得研究对象信任的情况下，目的抽样方法具有可行性。

五　田野调查情况

（一）田野的选择及基本情况

江西属于人口出生性别比重度失衡地区。据人口普查的资料显示，在全国 31 个省级单位中，出生人口性别比超过 110 的省份已达到 27 个，在这 27 个省份中又有 11 个省份超过了 120，其中江西省的出生人口性别比持续攀升，在 2005 年的 1% 抽样调查中达到了 137.31 的全国最高值。2015 年中国出生人口性别比为 113.51，而 2015 年江西省 1% 人口抽样调查结果显示出生人口性别比为 114.19，虽有了小幅的下降，但从总体来看，江西省的攀升幅度是引人注目的，因此对于江西省快速增长势头的研究急需各方关注。作为治理性别比重要手段的利益导向机制实效如何，究竟发挥了怎样的作用，也需要进行多角度的检验和评价。

江西省计生利益导向机制建立和发展简况。江西省计生利益导向机制的建立发轫于省政府发布的《江西省计划生育若干问题的暂行规定》（赣府发〔1983〕2 号）的规定，1990 年，全省计划生育会议把计生家庭长效节育措施落入工作考核目标，南昌、宜春等地政府开始对实行长效节育措施的计生家庭投保，1990 年 12 月 12 日，国家计生委转发了江西省开展计生家庭工作的报告的通知，向全国推广江西省计生家庭的工作经验，2002 年通过的《江西省人口与计划生育条例》首次以法律的形式，将利益导向作为调节生育行为的主要措施。总体来看，优惠政策主要有七项，涉及教育、医疗、征兵、集体福利、扶贫开发、职业培训、帮扶，以奖励、养老保障、优惠、扶助为主要内容。家庭的养老保障和发展家庭经济是最主要的"柔性"生育需求，这两项需求可以通过建立可靠的养老保障制度和施以经济利益扶助的手段加以替代满足，从而使由这两项需求产生的再生育冲动得以削弱和抑制。

课题的调查点为南昌市，南昌市下辖南昌县、新建县、进贤县、安义县四县，东湖区、西湖区、青云谱区、青山湖区、湾里区五区，以及南昌经济技术开发（昌北区）、南昌高新技术产业开发区（高新区）和红谷滩新区，2012 年，农业人口近 259 万，农村居民家庭恩格尔系数为

49.7%。四县中，出生性别比均在116以上。

（二）实际调查情况

调查关注的问题：社区居民男孩偏好的态度和对计生政策的态度，以及社区居民、政府怎样在各方面为女孩家庭提供支持或帮助？选择这个地点的原因在于根据第五次人口普查，性别失衡严重。观察对象的年龄在20—70岁之间，包括独女户、结扎二女户以及失独的家庭。

1. 访谈对象的选择

2012—2013年，在江西南昌县、安义县等周边的农村，第一个对象是村干部推荐的，其他的则是通过滚雪球抽样的方法选择出来，户中如果有1979年计划生育后出生的小孩就会被访问。调查期间，按照惯例，我们集中住在村长家，便于调查后讨论，及时交流信息，闲暇时间，我们会在访问对象住所、街头、社区活动中心、商店与村民聊天或观察。访问地点一般选择在社区活动中心，也可根据需要进行入户访谈，或选择被调查对象的工作地点。此外，由于人口外出打工，一些符合要求的家庭需要在春节和农忙等集中返乡期间进行访谈。

2. 调查策略

由于前期调查感到单纯了解某类家庭会对该类家庭造成无形的压力，于是，决定策略性地对全部计生家庭进行访问。具体为，根据家庭中孩子的性别来访问，根据计划生育家庭中孩子的情况，可分为计生家庭、计生男孩家庭、儿女双全家庭，这样一方面可以弱化由于单独调查某种类型家庭而带来的压力，而且也更有利于从其他两类家庭中了解他们对计生家庭的支持情况和看法。在访谈过程中，还需要注意两个问题。由于访谈内容会涉及许多访谈对象不愉快的回忆，因此，研究者需要有能力安抚访谈对象的可能出现的情绪。访谈者需要清醒地认识到自己对部分计生家庭可能存在的认知上的偏差，以防止影响研究的过程和结果。

农村纯女孩家庭是访谈重点之一，这类家庭主要由两名老师和一名当地的线人负责；而其他类型的家庭则主要由高年级学生来负责。为了便于调查和回访，我们采用有偿访问的方式，与计生专干协商后，确定访问对象的信息费。而对于被推荐合乎调查要求的前一个访问对象，我们还会给予调查推荐费。

3. 研究中的困难

主要困难之一是语言问题，尽管在江西工作时间达十年之久，但对江西方言听说能力很有限。为了弥补这一点，课题组中的外地成员经常收看江西台的用本地方言主持的《谈诧》节目、电视情景剧，利用网络进行个别词的发音学习，但终究自己缺乏语言天赋而难以开口。再加上工作原因，只能间断性地去调查点，也无法在实践中与他们一起学习语言，所以语言问题仍是难题。为此，笔者请一位当地能说会道的中年妇女作为联络员和向导，协助寻找合适的样本。

第二章

未完成的连通：
正式支持的碎片化

第一节　农村计生家庭正式支持网络状况

计划生育政策自20世纪70年代末实施以来，已经走过40多个年头，计划生育政策不仅深刻改变着我国每一个家庭的生活，而且改变了整个中国发展的轨迹。计划生育政策取得举世瞩目的成就，有效控制了人口的过快增长，对中国乃至世界的发展做出了重要贡献。由于该工作的有效开展，中国实现了人口再生产类型从高出生、低死亡、高增长到低出生、低死亡、低增长的历史性转变，取得了重要的成就①。但是，任何政策的实施都是一把"双刃剑"，随着时间的推移，计划生育政策的负面效应也逐渐显现。中国人口与计划生育工作面临一系列新的问题，如性别比严重失衡、计生家庭的风险难以分散、养老负担日趋沉重以及计划生育政策的稳定和行政手段推动之间矛盾重重等问题。计划生育既是涉及面广泛的政府行为，又是直接关系到千千万万家庭和群众切身利益的重大民生问题。有效地解决计划生育政策给计生家庭发展带来的各类问题，需要以计生家庭的需求为导向，以正式支持系统和非正式支持系统的资源为支撑，分析我国计生家庭的现状和问题，积极探讨解决问题的思路与对策，构建多维社会支持系统网络。我国为了帮助计生家庭健康生活，

---

① 顾宝昌：《中国未来生育政策的抉择》，《市场与人口分析》2006年第1期。

对计生家庭实行各种奖励扶助政策，运用政策、经济、技术、文化等多种支持方式，帮助计生家庭改善生活条件，提高生活质量。本部分根据社会支持理论，从计生家庭正式支持的现状出发，探讨计生家庭正式支持的现状及存在的问题，为提出完善计生家庭正式支持体系的建议提供参考。

一　农村计生家庭正式支持系统概述

(一) 计划生育相关概念界定

1. 生育政策

生育政策，是指一个国家或地区从社会的、经济的、政治的、资源的、生态环境的综合战略利益出发，同时考虑到大多数群众的接受程度，对其人口的生育行为所采取的政府态度。生育行为包括生育的数量、间隔、性别与生育质量[①]。

我国现行的生育政策是限制人口增殖的计划生育政策，即，提倡晚婚、晚育，少生、优生，提倡一对夫妇只生育 1 个孩子。国家干部和职工、城镇居民除有特殊情况经过批准可以生育第二个孩子外，一对夫妇只生育 1 个孩子。农村也要提倡一对夫妇只生育 1 个孩子，某些群众确有实际困难经过批准可以间隔几年以后生第二个孩子。为了提高少数民族地区的经济文化水平和民族素质，在少数民族中也要实行计划生育，具体要求和做法由各自治区或所在省决定。

2. 计划生育家庭

按照我国所制定的计划生育政策要求来划分，其应该包括三类家庭：城乡一对夫妇在生育一个孩子以后就不再生育并且领取了独生子女父母光荣证的家庭；农村一对夫妇在生育了两个女孩后两者其中有一方实行了长效节育措施的家庭；农村一对夫妇在生育了一个女孩后，在超过国家规定的期限后再生育第二个孩子，之后不再生育的家庭。在上述的三类家庭当中，一般只有前两类家庭包含在计划生育优惠政策涉及的范围之内，即通常所定义的"独生子女户和双女户"家庭。

---

① 冯立天、马瀛通、冷眸：《50 年来中国生育政策演变之历史轨迹》，《人口与经济》1999 年第 2 期。

3. 计划生育奖励制度

农村部分计划生育家庭奖励扶助制度是国家对农村部分计划生育家庭的一项基本的奖励制度。奖励扶助的重点为：按照国家及江西省有关计划生育法律法规和政策性规定实行计划生育的农村独生子女和双女户夫妻。项目主要包括计划生育系列保险、计划生育优惠政策、计划生育奖励和扶助、少生快富工程等。

（二）社会支持

社会支持一般是指来自个人之外的各种支持的总称。本书主要是依据陈成文教授的研究，认为社会支持是对社会弱者进行无偿或低偿帮助的一种选择性社会行为。社会支持的对象具有以下几个重要特征：承受力方面的脆弱性、生活质量的低层次性和经济利益的贫困性。对于社会支持的分类，主要是从社会支持的内容和形式两个方面进行。

首先，在社会支持的内容上，主要指物质上和精神上的支持。其中，物质上的支持是一种不管社会支持受助者是否能主观感知，都客观存在的支持，包括金钱、物资、生活照料以及实际的劳务分担等，而精神支持则包括心灵互动、情感慰藉以及倾听交流等，强调个体的主观感受和体验。比如学者周林刚等人就指出，社会支持包含两个方面的内容，一是指客观存在的物质支持、社会关系和联系等网络支持；二是指个体在日常生活中感受到的来自他人的情感支持等"主观体念"上的支持。

其次，从社会支持的形式上来看，周庆刚等人将社会支持分为正式的社会支持和非正式的社会支持，前者来源于政府或带有行政性质的社会团体所提供的支持，如社会养老保险、社会医疗保险、社会福利等；而后者指来源于非正式组织的支持和来自于家人、亲朋、邻里等的支持等。

本部分以计生家庭的需求为导向，可将计生家庭社会支持分为正式支持系统和非正式系统。非正式支持是指借助各种非正式的途径来表现对计生家庭支持的系统，由个人或群体所提供，这些主体根据自身意愿为需要得到帮助的人提供无偿性服务。非正式支持是指包括社会组织、居民、邻里等在内对计生家庭生活、观念的影响。非正式的社会支持主体包括社会组织、家庭、邻里、朋友、志愿者等。正式支持系统主要是来自政府或制度，通过制定相关的政策法规，由专门人员按照要求为计生家庭提供帮助和服务，这对于计生家庭而言是一种自上而下的支持。正式支持的要素包括政策、制度、行动、社区服务体系和网络等。对计生家庭的正式支持系统包括奖励扶助制度，对计生家庭的政策倾斜、政策优待、社会养老保障，等等。本部分主要讨论计生家庭的正式支持网络的状况及存在的问题。

二　计生家庭正式支持系统现状分析

计划生育基本国策在带来巨大社会价值的同时，广大农村地区计划生育家庭的计划生育选择，承受了一定的风险及其代价，部分农村家庭在生活和养老等方面面临很大的困难和风险，一部分甚至主要由于计划生育因素而成为计划生育贫困特殊群体。为了使计生家庭得到保障和发展，让计生家庭无后顾之忧，构建社会主义和谐社会，以政府为主体的正式支持系统对农村计生家庭提供了一系列支持。

（一）支持内容

目前，我国对计生家庭的支持涵盖多方面领域，主要包括以下几个方面。

1. 政策支持

目前各地的民政惠民政策都向计生困难户倾斜，计划生育利益导向政策体系包括计划生育家庭的优生优育、子女成才、抵御风险、生殖健康、家庭致富以及养老保障六个方面。凡符合农村最低生活保障条件的独生女父母、计生手术并发症患者优先纳入低保；享受城乡低保救助的独生女父母、计生手术并发症患者每人每月发低保金；各项救助金、社会救济款物优先照顾家庭困难的独生子女父母、计生手术并发症患者；农村独生子女死亡的家庭，符合五保条件者，优先落实五保供养。

2. 法律支持

1978 年 12 月，我国把计划生育定为第一项基本国策，并且在五届人大第一次会议中将其写入宪法。宪法第五十三条第二款规定："国家提倡并推进计划生育。"从此计划生育工作就被国家纳入了法制范围。2001 年 12 月 29 日第九届全国人民代表大会常务委员会第二十五次会议通过《中华人民共和国人口与计划生育法》中规定："国家对实行计划生育的夫妻，按规定给予奖励，省、自治区、直辖市和较大的市的人大或人民政府结合当地的实际，根据《人口与计划生育法》制定具体的实施办法。"这是从法律的高度规定了对响应国家生育政策的群体给予一定激励或补偿的措施。

目前与计划生育相关的行政法规主要有 2001 年 6 月 13 日国务院第 309 号令公布的《计划生育技术服务管理条例》、2002 年 8 月 2 日国务院第 357 号令公布的《社会抚养费征收管理办法》、2009 年 4 月 29 日国务院第 555 号令公布的《流动人口计划生育工作条例》，及许多地方性法规。

3. 经济支持

为奖励和鼓励计生家庭依照法律规定实行计划生育，我国实行了一系列的奖励扶助办法和措施，包括计划生育奖励和计划生育扶助，对计生家庭提供多方面的经济支持。2011 年将"半边户"农村居民一方纳入农村部分计划生育家庭奖励扶助制度，将三级以上计划生育手术并发症人员纳入特别扶助制度，并建立了农村部分计划生育家庭奖励扶助制度和计划生育家庭特别扶助标准动态调整机制。"三项制度"共投入资金42.7 亿元，农村奖励扶助制度受益 446 万人，"少生快富"工程受益 8.3万户，特别扶助制度受益 54.3 万人（见图 2—1、图 2—2）。扶贫开发、城乡居民社会养老保险等相关政策与人口计生政策的衔接得到加强。

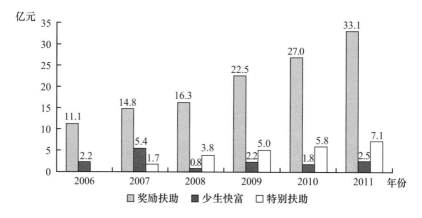

图 2—1　2006—2011 年"三项制度"投入资金

资料来源：2011 年全国人口和计划生育事业发展公报。

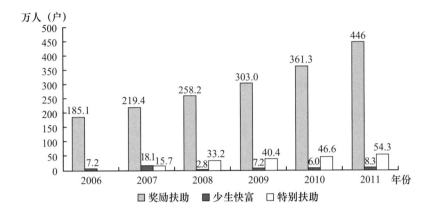

图 2—2　2006—2011 年"三项制度"受益人群

资料来源：2011 年全国人口和计划生育事业发展公报。

4. 技术支持

计划生育是一种通过节制生育而实行的。我国为节制生育提供了一系列技术服务支持工作，以达到少生优生的目的。计划生育技术服务机构和从事计划生育技术服务的医疗、保健机构应当在各自的职责范围内，对公众开展人口与计划生育科普知识宣传教育，对已婚育龄夫妻提供计划生育、生殖保健的咨询、检查和技术服务，发放国家免费提供的避孕药具，对怀孕妇女进行孕情检查、随访服务，并开展出生缺陷预防工作。国家免费孕前优生健康检查项目试点顺利推进，2011 年启动第二批试点，覆盖范围扩大到全国 31 个省（区、市）的 220 个县（市、区）。为 182 万名农村计划怀孕的夫妇提供了免费孕前优生健康检查，试点地区目标人群覆盖率达 78.6%；对筛查出存在影响优生相关风险的人群全部进行了针对性咨询指导。

5. 文化观念的支持

随着社会经济的发展以及计划生育的开展，国家对计划生育的宣传教育不断深入，群众的生育观念得到基本转变。近年来，国家人口计生委与有关部门为了计划生育工作的顺利开展，积极宣传男女平等，少生优生、优育优教等新型婚育观念，普及避孕节育、优生优育、生殖健康等科学知识以及计划生育法律法规和政策，大力开展丰富多彩的群众性宣传活动，提高群众性别平等意识，倡导文明健康的生活方式，逐步消除"多子多福、传宗接代、男尊女卑"等传统婚育观念的影响。

6. 教育支持

我国正着手探索建立给予独生子女户和双女户子女高中阶段以及职业教育优先优惠的教育福利政策，努力提高计划生育家庭子女的受教育年限，增强就业能力。不同的地区针对具体情况，制定了针对计生家庭子女教育的不同优惠政策。例如山西万荣县，对农村计划生育家庭子女享受教育奖励优惠的具体标准为：农村计划生育家庭的子女在接受九年义务教育期间，在全省学科竞赛中取得前三名的，给予200元奖励；在全国学科竞赛中取得前5名的，给予500元奖励；农村计划生育家庭的子女在本县参加中考时，独生女享受加10分的优惠，独生子或双女绝育户的女儿各享受加5分优惠；农村计划生育家庭的子女在高考成绩名列全县文、理科前5名，并被高等院校正式录取的，奖励3000元；农村计划生育家庭属于"特困户"或"特别扶助户"，其子女参加高考后，被国家各类公办本科院校录取，给予1000—2000元资助奖励。

（二）支持方式

1. 奖励方式

2004年初，我国政府决定对农村计划生育家庭实行奖励扶助制度。几年来，通过国家和地方财政投入，这项制度覆盖了一部分农村计生家庭。2004年，该制度的奖扶对象是29.72万人；2005年奖扶对象为94.12万人，各地区自行试点的奖扶对象约41万人；2006年奖扶对象为134.66万人，东部自行开展地区奖扶对象是51.94万人。农村计划生育家庭奖励扶助制度在试点地区取得了非常好的效果。它密切了党群、干群关系，促进了计生部门工作思路和方法的转变以及育龄群众生育观念的转变，探索了管理运行机制和奖扶资金的发放机制，推动了农村养老保障制度和财政支农制度的创新。

2. 优惠优先方式

对领取"独生子女父母光荣证"的家庭子女和二女结扎户子女中考可享受加10分的优惠政策。2003年，国家人口和计划生育委员会启动"关爱女孩行动"，在全国出生人口性别比较高的24个县开展试点工作以缓解性别比失衡问题。试点地区做法不一，一般做法是计生家庭的女孩可享受一定年龄内免缴农村合作医疗费，义务教育阶段减免部分或全部书杂费；或者在职业培训、推荐就业、法律援助、养老服务等方面享有特定的扶持和优惠。

3. 扶助发展

独生子女意外伤残死亡家庭扶助制度、农村最低生活保障制度、"三结合"工程，即把计划生育工作与发展经济、帮助农民勤劳致富奔小康、建设文明幸福家庭等工作相结合等。

自 2000 年开始，针对西部地区的一些农村深陷在越生越穷、越穷越生的恶性循环的情况，为缓解人口对资源和环境的压力，宁夏、青海、甘肃等地陆续开始尝试实施"少生快富"工程。到 2004 年，国家将"少生快富"工程的试点范围扩大到政策允许生育三孩的所有地区，包括内蒙古、海南、四川、云南、甘肃、青海、宁夏、新疆等省区。具体而言，"少生快富"工程实施的范围是普遍允许生育三个孩子的少数民族地区。目标人群是可以生育三个孩子而自愿少生一个孩子，并采取了长效节育措施的家庭。奖励的措施是每对夫妇一次性奖励不少于 3000 元，并引导他们把奖励资金用于发展生产，勤劳致富。"少生快富"工程的效果也十分明显。青海是西北地区唯一的计划生育奖励扶助制度和"少生快富"工程"双试点"地区。据青海省人口和计划生育委员会统计，2004 年全省有 9762 户农牧民家庭领取了"独生子女父母光荣证"，比上年增长了92%；1034 户主动放弃三胎生育指标，比上年增长了 9.65%；近 20 年来年人口自然增长率首次控制在 10‰以内。[1]

4. 养老保障

为了解决农村计生家庭的后顾之忧，实现老有所养，实行农村部分计生家庭养老保障制度。根据我国的国情，在农村建立计划生育家庭养老保障制度进行了试点，其基本思路是：坚持政府引导、群众参与、因地制宜、自愿量力、突出重点、保障适度的原则，采取农民个人交费为主、政府扶持为辅、单位和村（居）给予适当补助的办法，逐步建立以独生子女家庭为重点，以计划生育补充养老保险为主要保障形式，以政府、集体和个人共同交费为保障经费投入机制，兼顾其他保障对象、保

---

[1]　王国军：《中国计生家庭生活保障制度的现状与城乡统筹》，《中州学刊》2009 年第 1 期。

障形式融资渠道的多层次、多形式的计划生育养老保障体系。其模式主要有以下几种：补充性养老保障模式、参与性养老保障模式、统一性养老保险模式、救助性养老保险模式。由于客观条件限制，目前此体系尚未在全国范围内建立，但已进行了推广。

（三）支持机制

1. 制度体系

计划生育利益导向机制。主要包括帮扶、救助、保障、奖励、优惠几大类制度。其项目主要有：计划生育家庭奖励扶助；计划生育技术服务；独生子女出生、就医、教育（教育特助/加分等形式）、就业（培训/劳务输出等形式）；养老补助（专项补贴/退休金等形式）；生产（扶贫/资金/技术服务优惠等形式）、生活（宅基地/购房优惠等形式）；罚交社会抚养费等。

投入保障机制。按照建立健全政府间财力与事权相匹配的财政体制改革方向，建立健全了以"财政为主，稳定增长，分级负担，分类保障，城乡统筹"的人口和计划生育投入保障机制。进一步完善投入保障机制，明确投入主体，突出投入重点，细化投入措施，强化投入责任，不断健全人口和计划生育财政投入政策体系，确保人口和计划生育经费稳定增长。2009 年全国财政投入人口计生事业费为 442 亿元，2010 年全国财政投入人口计生事业费为 522 亿元，2011 年全国财政投入人口计生事业费为 700 亿元，财政投入稳步增长。建立和完善了人口与计划生育分级负担责任机制。鼓励、引导社会资金投入，建立多渠道筹资体制。国家鼓励企业、社会团体和个人投入人口和计划生育事业，鼓励按照国家有关规定设立人口和计划生育公益基金。积极运用项目合作机制，吸引国内外资金。

队伍保障机制。设立机构，保障计划生育的开展。包括专门负责计生工作的国家计划生育委员会和省、市、县人口与计划生育部门。每个乡镇及村都配备计生服务站，负责计生工作的宣传教育和开展实施工作。并且每个计生站都有专业技术人员，为民众提供各种生殖健康服务工作。

2. 奖惩结合的政策体系

奖励激励政策方面。对晚婚晚育青年和实行计划生育的家庭进行物质奖励，主要有农村部分计划生育家庭奖励制度和独生子女父母奖励制度。计划生育奖励的内容包括：独生子女父母奖励金；独生子女父母退休金的提高；独生子女入学、就医优惠；实行计划生育夫妇可免费获得计划生育基本技术服务。只有一个子女或两个女孩或子女死亡现无子女的农村计划生育家庭，夫妻满60周岁，按每人每年不低于720元的标准发给奖励扶助金，直至死亡。对领取"独生子女父母光荣证"的夫妻，从发证之日起至独生子女14周岁时止，每月给独生子女父母发放不少于12元的奖励费。

优先优惠政策方面。优惠政策，即由所在村庄以及行政事业性收费部门，对计划生育家庭减免一定数额的费用或给予一定数额的补助，包括教育、医疗和生活方面的优惠。优先政策，即发挥有关部门和镇、村作用，在同等条件下有关政策优先向独生子女家庭倾斜。例如农村独生子女和二女家庭在承包土地、申请审批宅基地、分配集体福利等方面优先照顾，独生子女户在申请审批宅基地、分配集体福利时享受增加一个人份额。

扶持救助政策方面。包括帮扶政策和保障政策。帮扶政策，即对较贫困的独生子女家庭从经济上给予帮助和扶持。只有一个子女或两个女孩或子女死亡现无子女的农村计划生育家庭，夫妻满60周岁，按每人每年不低于720元的标准发给奖励扶助金，直至死亡。保障政策，即不断完善社会保障制度，解除独生子女父母实行计划生育的后顾之忧。国家实行了一系列的计划生育贫困户优惠政策，各地也有一些特色做法，如"计划生育户重点扶持计划""百万会员扶贫帮困行动"等。

社会保障政策方面。农村实行计划生育的家庭，符合低保条件的，优先列入农村最低保障范围。鼓励兴办农村独生子女"双全"保险、母婴安康保险、节育手术保险、独生子女父母补充养老保险；鼓励发展各种形式的农村社会养老、医疗、救助保险，并对计生家庭优先优惠。农村无子女的60周岁以上计划生育家庭夫妇，符合五保供养条件的，优先入住公有敬老院或老年公寓，实行集中供养；集中供养床位不足的，可实行外养，按分散供养标准给予补助。

惩处制约政策方面。出现违法生育的，要依法足额征收社会抚养费，逾期缴纳的依法加收滞纳金；实际收入高于当地居民的党员干部、社会公众人物和民营企业主违法生育的，依法以个人实际收入作为社会抚养费征收基数，按征收标准的上限确定征收金额。对拒不缴纳社会抚养费的，县级人口计生行政部门依法申请人民法院强制执行。

三 农村计生家庭正式支持网络存在的问题

目前，我国政府通过政策、制度、行动、社区服务体系和网络等各种支持力量，有效帮助计生家庭解决困难，改善了计生家庭的生育观念，取得了很大的成效。但正式的、制度化的计生家庭支持系统仍不健全，表现在如下方面。

（一）农村计生家庭风险问题

1. 独生子女风险问题

从表2—1的统计结果，我们可以清晰地看到：我国的户均人口从第三次全国人口普查的4.4人下降到第六次全国人口普查的3.1人，这说明，我国家庭规模的发展越来越趋向小型化、核心化。2005年国家统计局的调查数据显示，我国0—30岁独生子女数占同龄人口比重为29.30%。这意味着近1/3的家庭都是独生子女家庭，4：2：1的倒金字塔形的家庭结构正在成为社会的主流。据第六次全国人口普查数据显示，我国家庭户人口124461万人，平均每个家庭户的人口为3.10人，比2000年人口普查的3.44人减少0.34人。家庭规模逐渐缩小，核心家庭正在成为当代中国家庭的主要形式。独生子女家庭的风险远远大于多子女家庭，老年、医疗、失业、残疾、夭折等人类生命周期中的常见风险，都会对此类家庭造成致命的冲击。若独生子女因天灾人祸伤残死亡，其父母在精神、经济和生存上都承受着巨大压力，这对丧失生育能力的家庭来说无疑将会造成巨大伤害。

表2—1　　　　　　　中国人口调查的户均人口数梳理结果

	时间（年）	户均人口数（人）
第三次全国人口普查	1982	4.4
1987年全国1%人口抽样调查	1987	4.2
第四次全国人口普查	1990	3.96
1995年全国1%人口抽样调查	1995	3.7

续表

	时间（年）	户均人口数（人）
第五次全国人口普查	2000	3.44
2005 年全国 1% 人口抽样调查	2005	3.13
第六次全国人口普查	2010	3.1

资料来源：1987 年全国 1% 人口抽样调查公报、第四次全国人口普查公报（第 1 号）、1995 年全国 1% 人口抽样调查公报、第五次全国人口普查公报（第 1 号）、2005 年全国 1% 人口抽样调查主要数据公报、第六次全国人口普查数据公报（第 1 号）。

我国的独生子女政策从 20 世纪 70 年代末 80 年代初开始实行，独生子女政策实施以来，我国的人口结构发生了转变，人口数量得到了有效控制，生育率稳定在低水平，但独生子女政策同时也给独生子女家庭带来了一系列问题。独生子女政策使得家庭结构发生变化、家庭规模变小、家庭生命周期相对简单化、家庭关系中心化。由于脆弱的家庭结构，独生子女家庭在本质上是一种风险家庭。独生子女家庭在整个生命周期中会遇到不同的风险，包括子女成长风险、家庭空巢风险和父母养老风险。独生子女成长风险是指独生子女伤残或死亡，将会影响到整个家庭的完整和幸福。家庭空巢风险是指子女离开家庭后父母精神空虚，情感寄托消失，缺少生活依靠。风笑天曾在 2007 年对我国 12 个城市 1245 名在职青年的调查发现，随着独生子女的成长，当其离开出生家庭进行求学或工作时，极易使得父母形成空巢家庭。父母养老风险是指子女的唯一性导致父母的养老需求得不到满足的可能性。国家对独生子女家庭实行了奖励帮扶政策，同时也在不断建立健全新型农村合作医疗、新型农村社会养老保险、城镇居民社会养老保险、生育保险等社会保障制度，但各项扶助政策的落实还存在疏漏，或是因为执行人员素质缺陷、政策执行机制的不健全导致的政策回避和落空。另外，针对独生子女成长过程中面临的风险，并没有健全的风险防御机制。在家庭养老方面，国家也只有经济补偿和政策倾斜，独生子女家庭在面临失独、空巢的情况下如何进行心理关爱并没有详细的政策规定。

2. 农村计生家庭养老问题严峻

有些率先实行计划生育的独生子女家庭，父母相继进入老年，因为缺乏经济来源，生活陷入困境，计生家庭的养老负担问题严峻。据 2005 年全国 1% 人口抽样调查样本数据的资料显示，我国的老年人口抚养比已经达到 12.71%，农村的老年人口抚养比已经达到 13.65%。据第六次人口普查数据显示，60 岁及以上人口占 13.26%，比 2000 年人口普查上升 2.93 个百分点，其中 65 岁及以上人口占 8.87%，比 2000 年人口普查上升 1.91 个百分点。这说明在我国"未富先老"的老龄化社会背景下，计生家庭的养老问题愈加严峻。

计划生育是我国的一项基本国策，该政策的大力实施为我国的经济发展、社会进步创造了良好的人口环境，但是却剥夺了计划生育家庭传统的家庭养老资源，尤其在社会养老保障并不健全的农村，计生家庭面临着更高的养老风险。目前，我国计生家庭养老保障制度尚不健全，存在覆盖面过窄等问题。农村社会养老保险的发展状况并不尽如人意，不仅筹集资金少，农民参保水平也比较低。显而易见，计生家庭的养老问题完全依靠家庭内部解决是不现实的，这需要寻找新的出路。可以说，计生家庭尤其是独生子女家庭的高风险状态和日趋沉重的养老负担，使我国计生家庭的养老及生活保障成为一个很大的社会问题。这不仅将有可能给我国未来的经济发展带来严重的制约，而且也将增加我国人口与计划生育工作的难度，影响政策的稳定性和政策执行的效率。

（二）政府提供的支持力度不足

1. 对计生家庭奖励扶助支持力度不足

针对部分农村计生家庭在生产、生活上遇到的困难，我国出台并实行了一系列的奖励扶助政策。其中，计划生育利益导向机制是重要的机制之一。然而，目前我国计划生育政策的利益导向作用乏力，利益杠杆无法起到转变群众传统生育意愿以及保证低生育水平的效果。当前，我国的计划生育奖励扶助政策普遍存在标准低、受惠面窄、年龄要求苛刻等问题，计生家庭享受到的优惠待遇明显跟不上同阶段经济发展的水平，计生群众的光荣感根本无法确立，计划生育利益导向的功效日渐弱化。由于起始享受年龄太晚，一些育龄群众感到奖励扶助政策遥不可及。我国法律规定，自愿终身只生育一个子女的夫妻，发给"独生子女父母光荣证"，并享受独生子女父母奖励，即每月奖给独生子女父母奖励金总和为 5—10 元，从取得"独生子女父母光荣证"之月起发放至子女 18 周岁为止。可见，绝大多数地区一年只发放 60 元的计划生育奖扶数额，其价值对于现阶段的家庭而言，可谓是微乎其微。从已公布的数字看，2005年奖扶制度的受益人数为 94 万，2006 年为 134 万，2010 年为 361 万。奖励标准偏低，而且时效性差，奖扶对象 60 元/月的实际受益一般要在 30年之后，吸引乏力，由制度直接导致自觉少生或自觉实行计划生育的群众相当有限，生育导向的效果不理想。据国家人口计生委"中国人口和计划生育利益导向研究"课题组 2008—2009 年对云南等省的调查，有97.9% 的受访户觉得领取的奖扶金在精神上的慰藉作用要远远大于金钱本身的补贴作用。有 72.7% 的"已婚未生育户"认为"无论奖励扶助多少钱都不足以让他们少生孩子"；有 71.9% "一女户"认为"奖励扶助并不能让他们下决心不再要孩子"①。对计生家庭奖励扶助支持力度不足，并不能真正达到对计生家庭奖励扶助的效果。目前，江西省的计划生育利益导向机制还处于不断完善时期，虽然已形成了"奖励、优惠、保障、优先"的计划生育利益导向政策体系，但该政策体系也存在诸多问题。第一，利益导向政策结构呈现碎片化。计划生育政策实施过程中，人口计生委制定了一系列针对计划生育家庭的奖励政策。中央和地方各级政府也制定了一系列计划生育利益导向政策，但政策间存在混乱冲突的情况，却没有明确的处理规则。第二，政策宣传与落实不到位。根据《江西省人口与计划生育条例》规定，针对只生育了一个子女并领取了"独生子女父母光荣证"的夫妻，从领证之日起到独生子女 14 周岁止，按月发放一定奖励金；另外，针对农村只生育了一个孩子或两个女儿的家庭，可享受农村部分计划生育家庭奖励扶助政策。但政策执行在乡镇地区明显滞后，在下达和执行过程中还出现了信息不对称现象，很多乡镇计生部门工作人员都不清楚条文规定，多数农村家庭也不知道该政策。例如，赣州市于都县吴某，农民，一直在外务工，对家乡的独生子女优惠奖励政策并不了解，曾咨询过县计生办，计生办告知其要年满 60 岁后才有补贴。其女儿已经 16 岁了，未领取过任何奖励。江西省弋阳县朱坑镇的童某，个体工商户，育有一女，在孩子读高一的时候才知道可以领取"独生子女父母光荣证"。也从未听说过孩子在 14 周岁前可以领取奖励金。

---

① 王存同：《我国计划生育利益导向机制现状调查与思考》，《西北人口》2011 年第 3 期。

另外，计划生育利益导向政策还缺乏监督与评价，易产生兑现难的问题。

2. 计生优惠政策的赋权效果不明显

国家一系列民生普惠政策的出台和实施给群众带来越来越多的实惠，相比较而言，计生优惠政策就显得有些分量不足，再加上普惠政策和计生奖励优惠政策衔接不够、欠缺兼容等问题，致使普惠政策下计生利益导向功能弱化。在普惠性社会保障背景下，计生优惠政策的赋权效果不明显，计生家庭的尊重、自我价值实现等情感性需要得不到有效满足①。由于普惠政策主要是覆盖全民，主要根据个人经济条件进行资格认定而给予优惠，并不是以对受益人是否符合计划生育基本国策为标准进行受益资格认定或者区别待遇，因此违法生育人员也能够无障碍地享受到各种扶助、保障和优惠政策，如在目前的征地补偿、教育扶助、拆迁安置等方面都出现了"多生孩子多受益"的情况。这就在相当程度上降低了群众抚育子女的成本，反而可能激励部分家庭违法超生。例如，目前享受到教育普惠政策的农村贫困学生多数是来自双子女或多子女家庭，其中有相当数量的学生属于违法生育子女，其中未接受缴纳社会抚养费惩处的超生人口还占有一定比重。计划生育政策与教育普惠政策之间的不协调，容易对群众产生误导：孩子生得越多，得到的社会福利就越多。

这种"一视同仁"使得农村地区非计生家庭也享受到了同等的优待，在一定程度上削弱了计划生育奖励扶助政策的利益导向效力，忽略了社会公平。就教育普惠政策而论，由于该政策并未考虑到对计划生育利益导向机制的影响，计生政策与教育普惠政策在施行过程中欠缺协调，这就给计划生育工作的开展造成了一定的负面影响，影响到计划生育政策的实施效果，这给我国，尤其是广大农村地区的计划生育工作带来了巨大挑战，同时也违背了教育惠民的初衷。

3. 提供的服务质量有待提高

服务质量是计生服务能够满足规定和潜在需求的特征和特性的总和，是服务工作能够满足被服务者需求的程度。目前基层计划生育工作存在技术服务开展不全面、技术力量不足、技术服务技能不高、技术服务设

---

① 商世坤：《农村教育普惠政策与计划生育政策的冲突与协调机制研究》，四川社会科学院2011年版。

备陈旧落后等问题，严重影响了民众节育积极性。表现在：一是许多少女缺乏生殖健康知识，早产、早育现象影响了婴儿的健康。二是从事计生工作的工作人员，素质较低，没有经过专业技术培训。三是乡镇级的计生服务站技术设备比较落后，投入不足。四是技术服务开展不全面，仅仅将工作重点放在落实避孕节育措施上，没有开展全方位的技术服务。这些都严重影响了计生工作的开展效果，不利于民众节育积极性的发挥。一个计生干部在访谈时谈到目前计生工作开展情况："要提升计生质量，需要基层计生工作人员真正转变观念和模式。'三结合'的本质就是服务，离开服务就谈不上'三结合'。首先我们要把育龄群众看成是我们的朋友，是工作的主体，服务的对象。只有观念变了才能全心全意去为他们文明幸福服务；其次要转变我们的工作模式，由过去单纯的行政命令法制型变为多功能综合服务型，树立计划生育工作的良好形象，使其成为科学的、进步的、文明的、幸福的、人道的和甜蜜的事业。"

（三）政府提供的支持方式不完善

1. 计划生育政策执行力度存在偏差

计划生育工作因地而异、因人而异，没有规范标准，各地的基层工作者缺乏专业技术和训练，执行过程中主观随意性较大，造成了一些不公平的现象，也增加了人们的抵触情绪，从而为计划生育工作带来很大阻碍。首先，存在法律政策配套不完善，依法行政有难度，未建立有效的监督机制等问题，现行计划生育政策在执行过程中存在的许多漏洞，致使计划生育政策未能得到有效执行。其次，计划生育在运作实践中相关政策、运作机制及实际效果存在地方差异，城乡之间、汉族和少数民族之间、流动人口与常住人口之间、军事单位与非军事单位之间、涉外婚姻与本土婚姻之间等呈现出多层次特征。目前，我国虽然实施了严厉的计划生育政策，但是在具体执行过程中，仍存在着执行不力和不平衡问题。这严重影响了民众对政府生育支持政策的信任，削减了我国计划生育政策的执行效果。

2. 对计生家庭提供支持的资源分散

治理主体单一化，部门之间缺乏协作，治理的碎片化使得政策的利益导向作用不明显。我国针对计生家庭出台了一系列的保障措施，但许多都停留在试点阶段，并未向全国进行推广。各地都针对本地情况推出了旨在奖励和扶助计生家庭的行动和措施，但各地之间资源比较分散，并未实现资源共享。

目前，我国计划生育政策实施部门单一，缺少良好协作①。计划生育优惠政策，需要各部门配合和政策协调，或要耗损财力、人力、物力，因此其他相关部门参与积极性不高，多是人口计生部门在推动制定和执行，治理主体单一化，部门之间缺乏协作。如卫生部门的"三免四减半"，往往因涉及医院的效益，而不作为。同样地，人口计生部门中，很多部门参与利益导向工作，如发展规划部门、宣传教育部门、政策法规部门、计生协会、办公室、财务等部门，结果是各部门工作时有重复。而基层部门，则同时要多次应付来自上级计生委各部门的工作检查，其工作重心难以投入更好地优惠政策上②。对计生家庭提供支持的资源分散，治理的碎片化使得政策的利益导向作用不明显，严重影响了计划生育政策的效果。

3. 作为网络节点的基层计生工作口碑欠佳

计生干部队伍素质的高低，在一定程度上对计划生育工作起着决定性的作用。很多计划生育干部尤其是乡、镇计划生育专干的理论、专业素质从总体上衡量是比较差的，主要表现在以下几个方面：一是人员数量少，待遇低，影响了对计划生育工作的管理。尤其是从卫生、教育系统转行的这部分人，既评不了职称，又调不上工资，怨言很大。影响了计划生育工作的开展。在逐步走向科学化、现代化管理的今天，迫切需要一批数量可观、知识面广，既能吃苦、又不惜牺牲个人利益，年富力强的综合性人才队伍。二是文化程度偏低。据调查统计，在青云谱区近300名计划生育干部中，具有大专及大专以上文化程度的仅有11人，占总数的3.79%，具有中专文化程度的52人，占总数的17.93%，具有高中文化程度的149人，占总数的57.93%，具有初中和小学文化程度的59人，高达20.35%。且越到基层，高层次文化程度的占有率愈低，如大专

① 韦艳、吴燕：《整体性治理视角下中国性别失衡治理碎片化分析及路径选择》，《人口研究》2011 年第 2 期。

② 高莉娟、翟振武：《人口和计划生育利益导向政策"有利少导"现象例析》，《人口学刊》2008 年第 3 期。

及大专以上文化程度的占有率，地区为 18.18%，县、市为 13.04%，乡、镇仅占 1.29%。三是专业人员少，业务素质差，学所非用，用所非学的情况仍然存在。计划生育干部必须要具有宣传、组织、协调、统计、分析、总结等多种管理才能，还要具备马克思主义人口理论、统计知识并广泛涉猎与计生工作有关的医学、生物学、心理学、哲学、系统论、信息论和计算机等多种学科知识。但实际上，我们的计生干部尤其是乡、镇计生专干，对马克思主义人口理论知识是知之不多的，有的甚至连统计报表都不会填报，更不要说涉猎其他学科的知识了。他们中的大多数是从社会青年中招聘的，或是从卫生、教育系统改行的，均未参加过正规人口专业知识训练。

因此，为了保证计划生育工作顺利进行，使人口生产同经济发展相协调，必须采取有效措施，迅速提高计划生育干部队伍的素质，努力适应新形势下现代化管理的需要。

（四）性别平等的社会环境更难形成

1. 计划生育政策的差异性

政府为保障农村劳动力，照顾农村计生家庭，在制定实行计划生育政策时，对西部和农村家庭实行特殊优待，允许生育二胎，实行一孩半政策，并不利于性别平等的社会环境的形成。它无形中支持那些西部和农村地区的家庭多生育，并且伴随性别偏好的选择，大部分人选择生育男孩，导致我国性别比失衡非常严重。如我国从 20 世纪 80 年代中后期开始，对农村人口有条件的照顾生育第二孩，主要是第一孩为女孩的妇女在年满 28 周岁和 4 年生育间隔后允许生育第二孩，即实行一孩半的生育政策①，这种政策虽然是为了满足农村的劳动力，保证农村经济的发展，但却给农村进行性别选择提供了“二次”机会，也从潜意识里加重了重男轻女的观念，进一步加重了农村人口性别比失衡的问题。

2. 性别选择问题

农村地区由于受传统观念的影响，仍然有较强的性别偏好。针对人们运用技术进行性别选择的问题，我国政府做出了“打击两非行动”的

---

① 李慧英、郑磊、王黎芳：《关于社会性别与公共政策问题研讨综述》，《理论前沿》2001年第 23 期。

政策，即对非法产前胎儿性别鉴定和非法性别选择性人工流产予以全国范围内的严厉打击。"打击两非政策"由于可操作性不强，对性别进行选择行为仍然非常普遍①。如医院明文规定绝不允许进行胎儿性别鉴定，但通过熟人关系和贿赂行为，医生往往会利用隐讳的、暗示性的语言甚至手势来告知检查的人，而且"打击两非行动"取得证据也非常难。另外，这项政策惩罚力度不够，仅仅是没收 B 超机或者罚款几百元，这些惩罚与巨大的市场相比只是杯水车薪。所以，这种现象仍然普遍存在。

四 政策碎片化引发部分计生家庭民生困境

党的十七大报告提出了要"加快以改善民生为重点的社会建设"，党的十八大报告提出"加强社会建设，必须以保障和改善民生为重点"，"要多谋民生之利，多解民生之忧，解决好人民最关心最直接最现实的利益问题，在学有所教、劳有所得、病有所医、老有所养、住有所居上持续取得新进展，努力让人民过上更好生活"。因此，从社会建设的视角来看，民生特指社会民生，是指社会成员基本生存生活状态和切身利益，具有生存保底性、基础保障性和发展性的特征。保障和改善民生需要建立基础性的社会保障体系、公共卫生体系、义务教育、住房保障制度，以更好地保障民众基本生活、促进人的发展与社会和谐。从历史经验和国际实践来看，制定和实施合理的、系统性的社会政策是解决民生问题的有效途径之一。

（一）部分农村计生家庭生存型需求有待解决

生存型民生保障旨在保障民众底线的基本生计，包括社会救济、最低生活保障、基础性的社会保障、义务教育、基础性的公共卫生、基础性的住房保障等，意在解决民众的"基本生存和生活"问题。其本质就是要"让人有尊严地活着"，即维护"人性的尊严"。生存型民生保护应该具有"去商品化"的性质。与之相应，基础型的社会政策应具有"去商品化"、普惠性的特征。

计划经济年代的农村，除了五保、集体合作医疗和特殊困难的救助

---

① 宋健：《中国出生人口性别比偏高问题的政策回应与效果——兼论县级层面社会政策协调的探索与启示》，《人口研究》2009 年第 4 期。

外，农民生存主要依靠集体经济支持，谈不上来自国家的福利支持。反之，在国家经济处于困难时期，农村经济却成了国家经济的主要支撑，实际上，城市体制内的福利的获取主要来自于农民的奉献，这就导致了在很多年景中，很多农村家庭都要度过痛苦的"青黄不接"期，过着"吃了上顿没下顿"的生活，基本生存难以保证，正常生活难以为继。这一时期，社会政策体系是不完整的，社会政策具有明显的"城市本位"，实际上带有"官本位"的倾向，普通农民难以获得来自国家层面的社会政策和制度性保障的"阳光雨露"，生存和生活十分艰难。同时，大量青壮年劳动力外出务工，农村家庭的养老功能弱化，但农村社会保障体系还不健全，很多农村留守老人面临生存威胁，生活十分艰难。以上种种皆由社会政策支离破碎使其保底功能难以充分发挥造成的。

（二）农村计生家庭的发展能力有待提高

发展型民生保障是指有利于提高农村家庭的发展机会和发展能力的生计状态或福利状态，它包括充分就业问题、较高质量的公共教育和基本的职业培训问题、消除社会歧视问题、提供公平合理的社会流动渠道以及与之相关的基本权益保护问题等内容，旨在解决民众基本的发展机会和发展能力问题，从而"让人有希望地活着"，即在现有的制度安排下和相关政策的支持下，每个社会成员都能够获得相对均等的发展机会和发展能力的提高，并能够在公平竞争的环境下实现自我价值。合理的社会政策和保障制度可以为社会成员提供相对公平的发展机会和发展能力，而碎片化的、不合理的社会政策和保障制度将会剥夺部分人的发展机会，阻碍个人能力的发展，从而让这些人看不到希望。计划经济年代，农民被固定在土地上，实现了农民的"充分就业"，但这种充分就业是以牺牲进城机会为代价，从而使农民由一种职业固化为一种身份，再加上以城乡分割的户籍制度为基础的一系列制度安排，农民谋求职业身份转变的渠道被堵死，真正形成"龙生龙凤生凤，老鼠养儿去打洞"的职业分途和身份固化的局面。这样的就业政策堵死了人们自由的职业流动之路，通过自己的努力改变职业身份变得"没有希望"。同样，公共教育和公平教育机会也难以得到保障，基本的职业培训难以保证，制度性的社会歧视堵死了农民公平合理的社会流动渠道。

市场经济背景下，政府加快了社会政策和制度性保障的调整和创新，但至今仍未根本改变社会政策和制度性保障的碎片化现状，致使相当一部分人被排除在社会政策和制度性保障的关怀之外，正如有人所指出的，我国的渐进改革过程，对许多社会群体而言，是一个走向更多的"无保障"的过程。社会政策和制度性保障应是一个完整的体系，任何单一的、相互分割的、支离破碎的社会政策和制度性保障在解决民生问题时会出现"按下葫芦，冒出瓢"的现象。①

要走出发展的困境，应该构建以家庭为中心的社会政策和保障体系，从制度上降低因保障不足而出现的性别选择问题。20世纪90年代以来，西方国家社会政策在强调家庭责任的同时，更加重视对家庭的支持，从直接供给转向间接供给，通过支持家庭，开发家庭功能，恢复家庭自身的福利供给与保障功能，家庭福利和家庭政策被重新纳入国家的公共政策体系之中。西方的家庭政策认为，任何家庭都需要帮助，特别强调对于非贫困家庭提供帮助从而预防家庭功能受到影响。这反映了许多国家的社会福利从支持性政策逐渐过渡到发展性政策，从满足家庭最基本的生存需求转向建构家庭功能，提高家庭的可行能力成为家庭政策和家庭发展促进行动的主要目标。这些年来我国家庭问题的积累对社会稳定与发展造成的威胁备受国家关注，公平、正义在社会价值中的地位被再次认同，经济政策开始向社会政策回归，中国社会进入经济建设与社会建设并重的时代。中国的家庭政策不能再局限于缺陷修补，而是必须突破传统社会福利"施恩论"的束缚，积极主动地支持与满足社会成员的发展需要，以公民的社会权利和基本福祉为最高目标，使社会福利真正成为惠及每个社会成员的权利。当然，家庭政策不能盲目照搬西方福利国家模式，而应结合我国实际，实现适度均等的本土化福利，逐步实现福利的去阶层化、去地区化，真正实现家庭福利对国民生命周期的全覆盖。

五　正式支持网络与非正式支持网络需要有机衔接与良性互动

随着农村社会关系从传统向现代的转型，个体支持赖以存在的以家庭关系、地缘关系和业缘关系为主体的初级关系，在市场经济的趋利性

---

① 包先康：《我国社会政策碎片化与民生困境》，《安徽师范大学学报》（人文社会科学版）2016年第4期。

特性和等价交换原则的侵蚀下逐步走向解体，各种次级关系取而代之。而改革以后，国家、市场、社会等多样化的支持力量开始进入农村社会支持结构之中并发挥各自的作用。与此相一致，农村社会支持的制度化程度也大为提高。社会保障改革进程中呈现出来的资金筹集多元化、管理服务社会化格局，虽然不能否定我国在现阶段乃至相当长的时期内仍然需要依靠国家与政府或公共系统来推进社会保障制度，却也体现了国家社会保障制就是国家与社会的结合，是政府与营利部门、非营利部门及个人的合作，它既包含了传统模式中的国家"父爱"，亦包容了市场经济条件下社会各方的直接参与与责任分担。因此，社会保障制客观上既未因市场化改革而放弃国家的强势作用，亦未因继续延续国家在社会保障制度中的强势地位而拒绝社会参与，从而是符合我国现实国情与历史文化传统并顺应社会保障社会化的世界潮流的一种选择，是值得肯定的制度模式。同时，伴随着现代化、工业化和市场化的强力作用，各种现代性要素大量地进入农村社会，迫切需要正式支持网络与非正式支持网络的有机的衔接与良性互动。

根据纳拉杨的研究，正式社会支持和非正式社会支持作为两种制度规范共同作用在一个社会中，两者并非截然分开的，而是一个相互交织的过程，当政府提供的制度支持效力较为弱化时，非正式制度将会替代政府发挥作用，人们会通过社会资本来应对生计问题[1]。虽然正式社会支持为改善农村居民整体的发展需求状况、实现地区经济和社会发展提供了基础性保障，但农户能否有效利用政府提供的帮助实现家庭的经济再发展和能力的提升，不仅取决于农户的发展积极性，还取决于农户本身拥有的各类资本的存量和质量，如物质资本和社会资本。正式社会支持并非是农户家庭实现经济再发展的充分条件，甚至可能对农户经济再发展起阻碍作用。有关研究表明，政府的救助和补贴会让部分农户产生政策依赖和发展惰性，降低他们参加劳动改善自身经济状况的积极性[2]。水

---

① Narayan, D., & Pritchett, L. (1999). Cents and sociability: Household income and social capital in rural Tanzania. *Economic development and cultural change*, (4).

② 石智雷、杨云彦、程帅：《非自愿移民，搬迁方式与能力丧失》，《南方人口》2009 年第 2 期。

库移民研究表明，国家相继采取了一系列正式制度来改善移民安置条件，如逐步提高移民前期补偿补助标准、设立维护基金和后期扶持基金等，但目前已有的制度性支持并没有使农户总体上脱离贫困、实现经济再发展①。而中国是一个关系型社会，社会资本作为一种支持性的关系，在日常生活中起着非常重要的作用。既然正式的社会支持无法保障农户实现经济再发展，农户家庭很大程度上会依赖非正式社会支持来分担风险，特别是对于缺乏资源的农户而言，其社会资本可以转化成为他所需要的帮助，如一定的生活保障和经济支持②。同时，社会网络成员之间的交流可以减少因信息不完全而带来的风险和不确定性，利用个体的社会关系及其信任可以替代契约，降低其获取资源所需的成本，提高经济绩效，为微观个体和家庭甚至区域带来经济回报。

对比分析非正式社会支持和正式社会支持对农户的发展需求和经济再发展的影响可知，相比政府的救助和补贴等输血型正式社会支持，造血型正式社会支持对农户特别是计生政策性家庭的发展性需求作用明显，如生产设施环境、商贸条件、交通条件、银行信贷环境等外部环境的改善对农户的发展需求都有显著的推动作用，而非正式社会支持对农户的发展需求状况的改善作用有限。同时，非正式社会支持不论在社会资本存量上还是在社会资本紧密度上都对农户实现经济发展有显著的积极影响，而正式社会支持对农户发展的作用有限。虽然非正式社会支持和正式社会支持在帮助农户实现发展性需求的侧重点不同，但两者好比计算机的"硬件"和其中的一款"软件"，要实现农户脱贫和致富这两项功能，两者都必不可少。一方面，当农户面临原有社会网络瓦解重构的境况时，非正式社会支持无论在存量上还是在回报率上都无法为发展需求的居民提供必要的脱贫支持，非正式社会支持这一"软件"存在不足，无法帮助农户摆脱贫困的发展需求，但银行信贷环境、生产设施环境等政府提供的帮助可以为陷入发展需求的农户提供基本的生存保障。另一方面，非正式社会支持能为农户的发展提供良好的"软件"支撑，只有

---

① 石智雷、彭慧：《库区农户从贫困到发展：正式与非正式社会支持的比较》，《农业技术经济》2015 年第 9 期。

② 张郧：《反贫困中的社会资本建设》，《中国劳动》2008 年第 6 期。

当农户能够凝聚并有效利用其可获得的非正式社会支持时，才能更好地抓住正式社会支持提供的良好发展机会，实现家庭发展。因此，政府提供的社会支持应该让农户获取更多、更高质量的非正式社会支持，如修建交流中心、举办各类信息技术推广会等，让居民在活动的过程中加强联系，构建异质性社会资本，为自身的生存和发展积累资源。

第二节　未连通的正式支持网络

在农村计生家庭支持网络中，同样包含着多个利益相关者，这些利益相关者的社会网络结构并不相同，具体实施也不一致。不同来源的利益相关者在网络中的位置及相互关系将决定网络的结构特征，网络的结构关系对利益相关者的具体行为表现有着重要的影响，从而会对网络治理的结果造成直接影响。

在我国，以政府为代表的正式支持网络的中心度和网络密度是影响农村计生家庭支持获得的重要因素。较高中心度的节点的优势在于可以拥有较多连接关系，可以将大量的信息汇集于较少的利益相关者从而做出决策行动。网络的连通可以捕捉整个网络不同部分的变化，从而传递到其他部分，形成协调一致的发展，增加网络从资源系统和管理系统中获得大量反馈的可能性。由于网络中的这些组织没有完全隔离，因此也可以增强管理。而正式支持网络的密度是网络中被一定数量的节点划分的连接关系，反映网络的紧密程度，较高的密度可以增强利益相关者之间的信任，提高社会控制的可能性[1]，这是很重要的网络特征。首先，信任降低了合作的成本和风险，这是集体行动和合作的一个重要条件[2]；其次，信任可以促进有关资源获取和使用的相关准则制定和遵守[3]，高密度

---

① Pretty, J., & Ward, H. (2001). Social capital and the environment. *World development*, (2).

② Gardner, R., Ostrom, E., & Walker, J. M. (1990). The nature of common - pool resource problems. *Rationality and society*, (3).

③ Coleman, J. S. (1990). Commentary：social institutions and social theory. *American Sociological Review*, (3)

也有利于信息的无障碍传播。本节主要讨论正式支持网络的连通状况及影响连通的机制等问题。

一 现有相关政策的特征

（一）非系统化

现代社会政策皆由一系列相互关联、相互配合与协调的规则和行动体系构成的。从社会政策实践发展史看，其主要功能在于规避工业文明所带来的更大的不确定性和风险，即社会政策是"一种风险管理系统"，履行着"重新分配风险"的职能，并通过有效的"风险管理"和"风险分配"，降低个体、组织和社会的风险，从而使得民生得以保障，避免民众陷入生活困难、社会陷入失序或无序。但这种功能的实现，任何一个单一的社会政策皆难以担当，只有系统化的社会政策才能充分而有效地发挥其功能。社会体制转型给个人和家庭带来了风险和不确定性，使人们从社会政策中获得的满足程度发生了改变，希望通过政策的扶持构筑安全的壁垒，实现个人和家庭稳定生活的目标。然而，由于社会政策之间存在不协调的问题，增大了政策体系的组织成本和运行成本，新增了"内耗"成本，致使相关政策的扶持效用递减，民生改善的效益不足。

（二）非一体化

政策非一体化是指各种社会政策以相互分离的状态存在，具体的表现为：社会政策的城乡分割、部门分割、地区分割、体制内与体制外的分割等。就城乡而言，城乡分割的总体性制度安排是导致社会政策城乡分割的根源之一。从社会政策体系建构来看，我国社会政策建构"重城市轻农村""先城市后农村""城乡有别"。以社会保险为例，新中国成立至改革开放前，国家社会保险制度关注的对象主要指向城市职工，农村除了"五保制度"和"集体合作医疗"之外，农民基本上被排斥在社会保险范围之外；改革开放至 21 世纪初社会保险制度改革及体系的建构，仍以满足城市职工和居民的需要为主。社会保险是如此，其他的社会政策亦基本如是。直至 21 世纪，随着社会主义新农村战略的确立，农村社会政策才逐步纳入新农村建设体系中，逐步普及了农村新型合作医疗制度和农村低保制度，建立了农村医疗救助制度等。但城乡的社会政策体系是两套封闭的体系，各自封闭运行。就部门而言，在社会政策领域，长期形成的部门福利根深蒂固，不同部门享有的社会福利水平、福利的供给方式往往差别很大。就地区而言，由于我国地域辽阔，区域间发展不平衡，改革开放以后，随着社会保障改革的推进，中央政府在社会政策领域中角色的弱化甚至退出，各地社会保障制度安排和福利水平的差距进一步加大，福利的地方化趋势更加明显。社会保障和社会福利的"区隔"，使得社会政策的碎片化变得更加直接、具体，进而使得城乡差别、地区差别、部门差别和个体之间的差别变成社会成员之间的直接体验，社会排斥和社会不平等由抽象变得具体，这严重影响了社会成员生存、生活和对自身发展困境的归因。社会风险加剧，增加了社会和谐环境形成的阻力①。

（三）缺位凸显

经济发展和技术进步改变了人们的工作方式和生活方式，也使人们对社会政策的偏好发生了改变，要求相关政策的扶持对象从定位于特定群体向更广泛的人群扩展②；同时，人口转变直接加速了家庭的动态变化，出现家庭规模小型化、家庭结构简单化等现象，这显著增加了家庭抚育赡养的压力。多种因素相互交织，使社会政策的需求持续上升，一些特殊家庭希望得到政策在就业服务、社会保障等方面的支持。然而，我国目前相关领域社会政策的安排还较为薄弱，乃至空白，致使家庭生活水平难提高，家庭功能不能得到及时替代和修复。这在社会保障领域表现最为突出。

第一，对于遗属家庭、失独家庭等社会政策扶持不足。目前，遗属家庭、离异家庭的社会保障权益未能得到充分尊重。国外为了确保家庭丧偶者、离异者及其家庭成员的基本生活，大多建立了遗属养老金机制，使遗属家庭和离异家庭的配偶及子女，仍然能够享有职工生前所积累的养老保险权益。然而，我国社会保险法仅规定了职工和城乡居民基本养老保险中个人账户积累部分，遗属可以继承。对于基础养老金形成的既

---

① 包先康：《我国社会政策碎片化与民生困境》，《安徽师范大学学报》（人文社会科学版）2016 年第 4 期。

② 安东尼·哈尔、詹姆斯·梅志里：《发展型社会政策》，罗敏等译，社会科学文献出版社 2006 年版，第 102 页。

得权益部分，还没有做出明确的规定。计划生育家庭特殊扶助政策保障能力也不强，原因有受益条件苛刻、保障水平不高、服务照料和精神慰藉方面的保障缺位等。

第二，老年失能风险保障缺位，社会养老和家庭养老的衔接不畅。人口老龄化的微观表现就是家庭结构的老化，而我国老年长期护理保险却近乎空白。国外为支持老年护理需求，对承担护理责任的家庭和社会团体予以一定的鼓励和补偿，建立了家庭、社会和政府共担的护理经济责任分担机制。如美国自20世纪70年代开始，就在私人职业健康保险领域增加了长期护理保障内容，对因年老、疾病等原因所发生的护理费用予以一定的报销。相比之下，我国长期护理保障仍然处于起步阶段，仅有青岛等地区进行了试点，受益人群十分有限。此外，社会养老与家庭养老之间也缺少有效的衔接机制。我国目前社会保障体系中缺乏对家庭养老的包容和支持，相关财政投入仍然主要面向养老机构，居家养老政策的着力点也定位于通过政府购买服务解决激发养老服务购买需求、培育市场承接主体等浅层次问题。

（四）未有效提升家庭的发展能力

家庭是社会的细胞和基本单位，是社会生活的微观组织形式。一般认为，家庭的福利水平取决于家庭功能的效率，而后者取决于家庭自身的发展能力。西方学者侧重从质量和效率的角度分析家庭功能，并建立了评定家庭功能的指标体系。西方发达国家在20世纪90年代开始进行以"发展型家庭政策"为导向的社会政策改革，旨在增强家庭功能，并把家庭政策作为政府对经济和社会发展的投资。家庭发展能力是家庭能够从内、外部获取资源满足成员需要，并能够整合内、外部资源增强自身功能，从而实现可持续发展的能力。家庭可获取的资源是家庭发展能力的一个重要前提条件，前者的总量决定后者的水平。资源可以是家庭拥有的物力、财力、人力等各种物质要素，也可以是无形的，但却能给家庭成员带来某种利益或满足感的一种或一系列活动。为家庭提供资源，增强家庭功能，都是为了提高家庭发展能力，能够整合内、外部资源的家庭，才能实现自身的可持续发展。政策中能力建设的缺失主要体现在三个方面：其一，政策内容过于狭隘。缺乏对家庭发展提供直接的经济补助。其二，政策体系"碎片化"明显。主要体现在两个方面，从政策所涵盖的区域来看，中西部家庭得到的支持较东部家庭少，农村家庭得到的支持比城市家庭少；从整个政策体系来看，我国现有的家庭政策主要由不同法律所涉及的方面所构成，缺乏对家庭的完整的社会政策支持体系。其三，政策以救助为取向。政策主要集中支持弱势家庭，缺乏对普通家庭的长久关怀。在急剧的社会变迁下，家庭自身对家庭成员的需求满足面临挑战，而政府和社会又没有提供相应的外在支持，家庭出现运转不灵似乎也是必然的事情，构建体系完善的家庭政策就显得尤为重要。

（五）家庭能力建设需与家庭不同生命周期阶段的任务联系起来

研究表明，计划生育政策对家庭生计和发展能力的影响不能一概而论，而是需要分作用类型和分时期来看。在某些作用类型和家庭任务时期中，计划生育使得一个家庭获得了相比不执行政策更大的优势，而在另一些作用类型和家庭任务时期中，计划生育的实施又削弱了该家庭本可以拥有的生计资本和家庭发展能力。农村计生家庭在哺育、生产、负担时期，生计资本处于劣势，发展能力不足具有长期性。虽然总体来看，计生家庭的生计资本总值显著高于非计生家庭，但是分家庭发展时期类型来看，哺育型、生产型、负担型农村计生家庭的生计资本状况相比非计生家庭均处于显著劣势，当家庭从哺育未成年人到所有子女成年专心家庭生产再到父母老去新一代出生这漫长的过程中，农村计生家庭的生计资本拥有总量一直显著低于非计生家庭，这说明计划生育政策对生计资本的影响不是短暂的，而是长期存在和不易消除的。农村计生家庭的发展能力受到的限制具有持续性。家庭发展的赡养阶段是家庭生计水平最低的时期，农村计生家庭进入赡养任务阶段时家庭发展能力越发受到挑战。处于赡养任务阶段的家庭，其拥有的生计资本相比其他任务阶段有显著的下降，农村计生家庭亦然。由于人口进入老年后丧失了大部分劳动能力，在家庭中消耗大于生产，老人对家庭的价值更多体现在教育子女尤其是孙辈上，而赡养型家庭中又没有未成年人需要老人的照顾，老年人的价值也被削弱了，赡养阶段的生计维持对生计资本的要求增高，但是生计资本水平却在下降，家庭的发展能力降到最低点，计生家庭由于成年子女数量更少，更难以在完成对老人赡养任务的同时仍然保持家庭的可持续发展。

二 政策之间的缺乏协调导致政策效果消减

（一）利益导向机制的政策与惠民政策缺乏协调

一方面，从 2004 年开始，按照党中央、国务院的决定和部署，国家人口计生委和财政部共同组织实施了农村部分计划生育家庭奖励扶助制度试点，2006 年，农村部分计划生育家庭奖励扶助制度进入全面实施的新阶段。农村部分计划生育家庭奖励扶助制度是对农村只有一个子女和两个女孩的计划生育家庭，在夫妻年满 60 周岁后，由中央和地方财政安排专项资金进行奖励扶助的一项基本制度。它是我国计划生育基本国策在新时期的重要体现，是我国农村计划生育工作的一个重要里程碑，它由以"处罚多生"为主的行政手段，转为更多地通过经济扶助和"人文关怀"，鼓励和引导更多的农民理性转变生育观念，少生快富，自觉自愿地有计划生育，从而促进农村人口与经济社会协调与可持续发展。

另一方面，党的十六届六中全会提出了构建社会主义和谐社会的重大战略任务，党的十七大则进一步明确提出了构建社会主义和谐社会的目标和主要任务。近年来，国家在农村地区采取的一系列惠民政策，正是为了实现这一目标。这些政策授利于民、造福于民、方便于民，覆盖了农民增收、改善公共服务和社会管理等方面，实实在在惠及了农村的千家万户。特别是从"十五"以来制定实施的面向农村的惠民政策，这些政策的制定既让广大农民得到实惠，又针对不同的情况给予了倾斜。但是，这些惠农政策或是彻底的普惠，或只是根据个人或家庭经济条件进行筛选，基本没有对受益人是否符合基本国策为标准进行受益资格认定或者区别待遇，在惠农政策与计划生育奖扶政策的实施过程中出现了不协调，甚至冲突的现象，降低了计划生育奖扶政策的执行效果，背离了惠农政策设计的初衷。惠农政策与计划生育奖扶政策的冲突主要表现在以下方面。

1. 增收政策一视同仁与计划生育奖扶政策的冲突

为了增加农民收入，促进农村经济发展，政府面向所有农村居民的免税和补贴政策力度一直在加大。从 2002 年免除农民的"三提五统"到 2004 年开始减免农业税，全国农民比税改前人均少负担约 140 元/年；另外，从 2004 年开始实施直补、间补农民政策，各种补贴使农民增收约每人每年 100 元。2008 年政府报告中提出，2008 年中央财政安排"三农"
支出 5625 亿元，比上年增加 1307 亿元；并且继续增加粮食直补，扩大良
种补贴规模。政府不断深化和完善的增收政策，明显地提高了农民的现
金收入。尽管从总体上看、从长远来看，农民收入的增加有利于计划生
育政策的执行，但是，就目前而言，增收政策的一视同仁没有体现出对
计划生育家庭的优先优惠或特殊优惠，从而削弱了计划生育奖扶政策的
利益导向效果。

2. 按适龄人口减免义务教育费用与计划生育奖扶政策的冲突

2004 年我国开始对农村家庭经济困难学生实施义务教育阶段的"两
免一补"政策，尤其是 2006 年开始部分免除农村义务教育阶段的学杂
费，减轻了农民的经济负担，大大降低了农村家庭抚育子女的成本，仅
免除义务教育阶段学杂费这一政策的实施就使全国农村中小学每年可取
消学杂费达 150 亿元，分摊到每名中、小学生身上，分别为 180 元和 140
元。这些惠农政策以农村义务教育适龄学生为对象，即凡是在义务教育
阶段的学生都可以享受这种政策。

对"两免一补"来说，享受这些政策的贫困学生大部分来自双子女
和多子女家庭，其家庭多是因超生致贫，免除义务教育阶段的学杂费则
是面向所有适龄学生，其中有相当数量属于违法生育子女。在对违法生
育家庭处罚难和处罚弱化的情况下，形成了"违法与不违法一个样"的
不良社会舆论氛围，增加了计划生育家庭的不公平感，极大地削弱了计
划生育奖扶政策的激励效果。

3. 按家庭平均人口计算享有低保的政策与计划生育奖扶政策的冲突

到 2007 年底我国已经全面建立农村最低生活保障制度，一般来说，
凡家庭年人均纯收入低于当地低保标准的农村居民，均可申请低保。首
先，农村低保以家庭平均纯收入为计算依据，就不可避免地存在因超生
而造成的家庭年人均收入低于当地低保标准的农村居民，同时国家也没
有非计划生育家庭不得享受农村低保的规定，这样就为因超生而达到低
保标准的家庭起到了兜底的作用，从而造成"鼓励超生，多子多福"的
错觉，严重影响了以控制人口为目的的计划生育奖扶政策的执行。其次，
农村低保制度的影响力度和影响面都已大于计划生育奖励扶助的影响。
对不符合基本国策的人群而言，违"规"之后还能照样受益于有关政策，

甚至受益程度大于违"规"所失,必然产生从利益角度而言的违"规"导向①。这不仅加大了基本国策的执行难度,对符合政策的人而言,这事实上也构成了机会不公平。政策制定环节的协调机制和政策实施环节的利益相关者参与机制是成功的政策实施过程中的两个要素,政策制定环节应该强调局部利益服从整体利益基础上的协调,政策实施环节应该强调以优先取得整体利益建立实施机制。

(二)"人流审批"的政策与其他政策的冲突

由于传统重男轻女观念的影响,有些家庭和妇女会因性别选择妊娠。然而,根据胎儿的生长周期,到孕14周之后,胎儿快速成长,此时的打胎危险性大大增加,人流审批政策正是基于性别比例、堕胎风险以及婴儿的生命权等因素做出的。但是这项政策的出台,却因和我国原有的一些政策法规以及社会现实、价值观念相悖而引发争议,加上各地在执行上对该政策的曲解等,更是引发了很多问题和矛盾②。

1. 孕14周不得妊娠与国家计划生育政策相悖

我国计划生育政策全面放开生育二胎,但对二胎以上的,仍征收社会抚养费。怀孕14周的育龄女性若是属于政策外怀孕,打胎需遵照出生地和所在地计生部门许可的规定。这些许可程序烦琐,有些地方因为怕承担风险选择拒绝开具证明材料。此时,妇女若是自行打胎,将承担相应责任,甚至是多年不准许再生育,如果生育则又必须承担违反计划生育政策的责任。我国行政处罚法中没有规定怀孕14周妊娠要被处罚。现在"人流审批"的出现实际上是为当地的计生部门增添了一项新的行政许可事项,与原有的行政许可法相抵触。另外,国家还规定相关的终止妊娠药品只能在具备了终止妊娠手术资格的医疗、保健机构或计生技术服务机构使用,这些机构要向销售单位出示相关资质证明方可购买此类药品,而销售单位则要对相关证明进行查阅,这期间又大大增加了寻租的可能。

---

① 周丽苹:《计划生育利益导向的理论与实践——结合浙江实际的理论分析》,《人口与经济》2006 年第 4 期。

② 郭佩佩:《"人流审批"政策研究及消解机制构建——基于政策冲突的视角》,《陕西行政学院学报》2015 年第 4 期。

2. 与妇女权益保护法和公众隐私权相悖

有些妇女打胎是考虑到未婚先孕、经济保障、政策外怀孕、高龄生产等原因而做的不得已的选择。生育是妇女的权益，政府不能干预。此外，在这种审批政策下，为保护个人隐私等，有些孕期妇女可能会选择不正规的医疗机构打胎，其危害更大。此外，有关部门开证明以及调查是需要一段时间的，时间过长无疑是增加了打胎的危险性。各地由于经济基础、环境、计划生育、性别比例等情况不一，制定人流审批政策时，也会略有变通，难免会与国家宏观政策有出入。从2003年国家出台规定开始，各地根据本地情况也相应地出台了很多政策，在孕14周违规人流的处罚上表现得尤其明显。如广西规定孕14周擅做人流者3年不准生育，那这3年中若再次怀孕是否意味着就要流产，这样会极大伤害妇女的身心健康，甚至会剥夺妇女做母亲的权利。政策冲突还会产生省外堕胎该如何解决的问题，如流动妇女在省外堕胎应依据什么标准等。

在完备的制度环境中，公共政策在法定程序下运作，彼此之间有着明确的界限，可有效避免冲突。但目前我国制度环境还不完备，不同政策部门、政策主体之间界限不清晰。由于缺乏有效的制度机制协调中央与地方的权力分配，上有政策、下有对策的地方保护主义现象愈益严重。中央制定大政方针，放权地方，具体执行还依赖于地方，依赖于基层，这个过程中，中央对政策具体执行的监控能力很有限。地方在执行计生政策时拥有很大权限，甚至有的地方为了达到指标采取过激手法强制执行，在政策执行过程中引发了很多问题。横向上看，主要是不同省市之间，甚至同一省份的不同计生部门之间出现了相互冲突或者重叠的计生政策，这在对流动妇女的人流审批和计生服务上表现得尤为明显。政策冲突使得"人流审批"政策的权威性受损，引发了诸多诟病，针对"人流审批"政策的冲突，制定计划生育和妊娠政策时，应咨询该领域相关专家，设计多种可选择方案，同时重视育龄妇女和相关利益群体在政策制定中的作用，广泛征求群众的意见，这对政策的制定和冲突的消解起着至关重要的作用。还要注重利益协调机制的构建，协调国家卫计委与地方卫生、计生部门，地方不同计生单位、药品监管部门之间以及各政策执行者之间的利益关系。

三 政策制定与执行碎片化

在政府组织决策的制定与执行方面也存在碎片化。一方面，由于各政府组织及其部门出于自身利益、地方利益的考虑将政府组织中的特定信息进行隐瞒、垄断和封闭，缺乏较为畅通的信息交流平台和渠道，使信息无法在政府部门间正常流通，导致信息孤岛现象的产生，无法实现政府组织间、部门间的信息共享，破坏了政府组织管理的统一性和完整性。而在各个部门不完全信息的基础上做出的决定和制定的政策缺乏周全性和科学性，无法建构出统一的政策体系，同样，在这种情况下也不可能使政策得到有效的执行，从而表现出政府组织决策和执行的碎片化。而一些政府组织在政策制定和执行的过程中，缺乏全面和开放的思想和眼光，仅从政府组织内部思考问题和寻求问题的解决对策，局限于本政府组织和本部门的权力和资源的运用，制定出符合本政府组织和本部门利益的政策并加以实施，这一"山头主义"在一定程度上造成了较为严重的狭隘的地方主义与部门主义，从而进一步加剧了政府组织决策与执行的碎片化。另外，各政府组织在政策制定和执行过程中也表现出明显的单向性和分割性，这些单向的和分割式的政府组织管理不仅造成大量的基础信息平台的重复建设和资源的浪费，也使政府组织间缺乏融合与合作，导致政府组织协调困难。

政策执行是否有效关乎公共政策的成败，如人流审批面临着政策执行的难题。和计划生育政策的众所周知不同，绝大多数民众对"人流审批"政策都是陌生的，很多妇女都是在当地计生部门要求人流时才知晓这一政策的，而此时孕期也有可能已超过14周。公共政策执行往往还受到执行对象的抵触。人流审批政策规定除医学需要外，不得终止妊娠。但现实中，很多妇女还会因为未婚先孕、经济状况、政策外怀孕、高龄生产等多种特殊情况不得不选择人流，同时又不想暴露隐私，不愿到出生地和所在地开具证明等，这些具体的情况都使得该政策在执行起来更加棘手。

四 碎片化的赋权性政策

赋权性政策是指公共政策领域中，一切有利于促进男女两性在政治、经济、社会、文化及家庭领域平等参与，促使女性自主意识增强，更加自信地生活、提升女性群体地位的法律法规、政策条例及社会项目。具体来讲，赋权性政策包括：一是能促使女性平等参与政治、经济、社会、文化及家庭领域的决策与管理的公共政策；二是能促使女性实现其平等就业，在经济领域更加自信地发挥作用，并与男性一起共享经济发展成果的公共政策；三是能促使女性平等地接受各级各类教育，获得实现发展的知识和技能的公共政策；四是能够促使男女两性建立平等相待、和谐相处的伙伴关系，改变不平等的性别关系，重新认识男女两性在家庭和社会中的作用，从根本上改善和提高妇女的社会地位的公共政策。

（一）惩罚性、预防性法律政策比例失调

一般来说，国家层面的政策具有影响范围大、引导性强等特点，因此，非常重要。在国家层面，与治理出生性别比相关的公共政策可以大致分为两类：第一类是比较综合地推动性别平等的法律政策，这些政策看起来似乎与生育不直接相关，实际上却影响着人们认识女孩和男孩在社会及家庭中的价值和作用，进而影响生育决策。第二类是专门的、直接针对人口和计划生育问题，特别是针对出生性别比偏高现象的法律政策。对于第一类政策，从法律政策名称、规制重点、覆盖领域和目标人群等方面看，我国将治理出生性别比偏高的问题的重点放在事后规制上，而反对和预防包括家庭暴力、性暴力、劳动就业领域的差别对待等方面的性别歧视，推动性别平等的法规少。我国缺乏禁止男女差别法、男女平等雇佣法、援助妇女创办企业法、家庭法、家庭暴力特别法、性暴力特别法、性别歧视预防与救助法、母子福祉法及惩治商业性性交易和保护受害者法等具体的法律法规。

（二）具有赋权效应的法规少

近20年来，我国相继制定了《中华人民共和国人口与计划生育法》《中华人民共和国母婴保健法》《关于禁止非医学需要的胎儿性别鉴定和选择性别的人工终止妊娠的规定》《计划生育服务管理条例》《社会抚养费征收管理办法》《农村部分计划生育、家庭奖励扶助制度》《计划生育家庭特别扶助制度》《独生子女父母奖励制度》《免费计划生育技术服务制度》《产前诊断技术管理办法》《关于生育津贴和生育医疗费有关个人所得税政策的通知》等法律政策。在这些法律政策中，《中华人民共和国人口与计划生育法》总则中有赋权性的规定："开展人口与计划生育工作，应当与增加妇女受教育和就业机会、增进妇女健康、提高妇女地位相结合。"但规定中却缺乏具体的、可操作性规定。其他相关法律中针对个人的、与其执行计划生育政策的行为相关的奖励性和处罚性规定较多，具有赋权作用的规定较少，即有利于增强女性参与社会的自主意识和自信心；有利于妇女和女孩平等地参与社会，增强发展能力；有利于社会转变重男轻女的刻板态度，消除针对女性的歧视，形成男女两性平等相待、和谐相处的社会氛围的条款较少。

因此，需要进一步增强人口和计划生育政策的赋权性，客观分析现有人口发展政策体系中奖励性政策、补偿性政策、惩罚性政策及预防性政策的规制重点、目标人群和政策效果，将促进性别平等纳入人口发展的战略目标，优化人口政策的结构，增加赋权性政策的比重。通过分析和修订现有人口政策，努力增加各项政策中的赋权性条款，有意识地扩大赋权性政策的目标人群，使其不仅包括计划生育女孩户（独女户、双女户），而且在更大的范围内赋权妇女，从而进一步增强政策在反对性别歧视，推动性别平等方面的社会效果。

（三）以妇女机构为主体，缺乏其他主体的有效配合

我国重视建立和完善推动性别平等的国家机制。1993 年，国务院妇女儿童工作委员会由原来的国务院妇女儿童工作协调委员会更名而成，由副总理级的领导担任主任。随着名称的变更，国务院妇女儿童工作委员会的组织机构和职能得到了进一步的提升和完善，成员单位由最初的17 个逐步增至目前的 33 个党、政部门，每一个成员单位都有一位副部长级的领导负责，另指定一名联络员。到 2005 年 8 月，全国省（自治区、直辖市）、地（市）、县（区）地方人民政府均成立了由同级政府负责人担任领导、相关部门共同组成的妇女儿童工作委员会，并单独设立办公室，配备专职人员，形成了纵向贯通各级政府组织、横向协调有关政府部门、纵横交错的妇女工作网络。作为我国推动性别平等的政府机构，国务院妇女儿童工作委员会负责督促《中国妇女发展纲要》和《中国儿童发展纲要》的实施，其办公室设在全国妇联，全国妇联的基本职能是代表和维护妇女权益，推动性别平等。在国家层面，全国妇联与国务院妇女儿童工作委员会的 33 个成员单位保持着良好的合作关系，经常为各

部门的相关政策提供咨询意见和建议。但是，全国妇联只是一个党和政府领导下的妇女群众组织，参与公共政策决策的范围和能力受到很多局限。此外，国务院妇女儿童工作委员会和全国妇联都由政府财政预算支持，但每年的财政预算额度并没有法律保障。

韩国政府的做法值得借鉴。2001 年 1 月 29 日韩国政府在妇女事务特别委员会的基础上成立了性别平等部。性别平等部的主要职能是制定和协调政府级的性别政策；对政府政策进行性别分析和评估；调查和纠正在就业、教育、资源分配、设施和服务中的性别歧视；发展与非政府组织和国际组织的合作关系。韩国的性别平等部依法得到政府财政预算的有力支持，预算额度逐年增加。除了性别平等部以外，韩国政府部门中与赋权妇女关系最密切的 6 个政府部门，即司法部、行政和家庭事务部、教育部、农业和林业部、健康和福利部、劳动部，还专门设立了性别平等办公室，其他政府部门设有被指派的性别平等办公室。地方政府相应地设有性别平等局。2003 年，韩国成立了直属于总理的妇女政策协调委员会，负责性别平等政策的制定和修订。总理担任主席，性别平等部的部长担任副主席，成员来自 12 个相关部门。同时，建立了妇女政策官员制度，每个政府部门都任命一名相当于计划管理司司长位置的妇女政策官，协调和加强政府各部门有关妇女政策的执行与合作。还依照《妇女发展法案》的规定成立了由专家组成的性别平等促进委员会，其职能是调查性别歧视问题，包括性骚扰，审理、商议、调解、强制执行性别歧视的案件，对有关反歧视的法律和政策提出修改建议。

第三节　正式支持网络的碎片化连通机制

"碎片化"是对正式系统中治理出生性别比失衡状况的一种形象化描述，实质上是指正式系统出生性别比失衡的治理仍处于一种零散性、非系统性的运行状态。在我国推进出生性别比失衡的治理的路径选择中，不同省份、区域对性别失衡问题的不同板块往往设置了不同的制度安排，这就导致了"碎片化"现象的出现，即整个社会治理和政策体系看似完整，但不同板块之间缺乏有机的衔接。

一 有组织的无序

(一) 碎片化的概念

"碎片化"（Fragmentation）原意是指完整的东西破成若干零片或零块。后来被运用到政治学、社会学和文化传播学等诸多领域。例如，在技术领域的"碎片化"是指磁盘碎片整理，在外交领域的"碎片化"多指独联体的"色彩革命"，在社会领域的"碎片化"主要是指阶层的"碎片化"。然而，碎片化在政治学、社会学和文化传播学等领域中被赋予的内涵也有差别。在政治学看来，碎片化将导致社会不和谐和不稳定；在社会学者看来，碎片化是社会阶层利益的分化和多元化；在传播学看来，碎片化是一个除旧布新的必要阶段。还有的学者从政府体制的层面上提出碎片化是"在城市地区，由于政府职权的划分和政府管辖权限与边界的增值而产生的复杂状况"。奥斯特罗姆则从公共经济组织的维度认为碎片化"可以定义为某一种特定服务安排者的集体消费单位的数量"。在希克斯看来，政府组织在目标和手段之间的冲突问题并非是如专业化（specialization）和分化（differentiation）等政府组织"内"的问题，而是不同政府组织"间"的问题，这一问题根源于政府组织间的碎片化发展问题。正是在这个意义上，希克斯提出，整合的反面不是分化，而是碎片化[①]。进而，指出所谓碎片化是指各专家之间因贫乏的协调而导致的结果，并具有无数种问题，碎片化是一个非常复杂的问题，必须在完善设计的整体性治理中来确定其原因。换句话说，所谓碎片化是指不同功能及专业性机关的政府组织之间，因为彼此缺乏有效的协调，无法进行沟通、合作与团结，导致互不关心与各自为政的局面，进而无法有效处理共同的难题或棘手问题，最后造成政府组织内的个体与整体对其政策目标达成时的失败[②]。碎片化的发展，并不是朝向两块、多块或均等的集团化发展，而是朝向不规则、大规模、大数量及零散化的结果发展。

在借鉴前人的研究的基础上，本书主要是将碎片化置于社会治理之

---

① 6 Perri, Diana Leat, Kimberly Seltzer & Gerry Stoker. (2002). *Towards Holistic Governance: The New Reform Agenda.* New York: Palgrave: 98.

② 韩保中：《全观型治理之研究》，《公共行政学报（台湾）》2009 年第 31 期。

中，碎片化包括两层含义，一层是自上而下的碎片化，即出生性别比失衡政策中的功能、权力和资源被诸多部门和机构分割，造成大量碎片的产生，导致政府组织体制的分裂，降低治理出生性别问题的成效；第二个层面是自下而上的碎片化，即社会层面的碎片化，是指由于政策目标与行动主体观念的冲突、社会结构的变迁导致社会关系的变化等多种原因，导致农村家庭特别是农村计生家庭自下而上对性别治理问题进行抵制、逃避，消解政策的社会效果。两个层面的碎片化共同作用降低了出生性别比治理的成效。

（二）无心的碎片化和有意的碎片化

希克斯提出在功能分工原则下所导致的政府组织间的距离和隔阂将更可能导致碎片化结果。希克斯将其结果分为两类：无心的碎片化和有意的碎片化。

1. 无心的碎片化

无心的（benign）碎片化是指碎片化的发展并非出自本意，属于非预期性的结果（unanticipated consequences）。从其成因上看，导致无心碎片化的成因主要有：其一，将管理焦点及预算控制放在政策输入层面；其二，对于廉洁度的要求；其三，消费者导向政府；其四，功能性政府组织的策略性决定；其五，民主压力要求下的公共服务。

由上述无心碎片化的成因中可以得知，在功能分化的原则下，政府组织管理着眼于单一事项、单一流程或个别部门，或是给予公共部门基本职能以外的要求，而非着眼于整个政府组织，从而导致预期以外的碎片化结果的产生，使得政府组织之间的关系变得更加紧张或疏远。因而，加强政府组织间的协调与整合，创造相互沟通与对话的机会很必要，以免偏重于个别政府组织效率的提升而对政府组织间整体效能与效率的忽视，以及过多的负外部效应的产生与政府组织一体化和一致性的缺乏。

希克斯认为无心的碎片化可能导致的结果有：某一机关执行政策时，未将其他政府组织纳入考虑，致使其他机关必须面对可能的负面效果，或可能增加的机关成本；形成计划间相互冲突的结果；面对相同的政策目标，却使用重复的资源来执行；政策目标间的相互冲突；缺乏延续性，使得政策效果中断或断断续续，无法达到预期效果。

2. 有意的碎片化

从成因上看，有意的（malign）碎片化的成因源于以下几个方面：一是政治人物对机关人员及政府组织的有效控制；二是专业性的独占问题；三是控制范围的极大化。有意的碎片化来自于政府组织机关领导人或成员的私心与自利的行动（self‑interested actions），刻意造成政府组织间的碎裂与分立，通过碎裂的状态来获利。也因此，创造政府组织间团结与互动机会的协调更为必要，以此避免在私心或推诿塞责的情形下，使碎片化给整体政府组织造成更大的损失与伤害。

从结果上看，有意的碎片化将导致的后果有以下几个方面：个别的单位预期自身能独立完成任务，在缺乏与其他机关沟通的情形下，以单一的视野来看待问题，进而排除其他可能的看法，致使政策结果呈现片面化与局限性，无法有效响应并处理问题；对于政策问题无法做出明确且简洁的范畴划分，致使无法清楚认知问题的类型，以给予有效、完整与精准的诊断；在相关服务提供过程中，因为各单位坚持自身的事权范围，使得面对棘手问题时有许多的空隙及裂缝，形成挂一漏万、漏洞百出的情形。

由希克斯的分析可以看出，政府组织类型越多，功能分化就会越严重、越复杂，政府组织间的隔阂或距离就会增加，如果政府组织只将自身需求作为行动导向而缺乏整体性思考的视野，抑或政府组织行为缺乏良善的出发点，也可能导致政府组织间的疏离和裂解，产生更多的碎片化。再者，政府组织间本身存在信息不对称，政府组织的本性决定其可能会有"搭便车"的机会主义心理和驱动，以及政府组织中成员的自我利益最大化取向的存在将使政府组织间距离和隔阂日渐明显。长此以往，将可能导致政府组织目标和手段的相互冲突，政府组织间对利益的相互争夺和对责任的相互推诿，从而导致政府组织治理危机的产生和严重化。

总之，传统公共行政追求效率至上，工具理性和功能分化导致了部门主义产生，片面追求专业分工却导致对垂直和水平层面整合的忽视，而过分迷恋市场化和分权化的改革却低估了部门之间的相互合作与协调的重要性，导致了严重的碎片化结构。在我国，导致碎片化的具体机制表现为分税制改革、目标管理责任制及城乡二元的社会保障制度。

二　分税制改革：中央与地方关系的重构

1994年，中央进行了税收和财政体制的改革，取消了财政包干制，开始实行分税制。分税制是一项典型的将财政收入重新集权的改革，其基本内容是中央和地方的预算收入（税收）采用相对固定的分税种划分收入的办法，避免了无休止的谈判和讨价还价。增值税是诸税种中规模最大的一种，被划为中央、地方共享税，其中中央占75%，地方占25%。对于集中到中央的大量收入，采用税收返还和转移支付制度将收入转移到地方支出。同时，改变过去按企业隶属关系上缴税收的办法，所有企业的主体税种（主要是增值税、消费税和企业所得税）都要纳入分税制的划分办法进行分配。2002年开始的所得税分享改革，更是将企业所得税和个人所得税由地方税变为中央与地方共享税种。分设中央、地方两套税务机构，实行分别征税，对税务系统实行垂直管理，不但能够保证中央财政收入随着地方财政收入的增长而增长，而且能够保证财政收入在GDP中的比重随着地方经济的发展而不断提高。分税制在收入集权的制度设计方面堪称完备。在此制度设计之下中央政府试图重新掌控地方政府的行为并调节地方经济发展的方向。

财政与税收制度改革对性别失衡治理产生了互斥作用，主要体现在两个方面：一方面是财政分割体制尤其是县级以下的财政分割制度对性别失衡治理产生消极影响。《财政部关于进一步推进乡财县管工作的通知》中将乡镇一级的财政权上收至县级，这一举措的初衷虽然是规范乡镇财政收支，但是在削减乡镇一级财政权力的同时，并未相应减轻它们的管理职责，现实中恰恰是乡镇这个几乎没有财政权力的政府层级承担着性别失衡的大部分治理工作。在"财权上移和事权下移"的财政治理格局下，乡镇运转经费捉襟见肘，对于人口和计划生育、教育等公益性的支出相应减少，而当前的性别失衡治理又主要是通过优惠性社会政策的柔性调节来弱化人们的男孩偏好，政策的执行主要依赖于充足、灵活的财政资源。虽然财政部为女孩户计划生育家庭制定了奖励扶助制度的动态调整机制，但除专门针对女孩及其家庭的利益导向政策外，面向人口和计划生育工作的奖励扶助制度均缺乏性别平等视角。目前，针对人口和计划生育的奖励扶助受益对象为计划生育家庭中的特殊群体，例如财政部颁布的《全国计划生育家庭特别扶助专项资金管理暂行办法》规定：特别扶助对象是城镇和农村独生子女死亡或伤、病残后未再生育等特殊家庭，这样，具有发展性需求的女孩户家庭被排除于奖励和扶助之外，对于此类家庭而言是显失公平的。

财政分权导致的资源与权力的碎片化不仅出现在政府组织内部，而且还出现在政府组织与社会的层面上，就政府组织内部而言，政府组织所拥有的资源和权力都是分散的，零碎的，缺乏合理的整合。一方面，地方层面因过分追求分权基础上的属地管理，忽视了政府组织协调的重要性，导致相互合作与协调的缺乏，没能实现联动。另一方面，从部门层面看，政府组织所面对和解决的任何一项公共事务都具有复杂性，都与多个部门相关，如何协调好各部门间的复杂关系，处理好各部门在资源与权力层面的分配问题，缓解各方面的矛盾和冲突，则是较为突出的问题。再次是政府组织与社会的合作层面，由于社会上的资源与权力具有碎片化的特征，尤其是第三部门的资源是分散的，政府组织在和第三部门合作时，需将政府组织的有限资源和权力分配到与第三部门的合作中，而这种分配就可能导致政府组织资源和权力的碎片化。

三　计划生育目标管理责任制

"目标管理"原是应用于企业生产经营管理中的一种新型的综合管理技术，其内涵可简述为：现代企业经营管理者，在生产经营过程中，依据预先制定的企业目标对企业的生产经营活动进行管理和控制，组织和指挥全体职工努力实现目标。目标管理的基本程序是：目标决策→目标分解→目标控制→目标考评。目标决策，即制定目标，是企业的最高经营管理者根据企业的内部情况与外部环境，制定企业生产经营的计划指标，也就是企业的总目标。目标分解是经过协商，自上而下地将总目标分解为各部门、车间、班组、个人的目标，并层层落实，同时制定实现这些目标的各项措施。目标控制就是在目标执行过程中，按月、按季对阶段性目标的实施，通过组织、指挥、衔接、协调、检查、处理等加以控制，以保证企业总目标的最终实现。目标考评是对目标完成情况的考查与审核、评定与估价。其目的既是对目标执行者工作业绩的认定，以便准确地奖罚；也是为了总结经验和教训，发扬成绩，克服缺点，不断提高目标管理水平。目标管理责任制本质上是一种管理关系，管理的计划、指挥、协调、组织和控制实质上构成了责任制的内容，因此它同管理在构成上是相同的。换言之，目标管理责任制是由多个不同行政等级的责任主体相互勾连而成的管理体系，作为管理体系，上下级之间的权威关系是它的基本骨架，但它又有别于一般的科层管理体制，它把责任（进而利益）连带关系纳入了进来。20 世纪 80 年代中期，人口与计划生育工作引入目标管理，既吸收引用企业目标管理的先进管理思想与管理技术，又针对计划生育的工作实际进行了修改与补充，充分体现其自身特点，并发展为人口与计划生育目标管理责任制。1991 年中共中央、国务院《关于加强计划生育工作严格控制人口增长的决定》指出："各级党委和政府应承担完成本地区人口计划的责任，实行和完善人口与计划生育目标管理责任制。要把做好计划生育工作和完成人口计划作为考核各级党委、政府及其领导干部政绩的一项重要指标，并制订科学的考核标准和监督措施。上级党委和政府要加强对下级党委和政府执行人口计划情况的督促和检查，确保统计数字的准确性，严禁瞒报和虚报。要建立奖惩制度，对计划生育工作做得好的给予奖励，对造成人口失控的要给予处罚并追究有关领导人的责任。"遵照党政一把手对计划生育工作亲自抓负总责的原则，各地党政一把手都逐级签订人口与计划生育目标管理责任书（状）。有的计生系统负责人也逐级签订责任书。于是，人口与计划生育目标管理责任制迅速推开。随着社会经济条件的变化和计划生育工作的开展，人口与计划生育目标管理责任制也经历了不断改进与完善的过程。

实行目标管理责任制及考核的意义，一是严格贯彻党政一把手亲自抓负总责原则，通过认真检查下级计划生育部门等部门，特别是党政领导落实人口与计划生育目标管理责任制的情况，调动各方面的积极性和主动性，有效解决工作中的重点和难点问题，抓紧抓好计划生育工作；二是及时、准确地了解下级工作中的实际情况和存在的问题，切实加强对基层工作的指导。

（一）目标管理责任制体系

1. 政府责任制：上下链接

目标管理责任制体系的主体是所谓的"政府责任制"。顾名思义，它是指在各级政府之间实施的、涉及地方政府各项工作的一种综合性目标管理责任制。与之相配套，在上下级地方政府之间签订的相关责任书也是综合性的，其内容涵盖了地方的各项经济工作、党建综治工作以及各类社会事业的发展等。

以县乡两级政府为例，目标管理责任制在这里大致经由四个层次完成。第一个层次是县委、县政府与上级党委和政府签订责任状。责任人是县委书记和县长。第二个层次是由县委、县政府与各乡镇党委、政府以及县各职能部门签订责任状。责任人是乡镇党委书记、乡（镇）长以及县各职能科局的负责人。第三个层次是各乡镇及乡镇各职能部门与村庄之间签订责任书，责任人是职能部门领导与村党支部书记及村委会主任。

2. 部门责任制：双线并联与"条块"勾连

在我国的行政框架中，一直存在着所谓的"条块"结构。"块"指的是各级地方政府，而"条"则指各级职能和业务部门。与各级政府一样，各级职能业务部门间也广泛实行了目标管理责任制。这种目标责任制被称为"部门责任制"①。"计划生育管理责任制"就属于此类。

各地在实施部门责任制时，一个常见的做法是实行所谓的"双轨"或"双线"责任制。所谓"双轨"，即县、乡各级政府部门为一轨，县、乡、村各级业务部门为另一轨。双轨责任制的实施，意味着每一级政府要签订至少两类责任书，以乡镇政府为例，它不仅要就整体工作与区县政府签订一份综合性的目标责任书，而且要与区县就有关部门的工作签订一些专门性的责任书。如此一来，既在专业范围内确认了区县职能部门与各乡镇政府是一种同级性的、相互协调与合作的关系，又通过分管区县领导和区县政府的名义确保了责任书中仍然贯穿着上下级政府间的权威关系。在村庄一级也是如此，村不仅要与乡镇政府签订一份有关总体工作的责任书，而且要与乡镇职能业务部门签订专门工作的责任书。

（二）目标责任制的运作方式

在目标管理责任制的运行中有两个核心要素，一是指标体系，二是

---

① 王汉生、王一鸽：《目标管理责任制：农村基层政权的践实逻辑》，《社会学研究》2009年第6期。

考核方式。

1. 目标责任制的核心要素：指标体系

"目标管理责任制"的一个关键环节是在层级责任主体之间签订目标责任书，这意味着各责任主体首先要对上级组织所确立的行政总目标进行分解和细化，形成一个指标体系，作为对下一级政府或部门考评奖惩的依据，然后制作成书面的"责任书"或"责任状"。各地责任制目标体系虽形式不一，但基本结构相去不远。

××镇2014年人口和计划生育目标管理责任制考核评估实施方案

激政〔2014〕117号

各行政村（居）、经济建设服务中心：

根据县人口和计划生育领导小组考核评估实施方案和镇与各村（居）签订的人口和计划生育目标管理责任书要求，现对2014年度人口和计划生育目标管理责任制考核评估工作提出如下实施方案。

一 考核评估目的

通过考核评估，检查所属行政村（居）、经济建设服务中心2014年度人口和计划生育目标管理责任制执行结果，了解掌握全镇计生工作情况，全面评价我镇计生工作水平，加强工作指导，推动计划生育整体工作水平的提高。

二 考核评估内容

（一）工作质量指标（100分）

1. 无计划外生育，包括非法领养（30分）。出现1例计划外生育此项不得分，并倒扣20分。如统计上作计划内上报政策上属征收社会抚养费的对象，扣20分，涉及本镇2个村的，每例各扣10分。

2. 统计无误差，无出生迟报、漏报、多报（10分）。每例出生迟报1个月扣0.5分，迟报2个月扣1分（以此类推扣完为止），每发现一例直接报出生扣3分，漏报出生1人扣5分（以年度为界限），多报1人扣2分。

3. 无出生性别误差（3分）。误差1人不得分。

4. 及时掌握计划内、外怀孕信息，计划内、外怀孕对象必须在 70 日内掌握、上报（10 分）。超过 3 个月发现、上报 1 例扣 1 分，超过 4 个月发现、上报 1 例扣 2 分，超过 6 个月发现、上报 1 例扣 3 分，以此类推。

5. 无计划内、外错报、瞒报（10 分）。每外报内 1 人扣 2 分，内报外 1 人扣 1 分。发现 1 例计划外瞒报不得分。

6. 无初婚漏报（2 分）。每漏报 1 人扣 1 分（统计口径规定的除外）。

7. 知情选择长效措施比例 65% 以上（10 分）。每低 1 个百分点扣 0.2 分。

8. 做好省全员人口和计划生育管理服务综合平台的信息录入和信息交换工作，按时完成各项指标。全员人口基础信息掌握率达到 95% 以上，育龄妇女无多、漏统计（当月迁移不作漏统计算），信息准确、及时（15 分）。育龄妇女漏统计 1 人，扣 3 分；多统计 1 人，扣 2 分；信息变更不及时或信息差错，每条信息扣 0.2 分。

9. 已婚育龄妇女人流、引产率控制在 1% 以下且无大月份引产（10 分）。每超 0.1 个百分点扣 2 分。每出现 1 例大月份引产扣 2 分。

（二）工作保证指标（100 分）

1. 综合决策（10 分）。

（1）领导重视。坚持村（居）主要领导负总责，重大问题一把手亲自抓，班子人员共同参与，加强对出生人口性别比综合治理工作的组织领导，落实责任，配合完成指标要求。每季召开 1 次计生工作会议，讨论研究计生工作（以会议记录为准），确保各类计生经费投入到位（3 分）。

（2）村（居）计生服务站建设达到要求，管理规范，建以致用（3 分）。

（3）出台计划生育利益导向机制和优先优惠政策并兑现（4 分）。

2. 宣传教育（15 分）。

（1）加强村（居）人口学校建设。充分发挥人口学校功能，举办不少于 2 次的人口与计划生育知识培训班并有记录（3 分）。每少一次扣 1 分。

（2）搞好环境舆论宣传，有宣传橱窗且定期更新宣传内容，有醒目的永久性宣传标语 4 条以上（4 分）。

（3）积极开展面授教育，已婚育龄人群计生基础知识知晓率达95%以上（5分）。以问卷调查为准，每少1个百分点扣0.5分。

（4）做好计生重大纪念日的宣传和信息上报工作并有记录（3分）。每少一项扣0.2分。

3. 优质服务（20分）。

（1）全面实施国家免费孕前优生健康检查项目（5分）。不断提高计划怀孕夫妇优生科学知识水平，增强其参加免费孕前优生健康检查的主动性和自觉性，使目标人群知晓率、检查率分别达到90%以上和85%以上，每低一个百分点扣0.5分，扣完为止。参检对象告知率达100%，每发现1例未告知对象扣0.5分，扣完为止。参检对象跟踪随访服务率100%，每发现1例未随访对象扣0.2分，扣完为止。优生优育健康指导档案登记100%，每发现1例未登记对象扣0.2分，扣完为止。举办"三优"知识培训班至少1期，并填写"村级计生服务室技术服务活动记录簿"，未培训或未填写记录簿各扣0.1分。

（2）生殖保健服务（3分）。对已婚育龄妇女每两年至少开展1次以两癌筛查为主的生殖保健服务，受检率90%以上，每下降10个百分点扣0.5分，扣完为止。

（3）结合"十到人"优质服务规范，加强村级随访服务工作（5分）。随访服务率达到98%以上，每低1个百分点扣0.5分。认真记录好"十到人"随访日记，一年不少于24篇，每少1篇扣0.5分。填写好村级随访服务登记簿，少登记1例扣0.5分，扣完为止。

（4）加强避孕药具管理和发放（3分），药具箱应有1个月的药具库存量，无过期变质药品，每月按时发放药具并有记录，抽查发现1例未及时发放或未记录扣0.2分，扣完为止。举办避孕药具知识培训班至少1期，并填写"村级计生服务室活动记录簿"，未培训或未填写各扣0.5分。

（5）做好计划生育重点对象的登记造册和跟踪管理服务工作（4分）。每季查孕随访服务一次，随访表格填写准确及时完整，抽查中每发现1例未随访的扣0.5分，扣完为止。

4. 依法管理（10分）。

（1）严格执行计划生育村务公开制度，自觉接受群众监督（2分）。

检查发现未公开 1 次扣 0.5 分。

（2）严把再生育审批关（4 分），对再生育对象把好审核公示及上报关，上报对象经上级部门审核不符合再生育条件此项不得分。怀孕 6 个月以上申请再生育审批的扣 0.5 分，每发生 1 例弄虚作假现象的扣 1 分，出现 1 例把关失误导致计划外怀孕或出生此项不得分，并倒扣 5 分。

（3）再生育审批、退生育指标对象及时填写月报告单和优生两免报表得 2 分，每漏报或迟报一例扣 0.5 分。

（4）各类优先优惠政策严格把关，积极配合做好对计划外生育对象依法征收社会抚养费工作（2 分），年终有 1 例未完成征收扣 1 分，依次类推，实行倒扣。

5. 流动人口计生管理和服务（25 分）。

（1）村（居）民委与招用、录用、雇用外来育龄人员的属地企业法人签订流动人口计生管理责任书，落实法人责任制（3 分）。抽查中发现 1 个企业未签的扣 0.5 分。

（2）村（居）民委与私房出租户签订流动人口计生管理协议，签协率 100%，落实好出租人的责任（3 分）。抽查中发现 1 户未签的扣 0.5 分。

（3）实行新居民计划生育公共服务均等化工作，95% 以上的外来育龄妇女纳入管理和服务范围（5 分）。抽查中发现 1 例人账不相符的扣 0.5 分。

（4）为外来已婚育龄妇女提供宣传教育、避孕节育等服务，向外来婚嫁女每季提供 1 次孕情免费检查并有记录，检查率 90% 以上（3 分），每下降 10 个百分点扣 0.5 分。

（5）查验《流动人口婚育证明》，并出具查验证明，对无证对象发出限期补证通知书（3 分）。每少 1 例扣 0.5 分。

（6）外出育龄人员发证率和合同签订率达 100%，并与外出人员建立每季 1 次的联系制度，有信息反馈和记录（4 分）。每下降 5 个百分点扣 1 分。

（7）操作应用省综合平台流动人口模块，完成信息交换指标（2 分），台账记录规范并按时上报流动人口计生报表得（2 分），迟报、漏报、错报每次扣 0.5 分。

6. 基层基础工作（14 分）。

（1）村（居）计生联络员按时参加"月月清"会议，上报数据准确、及时，并按时上交月报告单（2 分）。无故迟到 1 次扣 0.5 分，无故缺席此项不得分。

（2）按时召开组级月月清会议，积极发挥好组级网络作用，全年不少于 12 次（2 分）。查会议记录，每少 1 次扣 0.5 分。

（3）村级月报告单填写清楚、规范得（4 分），差错、涂改 1 次扣 0.2 分。

（4）按时完成上级交办的各项工作任务，每月信息反馈核对认真并有核对记录（2 分），发现 1 次无核对记录扣 0.2 分。

（5）村计划生育档案规范、装订整齐（2 分）。查上一年度档案未装订此项不得分。

（6）村（居）计生联络员能按照要求操作计划生育管理软件（2 分）。

7. 村民自治和协会工作（6 分）。

（1）基层协会组织健全，协会理事会按时换届或调整，《计划生育村规民约》及时修改，会长、副会长、秘书长配备齐全，协会活动经费有保障（2 分）。

（2）每年至少召开 1 次会员代表大会，一季 1 次理事会，每月 1 次协会小组长会，组织会员学习协会《章程》等，开展"5·29""7·11"等重大节日活动，并有记录，同时上报活动信息得（2 分），以协会记录簿为准，少 1 次扣 0.2 分。

（3）积极推进计划生育村民自治和民主管理工作，健全计划生育民主听证和评议制度，开展计划生育民主评议或听证会（2 分）。

（三）考核评估加、扣分

1. 工作有创新有特色，并收到成效，工作经验在县以上会议上交流发言的，加 3 分。

2. 参加县、市及省级组织的各种活动中取得前三名成绩的分别加 1、2、3 分，在镇级计划生育各类比赛中得前三名的，分别加 1、0.8、0.5 分。

3. 村（居）报送的信息被县计生局简报录用的，每篇加 1 分。

4. 外来育龄妇女较多的村（居）管理与服务较好的进行加分（育龄妇女 100 人以上加 1 分，育龄妇女 200 人以上加 2 分）。

5. 发现计划外怀孕对象后做工作不及时，态度不积极的扣 5 分，出现多个的视情形再扣。

三　考核奖惩标准及事项

1. 考核总分为 200 分。

2. 奖励标准：每分 15 元，满分 3000 元，加分按每分 15 元标准另加。

3. 考核奖分配办法：由各村民委、经济建设服务中心按实际工作研究确定。

4. 实行嘉奖：年终考核得分在 95 分以上的前三名为优胜村，分别给予嘉奖 1000 元、800 元、600 元。

5. 在不突破县对镇考核指标的前提下出现的无计划，对村不实行一票否决，但如当年出现无计划的数量超出 1 个以上的村，继续实行一票否决制，年终评比时，对集体取消先进单位、先进党组织等评比资格，对具体责任人取消评比先进个人资格。

总体而言，目标责任制指标体系基本特点如下。

第一，"弹性任务"与"刚性任务"：指标的不同意义。

地方政府的管理工作在内容上大致可分为经济工作、农村工作、社会事业工作和党建、综治工作等几大部分，每部分又包含若干小项。不过，这些工作任务对于责任人的意义却是不同的。有学者将之划分为"弹性任务"和"刚性任务"两类：首先讨论积极或弹性任务，这类任务主要是按有关法律或者政策规定，镇政府可以自行决定完成的数量、完成时间，其效益主要对政府或村庄有利，如农业结构调整，辖区内公共事务的管理。或者是，尽管任务是上级分配下来的，而且到时候会组织检查，但是这些任务可量化的程度不高，即便要求在数量上达标，但检查时，往往只看材料。这种任务，政府可以积极作为，也可以应对，如果做得好，可以增加政府的收益，显示政府的政绩，如果做得不好，并不会对本级政府的主要领导的政绩及仕途有多大的影响。当然，在时间和精力充沛的条件下，政府会尽力去做，但是目前调查镇由于另一类任务——消极或刚性的任务，在对这类任务上多采用应付的方式。当下达到村庄时，尽管也强调要村干部认真去做，但结果在一些地区开始与工资、奖金挂钩了。

计划生育是消极或刚性任务，不仅是从上面一级一级以红头文件的形式传达下来的，而且完成的好坏直接与主要领导的升迁，全体工作人员的工资、福利挂钩。这种任务就需要政府和村里具体地落实，政府也多用行政命令的方式要求村干部完成，这往往就是行政硬核的主要内容。2011 年，南昌市根据省、市下达南昌高新区"两非"案件查处 6 例任务，确保在 12 月 30 日之前全面完成。

对责任人而言，责任书中各项指标所具有的含义是有区别的，这也决定了他们在对待这些任务指标时采取的态度与行动也是不一样的。如2016 年四川省委办公厅、省政府办公厅印发《关于坚持和完善计划生育目标管理责任制的实施意见》。实施意见明确指出，对目标任务完成不好、严重履职不到位的地方和部门，约谈其主要负责人；对主要目标任务未完成、严重弄虚作假、违法行政造成恶劣影响等情形，实行"一票否决"。被否决地方和部门的主要负责人在一年内取消评先评优资格。负有领导责任和直接责任的干部，当年不得晋升职务；受到处分处罚的，按照有关规定相应对工资待遇做出处理。

第二，量化与非量化指标："选择性关注"与"指标扩大化"。

责任书中的各项指标不仅对于责任人的含义不同，而且在形式上也存在差异。总体上看这些指标可分为两类：一是"量化指标"，二是"非量化指标"。

量化指标是指那些用数字加以明确规定，并能对任务完成情况予以清晰评估的任务指标。量化指标在责任书的指标体系中占有主导地位，它们不仅数量更多，而且位置也排在前面，在评分体系中的权重也更大；相比之下，非量化指标通常较少，一般放在整个责任书或某部分的最后，所占的权重也相对更低。指标的量化，实际上是各级政府力图实现科学管理的一种努力。量化指标具有清晰性和简化性，因此其实施更具有刚性特征，在实际的任务执行中也更容易引起官员的重视。这种现象曾被美国政治学家詹姆斯·威尔逊概括为官僚的"选择性关注"倾向。换言之，当需要确定在一个较宽泛的工作范围内，究竟哪些才是更"关键"的任务时，官僚们通常更会把"问题型任务"（比如事关重大人身生命安全的项目）和"数量型任务"（比如与具体资金、物资数目相关的任务等）这两类放在首位。不过，对于那些既不易观测产出，也不易监督过程的"非量化性"任务，则即便它们本来应该是各级权力机构的核心工作（例如党组织的"党建工作"、政府部门的各项"社会事业工作"等），也非常可能在此过程中不被重视。

在责任指标逐级向下分解的过程中，量化指标不仅进一步被细化，而且在范围上有进一步扩大的趋势。村级责任指标不仅更具体，而且量化指标的比重比镇更大。更重要的是，随着量化指标范围的扩大，责任制度本身也可能面临着一种潜在的危险，这是因为通常正是在一些"不可量化性"的任务中体现着更为纯粹的政治权威关系，但现在它们却可能在这种似是而非的"量化指标扩大化"和官僚的"选择性关注"行为下被不断地模糊化甚至被消解掉了。

第三，压力传递与分解：指标的层层细化与逐级加码。

由于每一个上级责任主体均面对着若干下级责任主体，这就意味着一个县要与多个乡镇、一个乡镇要与多个村庄签订责任书。对于一些总量性的目标，比如永久性宣传标语的数量、计生重大纪念日的宣传和信息上报工作的记录条数、随访服务率、每月按时发放药具并记录情况等，上级责任主体（县或乡）通常的做法是将任务加以分解后下达到各下级责任主体（镇或村），从而将自身的压力分散化。需要特别指出的是：一是上级责任主体在进行指标分解时并非是按照平均主义原则进行的，而是根据每一个下级责任体的实际能力和具体状况决定的。虽然调查中几乎所有的责任主体都表示，对于上级下达的指标没有讨价还价的可能，但这并不意味着他们的意见没有反映的渠道。二是每一级政府在与下级（政府或部门）签订责任书的时候，一般不是仅仅将自己所要完成的目标简单加以分解，而是层层加码。如在我们调查某区，区与镇签订的《计生工作责任书》中这样写道，"政策符合率为98%；财政投入：镇级人均25元以上"；而镇与村签订的《计生工作责任书》中，"政策符合率为100%；财政投入：村级人均30元以上"。

之所以要层层加码，一个重要原因是考虑到在多个下级责任主体中即使有个别完不成指标者，自身仍然可以完成上级下达的指标。当然，加码也不能随意为之，必须要考虑到对方达到目标的可能性。因此，在哪些方面加码和把码加给谁通常需要加以选择，而且往往是预先达成了某种默契。

通过指标的分解和层层加码，上一级责任主体就将自身承受的压力传输和分散给多个下级责任主体。目标管理责任制确实是一个将政府所同时面对的多项不确定性的目标进行不断再定义、再排序和再筛选的过程。比如为了完成指标，在整个考核工作中，省里一年搞一次调查，为增加保险度，地市至少要搞两次，县则要搞四次。落实到乡、村一级的调查就显得格外频繁。基层要花大量的时间和精力来应付上级的调查，势必影响经常性工作的开展。

2. 目标责任制的关键环节：考评与奖惩

各种目标责任制实质上就是为实现一定的组织目的，将经济利益同责任相结合，将奖励同制裁相结合的一种制度。因此，考核是责任制的一个关键环节，通过考核和与之相联系的一套奖罚方法，构成了对地方各级政府的激励与约束。在每一年的年终，各上级单位都要就下级部门的责任制完成情况进行考核，通常还会以文件的形式来说明考核的具体办法、程序和根据考核结果所进行的奖惩措施安排。各地在考核方法和奖惩制度上存在一定的差异，这里只简要介绍下共性的做法。

（1）加分与扣分：激励与约束

各地在考核办法中均具体规定了每项工作如何记分，按何种标准记分，即评分标准。大部分考评至少会采取三种计分方法：责任目标记分方法、创造性工作业绩加分方法以及工作差错扣分方法。

首先，责任目标计分主要是对责任书中的各项工作进行考评：达到要求的项目得满分或者超过以100%的比例核算分数，未完成的则按一定百分比扣分。一些比较重要的工作如未能按要求完成，也会出现"双倍扣分"、倒扣分甚至更严厉的"一票否决"等惩罚办法。如果实行综合目标责任制，则最后的总得分为各项得分加权后的合计分数。其次，绝大多数考评方法中都设立了作为激励的加分项目。关于加分的具体项目，各地有所不同，但归纳起来主要集中在获得上级部门的奖励或者对于本地区的经济发展等有突出贡献者。

实施全面二孩政策以来，江西省人民政府主动公开了 2016 年度全省计划生育工作考核结果，评选出了 2016 年度全省计划生育工作先进设区市，如上饶市、九江市、赣州市、吉安市、宜春市，以及全省计划生育工作 35 个先进县（市、区），在先进县市区中，考核结果进一步分成了一、二、三个等级。考核结果对各地市县的工作形成进一步激励。对于村及包组干部会根据考评项目，设置不同的考评难度系数，采取指标个案得分与上报数据质量个案扣分、督查个案扣分相结合的考评思路，根据结果对村级进行排名。"实行 10 天一调度，月底一评比；月底兑现位居全镇前三位的村通报表扬，最后一名村支部书记大会表态发言。"

（2）奖与罚

责任制的调控方式区别于行政管理上的"命令—服从"模式，"这种赏罚、升降必须同物质利益联系起来。总之，要通过加强责任制，通过赏罚严明，在各条战线上形成你追我赶，争当先进、奋发向上的风气"①。奖励通常分为两类：一类是"基本奖"（乡镇及以上）或基本报酬（村庄），俗称"保底"。只要考核达到标准分数或"合格"便可获得此类奖，且大部分机构均可获得。另一类为"优胜奖"，目的是"奖优"，即对于工作目标完成突出的单位给予特殊奖励，奖励形式可能是物质层次的，也包括精神层次的，比如单位或个人的记功、表扬、通报表彰甚至晋升等。当然，有奖就有罚，"罚差"的方式也有很多：比如取消单位或主管、分管领导的评奖资格和奖金（村庄或居委会要扣基本报酬），还包括口头警告、黄牌警告、调职、降职等。

（三）小结

目标责任制在诞生之初，主要是为了改变和克服市场化改革以前全能主义国家及其官僚体系对于整个社会日趋僵化的管理与动员模式。通过以上讨论，我们发现，作为一种实践性的制度体系，目标责任制在上下级政府权威关系的基础上，引入了一种更具平等意蕴的"责任—利益连带"关系，从而在实际上创造出一种少见的政府间全面竞争的机制。这些使得改革以后的国家表现出更积极和有效的社会动员能力，并帮助国家有效地实现了推动经济发展与维持社会秩序这两方面的基本目标。

---

① 邓小平：《解放思想，实事求是，团结一致向前看》1978 年 12 月 13 日。

目标管理责任制的制度设计、运作方式和运作过程向我们展示出了基层政权运作和地方社会治理的复杂性和多样性。无论是上级政府、基层政府，还是基层干部、普通群众，所有的行动者都是在一个布满了"联结"关系的制度网络中行动的。这样一种"行动网络"在不断再定义和重构我国地方政权的运作方式和权威架构的同时，也在不断改变着各行动主体之间的互动方式与关系形态。当然，从更严格的意义上讲，目标责任制这项制度可能也并非是"全新"的，实际上，不少对近代以前的我国基层政府与社会的研究也曾或多或少地论及或关注了与目标责任制相类似的一些制度形式及其运作的逻辑。

人口计生工作的考核制度正负影响都很大，需要有大的改进。目前计划生育工作考核的主要目标主要还是体现在管理性指标上。由于现在的计划生育目标考核制度与"一票否决"联系在一起，一旦考核过不了关，就会被一票否决，后果很严重，对整个层面的党政系统的工作都会产生影响，因此计生干部深感责任重大，不敢懈怠。于是，工作中的很多精力都是用在应付目标考核上。由于对基层干部的考核力度很大，一年中有多次考核，指标要求很高，使基层的干部整天提心吊胆忙于应付考核。一个街道计生办主任就说："现在的一票否决对我们压力很大，如果计生指标没达到，文明单位与文明小区就被否决了，做别的工作的干部就会埋怨我们。"计生干部反映，有一个居委会的计生干部，因为出现一个超生，先进敲掉了，压力太大，实在是受不了，就辞职了。这就让我们思考，一票否决是否合理？但是，如果人口计划生育工作不考核，没有一票否决，党政领导的重视程度就有可能会下降，而得不到有力的支持，工作更难做，没有了一票否决，计划生育工作似乎"就显得更加没有地位"。但是，如果要考核下去，工作难、指标高，占用大量的时间和精力应付考核，反而失去了许多原本可以抓工作的时间。目标责任制达不到会被一票否决，而依法行政不能再硬做、蛮做，同时，优质服务又要求以人为本，当这些要求一致时工作就容易完成，当这些要求不一致时，工作中就会发生矛盾。由此，人口计划生育工作的考核就变成了一把"双刃剑"。有干部说，文明小区因为出了一个二胎就被否决掉了，这只是对体制内有约束，对体制外是没作用的。像民营企业是不考核的，也不评先进，一票否决对他们就没用；一票否决并没有达到当初期望的效果。执行下来，并没有对小区增加多大的压力，却对计生干部增加压力了，反过来与当初的意愿是相悖的。有计生干部尖锐指出，现在考核比"法"还重要，考核与依法行政的矛盾怎么解决？计划生育管理思路也要发展。

计划指标过高，不利于控制人口增长。人口与计划生育目标管理责任制的核心是完成人口计划。前提是必须制定一个既要从严控制人口增长，又要经过最大努力能够实现的人口计划。有的为想多打点保险系数，层层扣留人口计划指标。有的基层干部怕完不成这个过高的指标而被"一票否决"，就有意弄虚作假对付上级。这样不仅使各级领导不能掌握真实情况，对工作加以指导，不利于控制人口增长，而且败坏了党的实事求是的优良作风。

受部门利益、行业利益、集体利益的驱使，政府各部门之间，部门的各专业职能机构之间自立山头，甚至相互掣肘的现象严重。计划生育系统部门也未能幸免，内部各职能机构之间有时也存在一些不协调，没有围绕特定时期计划生育中心工作真正形成合力。如计划生育部门对计划生育服务机构的 B 超管理一般比较规范，但是难以控制医疗卫生机构和个体行医者的 B 超使用。这部分 B 超被大量用于非医学胎儿性别鉴定，是出生性别比失调的主要原因之一。一些基层的计划生育部门的同志因此滋生畏难情绪，视降低出生性别比的工作为畏途。从我们掌握的情况看，因为涉及卫生部门和医疗卫生机构，当前许多地方的计划生育部门或多或少地存在"出生人口素质'管不了'""出生性别比'管不好'""只有控制人口数量是本行，其他工作是'种了别人的田、荒了自己的地'"等消极观点。

四　现有社会保障制度存在着性别盲点

从最广泛的意义上来说，社会保障，是一个社会通过正式的和非正式的制度为其成员提供的安全保障。在不同的国家，由于各国政治经济状况和历史文化背景的差异，其社会保障制度有着不同的项目和策略，但总的来说，它一般总是包含以下内容：社会救助、社会保险、社会福利和针对特殊人群的社会保障。社会保障以公平为基本原则，以保护人民的基本生活权利为底线，以提高人民的生活质量、增进国民福利为目标。许多人认为，社会保障就像法律一样在性别方面基本上是中立的，因为它是国家和社会通过国民收入的分配与再分配，依法对社会成员的基本生活权利予以保障的社会安全制度，是让每个劳动者及公众都有生活安全感的一种社会机制，即社会保障的出发点是保护所有人的权益。

世界各国实施社会保障或社会福利的实践也表明，社会保障对于改善女性的福祉状况、促进女性发展具有不可或缺的积极影响。但同时，这些社会保障制度在保障所有人权益的同时却没有充分注意到社会上存在的男女两性的不平等，只是以公平的形式"合理"地运行着。即使是现代社会保障制度，依然是建立在父权制社会基础之上的，也就是说，延续了几千年的性别差异和男女不平等不可避免地要对其产生负面的影响。比如，以男性为主的社会决策者总是不重视甚至排斥一些有利于女性的社会保障项目的设立和发展；一些社会保障的改革，有意或无意地试图将保障责任和服务提供者的角色转移到社区和家庭，其实质也就是转嫁给妇女；等等。这样，现有的社会保障制度不仅仅反映了社会上存在的男女之间的不平等，在某些情况下还加深了这种不平等，作为女性权益往往倾向于被忽视甚至被侵犯。

（一）社会保障制度中的性别不平等是实际生活性别不平等的复制与强化

社会保障制度的制定与执行是建立在法律政策基础之上的，是一系列法律政策在工作生活中的贯彻实施。因此，对于女性在劳动力市场上遭受的不平等，缺乏性别平等视角的社会保障制度不但没有采取纠偏的措施，而且在延续不平等的实施中加深了性别不平等的程度。

养老社会保险制度是保障老年人基本生活的制度，我国从 1997 年起实行社会统筹与个人账户相结合的"现代养老保险制度"，在男性就业率高于女性，男性工资收入高于女性，女性在职时收入比男性低的现实情况下，我国的养老金却采取了与"缴费年限"关联的模式①。因为，"缴费年限"实际上就是工龄，这对早于男性退休的女性来说养老金明显会低于男性，从而养老待遇也较男性低。对在职期间就业率和工资收入都

①　黄桂霞：《构建性别平等社会保障制度　促进社会公平正义建设》，《中华女子学院山东分院学报》2010 年第 3 期。

较男性低的女性来说，养老保障无形之中加大了两性之间保障水平的差距，加深了女性劳动保障权益的不平等。

（二）社会保障制度的价值取向在一定程度上阻碍了性别平等工作的推进

传统的社会分工或角色使妇女在劳动保障中处于不利地位。一方面，妇女对家庭、照顾孩子、照料老人有巨大的责任，导致了她们在劳动力市场上的弱势地位，从而在与劳动力市场相关联的社会保障领域也处于弱势地位。另一方面，妇女在家庭中的劳动又被看作是私人领域的事情，不被当作社会贡献计入社会劳动并予以经济上的回报，导致了家庭妇女的贫困，且在老年时更容易陷入贫困状态。尤其生育保险享受条件的限制，使得很多女性因怀孕生育而导致整个家庭陷入困境。女性在这种弱势和劣势地位下，更难以在政治、经济等领域获得与男性同等的权利，也就无法真正实现性别平等。

性别平等不仅仅追求社会的公平正义，还要针对原有的性别不平等采取纠偏措施，比如向弱势倾斜。在社会平等和公正认可的框架中，向女性群体倾斜是推进性别平等的一个重要原则，这个原则主要体现为在承认男女生理差异的基础上，对男女实行基于性别的有区别对待的平等，也就是说社会要给予女性基于自然性别的需求以充分的理解，并提供物质和精神的支持。

（三）女性在保障中处于不平等地位，影响男女协调发展和社会公平

虽然妇女在个人能力上并不天生比男人差，但是历史形成的女性在资源和技术方面的劣势状况，并不能在短期获得改观，而且因受教育程度以及社会观念的影响，女性的潜力开发还远远低于男性，由此形成的女性能力的弱势在短期内也不能完全改观，这必然影响到资源的分配，造成资源分配—技术能力增长—女性发展链条上的不良循环。要改变这种不良循环的态势，实现男女平等，需要社会财富分配向女性倾斜，这是国家在制定政策时需要考虑的一个重要问题。但现代社会保障制度的本质与核心是公平，这就造成女性的劣势地位无法在社会保障领域的再分配过程中得到纠正，在一定程度上阻碍了性别平等的进程。但需要注意的是，目前劳动力市场所遵循的公平原则，忽略了男女不平等的历史及其对女性造成的深远影响，忽略了男女在就业和资源占有方面起点的

不平等现状，没有针对劳动力市场的性别不平等现状采取措施，在一定程度来说没有真正地贯彻社会公正原则。这种价值导向的社会保障制度在影响妇女发展的同时，也制约了男女两性的协调发展。作为社会发展的重要力量的女性资源在无法充分发挥的条件下，社会发展的效率也会大打折扣。

除了既有社会保障制度缺乏性别视角外，在我国城乡养老保障制度与医疗保险制度均体现出明显的二元结构，存在"重城镇，轻农村"的设计缺陷。首先，农村养老保障制度基础薄弱。早在1984年，我国各地就开始进行城镇养老保险制度改革。而农村1991年才开始在部分地区进行养老保障制度的试点，而且面对的是有支付能力的农村居民。其次，从保障模式上农村养老和医疗保障均缺乏长效机制。城镇养老保障和医疗保险其资金由单位、个人和政府共同保障，而农村无论养老还是医疗资金来源以个人缴费为主。最后，待遇水平上城乡差异较大。自1991年起，政府连续15次提高城镇职工养老金，2012年全国企业人月均基本养老金预计达到1700元。而农村地区自1991年至今仍然享受每人每月平均55元的国家基础养老金，加上地方财政补助养老金，月均养老金也就100元左右，仅为城镇企业退休基本养老金年平均值的0.6%。医疗保险方面，城乡在筹资额度上的差距仍继续拉大，目前，农民、城镇居民、企业职工和公务员的医保筹资比例为1∶2∶10∶20。此外，在医疗保险的报销额度上城乡差距巨大。目前规定的政策范围内住院费用最高支付限额分别为职工年工资和农村居民人均纯收入的8倍，以官方公布的2011年城乡收入6977元和21810元为准，支付限额差距扩大至近30倍。社会保障制度的城乡差异必然会强化农村居民对传统家庭养老和医疗支付的依赖，不考虑文化变量，农村低水平的社会保障制度在很大程度上成为强化农村地区男孩偏好的有力推手和现实因素。

女性占人口的一半，女性社会保障权利能否依法得到实现关系到社会保障的公正性和有效性，也影响到社会公平正义的建设。党中央提出政府要尽可能地为每一个公众提供公平的机会，包括受教育、就业和享受社会公共服务等方面的机会，还要通过一定的政策调节，把结果的不平等限制在一定的范围内，这是我国现阶段实现分配和谐的正确的途径，也是缩小不同人群之间社会保障待遇差别、实现社会保障公平的重要途径。机会和权利的平等是所有社会政策需要遵循的，而调整再分配、保障分配结果尽可能的平等则是社会保障的重要职能。建设性别平等的社会保障制度，不仅是有利于从根本上解决出生性别比失调的制度因素，促进男女平等的实现，也是促进社会公平正义建设的坚实基础。要切实维护女性权益、促进女性发展，不仅需要社会保障的一般支持，更加需要国家和地方政府相关部门在设计和推动现代社会保障制度时，能够加入社会性别视角，注意到女性由于社会及生理原因所形成的不利处境，从而对女性群体予以密切的关注和照顾。

五　小结

许多学者都把"碎片化"问题归结为新公共管理运动的负面结果。虽然新公共管理改革时期，也有学者如林登，认识到政府部门由于过分注重职能划分和公务员的专长，结果导致官僚机构的四分五裂和公众对政府提供服务不满意的事实，并提出了无缝隙政府的改革主张。新公共管理事实上在国家与政策部门之间及内部表现得非常多样且复杂，但整体趋势还是结构性放权，放松管制，引入竞争，增加自主。这一改革的结果是过度的放权和竞争导致部门主要功能碎片化，权力碎片化和机构裂化，而权力碎片化和机构裂化又导致治理的碎片化和公共服务提供的碎片化。

第一，权力转移导致的国家空心化。公共管理改革措施之一就是大量的结构性权力转移，包括垂直结构性权力转移、水平专业化转移和向政府以外的组织转移。垂直结构性权力转移需要在等级结构内部的不同的组织形式之间把权力向下移交，或者是移交给现存的组织或是新的下级政府组织；水平专业化，意味着在同一部门组织内分离行政职能增加专业化结构，如英国政府为了提高政策的执行力而推行的"下一步行动计划"就是把部门的执行职能和权力转移给专门成立的各种执行局，独立的或半独立的自治机构。向政府以外的组织转移权力，它是建立在这一毋庸置疑的公理的基础上，即政治和商业应该分离，以及私人部门与公共部门相比，能成为更好的市场行动者。对于公共部门而言，经营商业性活动最好的途径要么是创建一个新的系统致力于商业活动的组织，要么让私有部门来接管一部分公共商业活动。这些权力的转移使管制机构，服务生产机构或国有企业在决策、执行、服务和规制等各项公共活动中拥有相当的自主权，在提高公共服务的供给效率和回应性的同时，可能提出了公共责任和公共治理能力的难题。因为部门权力的转移使政治和行政领导者的影响力和在信息方面的控制都受到了限制，而企业化经营以追求利润为底线，这直接导致公共服务公司化后在公共责任的履行方面难以平衡，结果导致公共责任的缺失，这是权力碎片化的弊端之一。还会带来政府提供公共产品能力的弱化，采取合同外包、私有化或强制性竞标等途径即所谓的"瘦身"来提高公共服务的效率并减轻财政负担，公共服务的提供从依赖政府转移到市场，政府公共服务能力在削减。

第二，部门功能主义导致的机构裂化。传统行政组织中以专业分工为基础的组织形式就导致了严重的部门主义。政府部门的划分是建立在专业分工基础上的职责权限的分配，是公共部门实现效率和责任控制的管理机制。然而，当每一部门都过分强调自身的效率时，却可能导致政府整体的低效率。而新公共管理运动又建立了大量单一目标的执行机构或半自治性的分散机构，强化了专业主义。如新西兰除创立了承担与"下一步行动计划"中机构类似职能的国有企业单位，还把它剩余的政府部门分割为更小的、更专业化的机构，这一改革的信念是：机构目标越集中，机构责任越明确，机构绩效改善的空间也越大。皮埃尔·卡默兰就对这一专业分工所导致的结果进行了精辟的分析："职权要分割，……领域要分割，每个领域都由一个部门机构负责。行动者分割，每个人特别是公共行动者都有自身的责任领域。对明晰的追求出发点是好的……当任何问题都不能脱离其他问题而被单独处理时，这种明晰就成了效率的障碍。"这一专业分工基础上的单一目标组织的设立，与绩效管理结合便产生了机构裂化，即政府机构的增加与战略一致性间的平衡问题。其结果是严重的部门主义盛行，而国家和政府的全局利益、整体利益、长远利益遭到破坏；各自为政并争夺地盘，机构间难以协调与合作。

第三，现行行政管理体制中还有一个重要问题是，同一政府部门往往兼有决策、执行、监督等各项职能，这在很大程度上强化了部门利益和行业利益。决策与执行分开，执行与监督分开，是今后政府职能进一步转变的必然要求。从这个意义上讲，用分线考核的办法解决出生性别比偏高问题，是计划生育部门职能转变的一个重要的里程碑①，是改革和完善行政管理体制的具体体现，具有制度创新的深刻含义。在生育、不育、节育技术服务方面，计划生育部门要敢于打破计划生育系统相对自我封闭的局面，走出由本部门全面大包大揽的误区，明确哪些应该是由本部门主要承担的，哪些应该是本部门和卫生部门共同承担，哪些应该是积极参与但主要由卫生部门承担的，充分利用两个部门的资源，发挥好两个部门的积极性。当然，在此过程中，计划生育部门可能会损失一点点部门利益，但是，其结果将是整个社会资源的合理配置和对群众服务的大幅度改善。

---

① 郭震威、李杰：《对改进计划生育目标管理责任制考核工作的再思考》，《人口与经济》2002 年第 4 期。

第 三 章

自下而上的社会碎片化

现代社会的支持网络具有主体性和场域性两个鲜明的特征。前者是从本体论意义出发，将支持网络作为客观实在和相对独立的研究对象，这时的"支持网络"，是一种通过交互方式以寻求生存发展的形态，反映出社会生活的某个或某些侧面。后者是从方法论的角度，把网络当作一种研究社会的特殊方法、研究范式和切入点。这样，网络便成为了解社会的方法论和认识论单位，支持网络便成为诸社会力量互动博弈的场域、载体和容器。实际上，支持网络是一个主体性与场域性的交融和发展，恰恰极为深刻地反映出从本体论侧重向认识论倚重的研究转向。即：从简单的载体铺陈向立体化的过程逻辑解释的转变，从对象性的研究单位依托向扩散性的经济社会发展"透视体"的移位，从"无国家的逍遥"到"根植于社会的国家视域"的转型。

如果说第二章探讨的是对网络的政治性及其对性别治理影响的研究，那么，本章主要讨论的则是网络的社会性及其对性别治理影响的研究，这也在一定程度上反映了根植于社会的国家视域。社会是国家力量发挥作用的场域，社会及其行动主体的主体性影响着国家力量的发挥，在这个意义上来说，农村计生家庭的支持网络也是国家对出生性别比治理的网络，社会支持网络是国家和社会力量共同作用的空间。其中，网络行动者不仅包括前述的政府、各部门及基层代理者等，更重要的是各类型的农村家庭，他们参与行动的自主性程度影响着支持的结构和质量，而网络间的行动者互动情况、整合情况影响着支持网络的合力的形成及支持网络的良性运行，也影响政策最终目标的实现。在现代化的进程中，社会也非铁板一块，甚至出现了社会碎片化趋势，社会碎片化问题对社会网络中的成员产生深刻影响，但成为性别治理领域中常常被忽视的一环。本章主要讨论的是在社会层面上发生的重大变化及其对农村计生家庭的影响，这种影响通过一定机制的传导，影响着农村家庭的生育意愿和生育性别的选择。

第一节　社会个体化趋势与支持的碎片化

个体化不仅将阶级文化与阶级地位拆分开，导致无阶级的阶级冲突（class conflicts without classes），还会造成各种不平等的激化（radicalisation）①。贝克区分了初级个体化和次级个体化。初级个体化就是现代社会，形成于理性化和工业化进程。次级个体化是指一种加速的个体化进程，就现代性如今迅速改变着自身这种意义而言，这一进程已经具有反身性（reflexive）。这两种个体化进程的共同点在于：一是摆脱各种历史社会的形态和束缚（解放功能）；二是失去知识、信仰、规范等方面的传统确定性（去魅功能）；三是新形式的社会整合，如新的福利制度机制和新的约束条件（控制与重新整合功能）②。个体化加速，其后果对于个体而言是极具矛盾性的，因为它兼有积极和消极两种后果。虽然自由度增加了，但安全感和纽带关系缺乏；生活的新形式显现出重组社会关系的动态可能性，尤其是新形式的社会整合尚未形成或完善的阶段，社会个体化对社会整合的影响大大增加，正在消失的传统和现代福利制度的缺乏，带给我们一种更加不确定的自由和更多的风险。中国社会正在经历的个体化过程在一定程度上是贝克所说的制度化的个体主义，或者更准确地说是国家推动的个体化过程，这种制度性个体化意味着国家通过各种机制将个体从传统的身份中脱嵌出来，成为行动的主体。从社会性别来看，在生活中人们依旧容易强化男女之间的差异，加深对男女分工的刻板印象，而这种差异更会加深性别不平等。也就是说，在中国目前的个体化

---

① Beck, U. (2007). Beyond class and nation: reframing social inequalities in a globalizing world. *The British Journal of Sociology*, (4).

② 乌尔里希·贝克等：《个体化》，北京大学出版社 2011 年版，第 8 页。

进程中，男女不平等的"鸿沟"依然存在，甚至在加深，社会层面发生的变化会增加性别治理问题的难度和复杂程度。

一　社会的个体化与碎片化

（一）从去家庭化到碎片化建构的社会政策

家庭既是社会的基本单元，也是反观社会和折射公共政策效用的微型镜像。政策对家庭的控制力使本该属于私域的意念和行为暴露于政治和公域之中，在国家力量的参与下，中国家庭变迁的起点、过程、机制、模式、外在结构和内在结构等，这些都留下了制度干预的痕迹，既带来了家庭规模的缩小、减少了家庭代数，也因为家庭视子女性别为孩子"质量"，使家庭性别结构失衡，更带来了家庭的社会支持的深刻变化。

改革开放后到城市社区建设开展之前，即 20 世纪 90 年代中期之前是"去家庭化"时期。其特点是：单位制的解体使得单位社会福利功能逐步社会化和商品化，加之社会保障和社会福利制度建设滞后，迫使城乡劳动者直接承担起大部分原来由单位提供的福利供给服务。新自由主义，加剧了有关家庭领域福利制度设计的价值扭曲，即以减轻企业和国家的社会负担、增加家庭和个人责任为主导思想。当时的公共卫生、医疗服务、教育、社会福利与老年人服务等无不反映了这样一种倾向。

1995—2006 年为"碎片化建构"时期。社会政策涉及的是"家庭中的个人"（People in family），而非家庭，如老人、儿童、残疾人等。因此，这一时期家庭政策呈现出三大特点：一是尚属于一种隐性的社会政策，即蕴含、散见于经济政策、人口政策、教育政策及其他福利政策等之中，并无显性、独立的政策地位。二是政策的制定呈现出压力性与被动型，某一政策制定或出台的价值取向主要是为了"维稳"而非福利取向或人的发展取向。三是社区在社会政策实施中的作用日渐突出，但在社区管理与社区服务的关系处理上，服务总是屈从于管理。

自 2006 年 10 月党的十六届六中全会以后至今，是从碎片化向整合性发展的过渡时期。这个时期的特点在于：一是家庭政策在社会政策系统中开始"若隐若现"。二是政策的客体对象虽然还是"家庭中的个人"，但已经涉及家庭中的成员关系。如修订后 2013 年 7 月 1 日实施的《中华人民共和国老年人权益保障法》对子女义务的规定，以及在社会保障房、廉租房的申请时的家庭收入水平的认定，等等。三是政策的福利取向愈益凸显，如城市社区养老、居家养老的政策、进城务工子女教育政策，等等。四是专业社会工作的介入、社会组织的介入使得国家与家庭之间第一次有了社会支持的概念。

近年来，我国各级政府更加注重民生，积极采取了包括最低生活保障、困难家庭医疗保险、保障性住房、居家养老政府购买服务、生育保险等多方位的社会福利政策措施，无意识或不自觉地从家庭角度逐步构建和完善社会福利体系。

但总体上讲，基于家庭视角的家庭福利政策体系尚未形成，福利政策的制定缺乏对家庭层面通盘考虑，家庭的微观利益与国家的宏观利益还未统筹兼顾，国家、社会与家庭三者之间的职责与分工仍不明晰，甚至存在部分政策不利于提高家庭福利或促进家庭发展的情况。

（二）社会领域中的去组织化

在市场经济快速发展、单位化社会体制逐渐瓦解的背景下，我国社会的组织化程度正在不断走低，"非组织化"或"去组织化"问题愈益突出，旧式的单位化体制日趋丧失了其组织社会以及提供社会支持的功能，大量的社会成员游离于社会组织、社会支持和社会福利体系以外。

在计划经济时代，我国社会是一个高度组织化的社会，而现阶段的社会则呈现了明显的非组织化特征。从单位化到非组织化，是现阶段我国社会转型与社会分化的一个重要特征。众所周知，我国曾经长期采用计划经济的发展模式，并建构了一套自上而下集权性与单位化的经济、政治和社会体制。在这一体制下，政府通过公社、生产大队等农村基层组织，几乎包揽了所有农村居民全部的社会支持、社会福利、社会控制和政治动员的职能。其时，所有的正式组织都被政府赋予了社会支持、社会福利、社会控制、政治动员以及或多或少的教育和生产职能，因此，实际上成为从属于政府的、集多种功能与角色的"单位"。这些各种各类的"单位"无不具有高度组织化的特征，其成员也无不具有"单位人"的属性。例如，居民的生老病死、婚姻与家庭关系、子女教育及意识形态信仰等，无不受到所属单位或组织的关怀、干涉和控制。尽管当时人们获得的社会支持和社会福利水平较低，私人生活的空间和形式单一乏味，且城乡社会之间、国有单位和集体单位之间的二元结构突出，单位的经济效率和管理效率很低，但组织成员之间的平等感、信任感、安全感却普遍较高，各个单位的组织社会、动员社会和控制社会的能力也很强，故整个社会得以保持一种超稳定性的结构状态。

随着改革开放的深入和社会主义市场经济的发展，旧式的单位化体制赖以生存和运作的基础日益弱化，单位的社会控制、政治动员和社会福利职能日益衰减，整个社会的非组织化问题愈益突出。目前我国城乡居民在社会组织化方面，程度最高的为国有单位职工，而其他成员在社会领域则普遍处于低组织化和非组织化状态之中。由于社会的组织化程度在不断走低，社会成员在社会领域中愈益"非组织化"和"去组织化"，而以往的单位或组织作为农村居民获得社会安全、回避社会风险的港湾基本上已经不复存在，"单位人"已经逐步转变为缺乏组织支持和关怀的"原子化的个人"。

（三）乡村社区的碎片化

许多社会学家用"分化的社区"这一概念指称社区的"碎片化"现象。笔者认为，本书中的"碎片化"体现在社区和居民两个层面，社区层面的碎片化是指居住空间的区隔化导致社区类型的多样化；而居民层面的碎片化是指利益结构的分层化导致的社区居民生活的个体化。"社区碎片化"是当前我国社区建设进程中遇到的重要困境，具体表现出如下特征。

1. 社区类型的多样化与管理主体单一化之间的矛盾

传统意义上的社区依靠国家资源的总体分配，形成了具有我国特色的单位制社区。但是，随着市场经济发展，个人自我实现价值逐渐多元化，居住空间呈现阶层化趋势，社区不再是单一的层次，而是多层次的。从宏观层面，可将我国社区分为城市社区、农村社区、城中村社区、城乡接合部社区四种类型；农村社区可分为"一村一社区"和"一村多社区"（自然村）等不同类型。由于社区类型的多元化，要求我们探索针对不同类型社区的不同治理方式，这也就导致了社区居民参与行动和方式的复杂化。有学者根据社区公共议题和参与决策过程归纳出四种社区参与类型：强制性参与、引导性参与、自发性参与和计划性参与；而四种参与类型分别有相应的经验对照：福利性参与、志愿性参与、娱乐性参与和权益性参与。这些例子反映了社区居民对于参与社区建设主体多元化，社区参与方式多样化，社区日常生活丰富化等方面的强烈诉求，这就给传统的、由政府大包大揽的单一化管理模式带来了严峻挑战。因此，政府必须跟上社区居民观念转变的步伐，提供更加多元化的社会支持，满足个性化的需求。

2. 社会生活的网络化与社会关系混乱化之间的困境

现代科技（如电话、网络信息技术、新兴媒体）的发展直接改变了人们的生活和行为方式。

然而，更为复杂的问题是：全球化以其扩张性整合突破了传统工业社会的组织形式，与之伴随的个体化却以碎片化的方式分解了工业社会的组织形式①。与此同时，以计算机和互联网为核心的信息技术革命，不仅提高了工业生产力，而且为劳动者开辟了更加自由的工作方式，这一现象被一些社会学家称之为"无工作社会"或"劳动的个体化"②。由此，人们的日常生活从传统的地域性社区脱域，超越了单纯的物质空间、地理空间，形成特定的社会关系。这里包括了可以自由选择的生活方式和社会网络，实现一种自我管理、自我服务和自我负责的，"为自己而活"的个体化生活理念。社会生活的个体化，其最大特点是"脱域"和"缺场"，意味着人们的生活逐渐依赖于对抽象体系（专家系统和符号系统）的信任，而不是通过人与人之间面对面的信任，而获得"本体性安全"。正是由于社区、网络和居民之间的联结纽带越来越复杂化，作为地域性社会组织类型的社区，与作为社会关系或情感类型的社区之间关系经常出现混淆。

3. 农村社区公共事务冷漠化与日常生活私人化并存

日益加快的城市节奏，使得人们变成社会生活中的匆匆过客，人们越来越倾向于按照自己的主观意愿行事，人际相互交往和互信关系处于较低的水平，公共生活和个人生活之间出现了巨大的鸿沟③。许多经验调查表明，农村社区主体呈现"以自我为中心"的特征，他们相信市场的

---

① 刘少杰：《网络化时代的社会空间分化与冲突》，《社会学评论》2013 年第 1 期。

② ［美］曼纽尔·卡斯特：《网络社会的崛起》，社会科学文献出版社 2006 年版，第 77 页。

③ 王永益：《社区公共精神培育与社区和谐善治：基于社会资本的视角》，《学海》2013 年第 4 期。

力量，对于普通老百姓而言，物质财富、社会地位的获得依靠的是自身的勤奋努力，他们更专于自己的生活，而不参与社区公共事务和社区活动，形成了私人生活化倾向。对社区公共事务的冷漠化，进而专注自我的私人生活空间，类似于生活在自己设定的"牢笼"之中。这种冷漠化与私人化并存的状态，容易导致社区内不同群体之间的分化，不同群体之间的鸿沟越来越大，难以弥合，来自农村社区的支持力量正在变弱。

可见，当前我国社区建设进程中面临着社区类型的多样化与管理主体单一化矛盾，社会生活的网络化与社会关系混乱化困境，以及社区公共事务冷漠化与生活私人化并存等困境，这些困境凸显了我国"社区碎片化"的显著特征。随着不同利益群体不断分化出来，以前那种全能型的国家管理方式，或者依靠总体资本型的治理手段模式，已经不能吸引社会结构的分化了。也就是说，整个社会结构从总体性向一个多元性或分散性的社会转变，从性别治理的角度看，我们的治理方式也应该由原来的全能型的国家治理为主，从强调总体型的社会支配性的治理方式转变成一个制度型、治理型、共享型的社会治理方式。但与此同时，也意味着农村居民社会支持网络的巨大变化，在社区碎片化的情景中，重构农村社区生活共同体与社区公共性是社区建设的内在要求，进而加强农村居民获得来自于社区层面的支持。

二 农村家庭社会支持的变化：强关系向弱关系转变

在新的历史时期，作为社会制度设置和社会发展的产物，农村的社会支持体系未能获得有效的福利制度支持。在碎片化凸显、整合性不足的社会福利制度下，在社会发展中出现的新趋势与新风险面前，农村的社会支持发展面临着严峻挑战和实践困境。

（一）农村服务传输体系面临的多重挑战

第一，单位制解体带来个体困扰与公共制度之间的连接通道不畅。单位制在我国总体性社会时期发挥着政府公共服务和社会保障的重要职能。党的十一届三中全会以来，随着市场化体制的确立与推广，我国原有的"国家—单位—个人"的社会结构发生根本性变革，单位社会不断走向终结，附着在单位中的个人变成了"个体人"。在这种背景下，个体因社会中间力量（社区和社会组织）的长期缺失而缺乏有效的社会联结纽带，以往由单位组织承载的社会公共职能也发生了严重萎缩，进而导致公共精神的衰落。这些均使得个体困扰难以有效与国家的公共制度形成勾连，从而导致一系列社会支持需求存在回应上的"真空"。

第二，市场化推进导致功利主义对城乡社会的全面渗透。以经济发展为导向的市场化进程，在鼓励社会大众创造尽可能多的物质财富的同时，也将市场的经济理性、功利主义等思想渗透个体之中。功利主义、利己主义的价值取向销蚀了原有的社会信任体系，进而使得建立在其基础上的社会福利服务传送体系处于断裂之中。

第三，全球化浪潮促使多元主义盛行。全球化已成为不可逆转的趋势，成为影响各国福利体系建设的重要因素。在全球化进程中，多元文化要素、信息资源、意识形态观念等不断注入不同国家和地区人们的思想与生活之中，它们对社会支持观念的确立以及福利服务体系的构建产生深刻影响。

第四，信息化扩张衍生新的社会不平等。人类社会已经进入信息化社会。网络信息技术的连接性、聚集性和非正式性等功能，正在从根本上改变人们的生活，同时也再生产着一系列新的不平等，农村居民的社会支持的数字鸿沟进一步加深，亟须社会支持体系以开放包容的姿态改变这种现象。

（二）当前农村社会支持系统的特点

在新社会趋势与新社会风险背景下，有必要对传统社会服务的实践限度重新进行检视。

第一，社会服务体系的补缺性。长期以来，我国社会支持被纳入社会保障体系之中。在目前"大社会保障、小社会福利"的体制格局下，社会服务提供的支持更多地被视为与狭义社会福利相关的内容。这种"重保险、轻服务"及明显的"工作福利"导向，使当前的社会支持制度具有明显的补缺性，处于边缘化位置。

第二，社会服务递送的分化性。在市场化改革进程中，社会政策长期缺位。既有的社会政策将公共服务、社会支持责任交给地方政府，加之中央层面缺乏对社会支持的整合与统筹，导致目前社会支持体系在中央与地方之间、区域之间以及不同群体之间严重分化。同时，长期以来社会福利服务主要面向经济发展目标，这也导致了经济建设与社会发展产生分化。

第三，社会服务制度体系的碎片化。由于特定的体制因素，我国社会政策实践长期存在社会保障与社会福利之争，即应该坚持我国特色的"大社会保障"还是应该坚持与国际通则相一致的"大社会福利"？"社会保障派"强调社会保障在社会稳定和谐中的工具理性作用；"社会福利派"则注重为各类社会群体提供普惠性社会福利制度。这种论争反映在实践中，表现为现有的社会支持体系的碎片化：一方面，部分地区尝试为社区大众建立系统的社区服务体系；另一方面，政府、社会组织之间的资源、权力不对等。其结果是社会支持的成效十分有限。因此，要构建积极的社会政策话语体系，从社会政策视角来思考如何增进人民福祉。

第四，由家庭私人的内部关怀演变为多元主体的网络支持体系。后乡土社会打破了乡土社会近似封闭、固化的生存状态，逐渐把农村独享的"私"的价值观念纳入现代性的开放体系中。一方面是农民脱离乡土性、半乡土性、去乡土化成为当前农村的趋势，虽然仍然保留着农民的身份特征，但是身份认同日益淡化，出现认同混乱；另一方面是现代性的价值观迅速侵入传统的伦理秩序，冲击了原有封闭的价值体系。这两方面加速了现代性近似"文化殖民"运动的进行，融入了现代观念的孝道日益主导了农村的家庭养老模式。乡土社会中纯粹的家庭私人的内部关怀逐渐成为社会的公共性问题，特别是由政府主导的政策举措将养老纳入公共政策体系中，还有第三方社会组织介入和农民自主形成的小范围的帮扶体系都是农村养老的新形式。虽然农村主要还是以家庭孝道为主来完成老年人赡养问题，但是多元主体的养老体系已经成为主要的趋势，公共性组织也逐渐成为农村家庭需求满足的一支重要力量。

（三）农村家庭社会支持的碎片化

在中国历史上，家庭和国家被看成是不可分开的整体。在我国语言中，国家一词包含着国和家两个部分，字面意思是国家和家庭。家庭被视为治理的政治和道德的最小实体。个体或婚姻对于家庭是第二位的，也次于国家。家庭的稳定对于维持国家的金融和政治稳定至关重要。在这样的国家和民族精神下，家庭也应为国家的共同利益做出牺牲。家庭负责照顾脆弱的年迈父母和患有疾病的家庭成员落在了女性身上。即使今天，对于成年孩子而言，将年迈的父母放到养老院里仍是一种污名。

因为在过去，养老院是政府管理的为那些没有孩子的人提供住所的地方。今天，有了一些私人养老院。在这些养老院里有一小部分老年人，他们是一群成年孩子不能或不愿意照顾的老人。一些富裕的老人会选择居住在设施较好的养老院，可以享受保持自己习惯的自由，而不是与成年孩子住在一起。但绝大多数老人仍是由成年孩子在家照顾。中国人的家庭是矛盾的，一方面，中国人的家庭接受了政府的管理，行使着照顾年老、失能和患有疾病的人，一孩政策最为典型；另一方面，中国家庭是紧密而私密的，他们为家庭成员提供经济、身体和情感上的支持，他们愿意为不失脸面而为他们的家庭做一切。

调查中，我们也发现很多农村家庭支持子女城市化。那些为子女在城市买房的父母希望子女在城市有体面的工作，过上舒适的生活。子女在城市务工，收入其实有限。但因父母的无条件支持，他们还是可以养活自己的。他们还会生育子女，因此很难有积蓄。等到自己生育的子女长大，他们才会感到挣钱的压力。但那时，父母都已经老去，当然不可能住在为子女在城市买的房子里，因为距离产生美，不住在一起，就"容易显得亲密"；而住在一起，"小"的摩擦就可能演变成大的事故。其实，在部分乃至全国农村，凡是子女成家都要与父母分家，单独吃住。家庭成员分开居住的方式也使得老年父母的生活照顾、精神养老面临挑战。而在此背后，更有社会规范变迁的原因。随着改革开放和经济的发展，现代性与传统性错综交织，本土文化与外来文化的冲突融合等逐渐侵蚀了传统农村固有的伦理规范，乡土社会向后乡土社会转变。村落的活动范围和方式、农民生活的基本形态、农民角色和农村熟人社会网络的延伸及运用等发生了变化①。

后乡土社会随着农村社会结构和价值形态的变化，农村孝道也发生了急剧变化，家庭照顾呈现出"碎片化"的临时照料。由持续性供养到"碎片化"的临时照料在封闭的传统乡土社会，农民被迫依附在土地上，只能在有限的空间内活动，不会远离生活场域，因此能为老人供给必要的生活资料和精神慰藉，这就为孝道的施行和孝文化的延续提供了基础。而后乡土社会最重要的特征就是乡村极大的流动性，大量富余的农村劳

---

①　陆益龙：《后乡土中国的基本问题及其出路》，《社会科学研究》2015 年第 1 期。

动力外出务工，农村基本上都是老弱病残，再加上农村家庭小型化、核心化导致空巢化、空心化现象严重，大量的留守老人成为"孤独的守望者"。外出务工人员一般只会在逢年过节返回家乡，短暂停留后又开始进城，如此循环往复。这种"离土不离乡"的生存状态就将传统养老的持续性供养转变为"碎片化"的临时照料，这种"碎片化"集中表现在照料的不完整性和供养方式更趋于以金钱代替躬亲侍养，老年人缺乏必要的精神安慰，并因此出现一些心理问题。

三 农村计生家庭社会支持及获得情况

除了经济资源之外，农村家庭的社会支持情况也是农村家庭风险抵御能力的一个重要方面。这是因为当农村家庭没有足够的经济资源来抵御所面临的风险时，只能求助于周围的亲朋好友、邻居等群体，通过他们的协助来抵御风险。因此，农村家庭的这种社会支持资源状况在一定程度上决定了农村家庭风险抵御能力的大小。本书对于农村家庭社会支持情况的研究主要集中在资金困难时的求助对象、春节时走动的亲朋好友数和是否有亲朋在政府部门工作这三个方面。

（一）亲戚是农村家庭资金困难时的主要求助对象

在资金的求助对象方面，农村家庭在遇到资金困难时主要的求助对象为亲戚，其中计生家庭的占比为89.3%，非计生家庭的占比为94%。这是因为我们调查的对象年龄范围是在50岁以上。对于这一年龄范围的群体而言，当时我国的出生率要远高于当前的水平，这就导致了这些被调查对象的兄弟姐妹比较多，他们那一代的家庭规模比现在要大得多，亲戚数量显然也会很多。当农村家庭不能通过自身的经济能力来抵御风险时，向亲戚求助是情理之中的事，这也是他们能够获得较快帮助的最重要渠道。对于其他的筹资渠道，如向朋友借贷、向银行等金融机构借贷、民间借贷方式，计生家庭的百分比均要高于非计生家庭的占比。原因在于计生家庭生育的子女数量较少，当亲戚也不能帮忙解决困难时，他们只能更多地通过朋友、银行、民间借贷等其他方式来抵御家庭风险。

（二）农村计生家庭更注重资源连接和关系维系

林南认为，社会资源受直接和间接联系的广度影响。社会资源金字塔中位置越高，在结构中所拥有的视野就越开阔。因此，那些在等级中处于较高位置的熟人将更有能力对工具性的行动产生影响。对于我国的农村家庭而言，春节是一个隆重的大节日，是走亲访友的最佳时间。春节期间走动的亲朋好友数量能够较好地反映农村家庭的社会资源状况。我们对农村家庭春节期间走动的亲朋好友数量进行了统计，调查结果显示，春节期间，农村计生家庭走访10户的亲朋好友数量的占47%，低于非计生家庭（62%）。但是，对于走访11—20户及以上的数量，计生家庭的占比（46.5%）要高于非计生家庭的比例（35.5%）。这说明，计生家庭春节期间走访的亲朋好友户数更多，范围也更广。根据林南的观点，我们可以认为农村计生家庭更容易走动数量更多的亲朋好友，具有更多的社会资源。当这些农村家庭在面临风险而自身经济能力又无法抵御时，相对来说更容易获得社会资源的支持和帮助。因此，他们的风险抵御能力也就更为强大。

（三）农村计生家庭中老年父母的担忧与期盼

对于未来，农村计生家庭中老年父母最为担忧的是"生了病没有钱医治"（75.1%），其次是"收入低，以后养活不了自己和老伴"（64.6%）和"失去生活自理能力，没人照料"（62.4%），三者集中在两个方面，即经济担忧和照料担忧。在最近一年里，他们的消极心理体验排在前五位的是"家里冷冷清清的，很孤独"（39.08%），"心中有烦恼，没有人倾诉"（35.51%），"一天下来，也不知道自己干了点什么"（22.35%），"生活有困难不知向谁、到哪里求助"（19.80%）和"没有事情做，闲得难受"（19.35%）。他们希望政府在解决农村计生家庭老年人养老问题上多做实事，少说空话。用调查地一位计生干部的话说，就是要让这些为国家计生事业做出贡献的农村老人和城市里的老人一样，老年生活能够安心、放心、舒心、有尊严。

农村计生父母即将或已经进入养老期，这对于目前的整个养老保障体制将是一个不小的挑战，农村计生家庭的保障政策的不完善，是亟待研究和解决的。同时，通过访谈了解到，部分农村计生父母对计划生育政策相当不满，认为自己在国家提出这项国策时积极响应，但政府部门的后续工作完全不到位，由原来宣传口号的"政府帮着来养老"到现在政策中透露出来的"养老还要靠自己"，该类部分家庭对政府失去信任。

而计划生育部门过于强化计划生育政策的执行，却对计生家庭特别是独生子女家庭面临的诸多困难很少关注。与计划生育政策配套的相关政策相对较少，没能很好地解决独生子女家庭的困难，尤其是当进入老年生活后，将面临更多生活困难，严重影响其精神状态。因此，在农村计生家庭特别是独生子女父母逐渐进入养老期的关键时期，国家理应研究和制定针对独生子女家庭的配套政策，对独生子女父母在享受社会养老资源上应有明显的倾斜。

四　迈向新的连通：农村社会的再组织化

民间社会组织的非营利服务和其他公益性活动，内含和倡导的核心价值是家庭与社会的和谐与和睦，基础是以人为本的原则和人道主义精神，追求的是社会的至善，关心的是共同利益，塑造的是人们之间的平等、信任、合作、协调、团结与整合的关系。这些都与建设和谐社会，全面建设小康社会的要求有内在的一致性。而民间社会组织是社会再组织化的重要抓手。

强调社会再组织化的重要性，是因为社会的组织化关乎民生与社会保障实现的方式、社会的内在活力与社会的稳定程度。世界的现代化进程表明，一个社会的组织化程度越高，其稳定性就越强，社会活力就越大，社会管理的难度系数就越小，反之，社会因缺乏活力和社会理性（不同于经济理性），其稳定性就越差，社会管理和社会治理的难度系数则越大，而现阶段我国社会的低组织化状态，不仅成为社会不稳定的巨大动因，而且成为扩大和提升公共服务、社会支持的障碍。那么，政府能否直接去组织社会？政府能否直接面对和管理好"原子化的个人"或"个体化的社会人"？能否直接协调和保护好各个群体特别是脆弱群体的权益？答案是否定的。这是因为，虽然组织社会、管理社会、服务社会是政府的当然责任，但不等于样样事情都由政府统包统揽。除了刚性的社会管理事务以外，柔性的社会支持和社会管理事务不应也不能由政府直接去担当，否则必然陷入社会管理与社会支持成本极高、社会效益低下的陷阱，这几乎已经成为当今社会管理、社会治理和社会支持的规律性现象①。

要提升社会的再组织化程度，有必要大力培育和发展民间社会组织，尤其是民间社会支持组织。从发达国家、新型工业化国家及地区的社会保障与社会管理的成功经验来看，民间社会组织的健康发展是化解社会矛盾、整合社会资源、维护社会稳定、实现社会和谐的有效机制与必要条件。从我国的情况来看，民间社会组织是社会再组织化的重要力量，其发展是和谐社会建设的客观要求和必要条件之一，也是我国社会管理体制改革和公共服务（社会支持）模式创新的重要组成部分。由此判断，当今我国正在发育和发展中的民间社会组织，其社会建构的功能和角色既有体现国际共性的地方，也有我国社会转型与社会发展所赋予的特点。概而言之，我国民间社会支持组织在社会的再组织化进程中、在社会管理与社会支持中的角色和功能主要体现在以下四个方面：

民间社会组织具有主动整合服务资源、开拓服务项目的内在动力。民间性的特征，使得它们必须直接面对包括社区内各类脆弱群体、边缘群体在内的社会成员，了解他们真实的问题和服务需求，故具有主动整合服务资源、开拓服务项目的内在动力。专业性的特征，使得它具备一支专业工作者队伍（如社会工作者），从而为社会支持提供人性化和科学化的内涵，社会工作所提供的服务方式明显区别于传统体制下的粗放式和经验主义的方式。

民间社会组织能配合政府将那些"原子化的个人"组织起来，将他们纳入社会支持或社会辅导的体系。由于我国社会的再组织化刚刚开始，社会的组织化程度还很低，民间社会组织作为社会的"自组织"，不仅有着与社会成员或居民的天然联系以及组织社会的天然能力，而且还可以扮演政府和社会成员之间沟通联系的中介和桥梁，通过自愿、协商的方式和专业的手段去服务特定的社会群体并帮助解决他们的问题，只要配合适当的社会政策，将"原子化的个人"或"个体化的社会人"重新凝聚在一起，从这个意义上而言，民间社会组织的社会支持事实上是对社会管理的一种参与，通过帮助政府解决有关群体和个人的社会问题，促

---

① 徐永祥：《社会的再组织化：现阶段社会管理与社会服务的重要课题》，《教学与研究》2008年第1期。

进社会的稳定，具有社会管理和社会稳定的功能。

计生干部队伍职能转变的促进者和承接者。应该说，我国的社会管理体制至今仍然存有计划经济时代的许多弊端，其核心则是"政社不分"和"以政代社"的问题。其结果是，政府在社会领域中的职能至今未能有效转变，未能与非政府的社会组织相区分。一方面，政府仍然越位直接管许多不该管、管不了、也管不好的社会事务，并背负了极高的经济、政治和道义成本。另一方面，面对一些新的社会问题，政府的职能却往往陷于"缺位"或不到位的尴尬境地，尚无有效的应对手段。尤其是全面二孩政策放开后，原有的计生管理理念、方式都要发生重大的变化，必须由管理转向服务。民间社会组织有助于创新公共服务模式，转变计生部门职能的实现方式。

新时代生育文明的倡导者和推动者。市场经济遵循的是经济理性、利益原则和竞争法则，必然带来人际关系的货币化和利益至上的社会风气，造成阶层的隔离和人际的疏离，冲击人们的亲情友情、互助互爱等社会团结或共同体生活的基础，也是农村家庭重视家庭人口大规模、男性偏好的重要的社会基础。在福利国家制度发展与完善的过程中，社会工作成为政府制定和实施社会政策的重要帮手。其突出表现为，社会组织中受过专业训练的社会工作者不仅帮助政府实施特定的社会政策和社会计划，而且作为政府与国民之间的中介，因其深入了解国民尤其是脆弱群体、边缘群体的实际状况和需求，故可以帮助政府修订和完善某一社会政策。不仅如此，政府通过官办机构和非政府机构中的社会工作者向民众提供了公共性的社会支持，客观上实现了其提升社会的组织化程度以及"寓管理于服务"的社会管理意图。这就需要政府对社会组织的公益投入，倡导社会理性，建设社会文明，营造和维系社会团结的文化。

第二节　农村计生服务使用者
参与的现实困境

性别比失衡治理中的网络行动者在网络中权力大小的不同将影响到整个支持政策网络结构的变化，因此通过对行动者权力结构特征的把握，可以有助于对整个网络结构进行分析。"自主性"与"整合性"可以作为网络权力结构的分析指标。公众的"自主性"是指在政策过程中行动者对行动策略的自我选择能力,"自主性"的高低决定了各行动者在网络中的权力地位,进而影响整个政策网络的结构;"整合性"是指行动者对于相关政策议题是否具有一致的看法。行动者在网络中的地位、政策参与者关系的强弱以及网络的开放程度都会影响政策后果。

一 农村计生服务使用者参与的必要性与重要性

立足现实,在综合治理出生人口性别比问题上进行计生服务使用者参与十分必要。

(一)计生服务使用者参与有利于提高全社会出生人口性别比偏高的危机意识

计生服务使用者参与的发展有赖于公众出生人口性别比升高意识,反过来,计生服务使用者参与的完善又可以促进公众提高出生人口性别比升高的危机意识。两者相辅相成,互相促进。公众出生人口性别比危机意识的提高使公众不断地反思自己的行为,这对国家治理出生人口性别比升高问题有着重大影响。危机意识使公众乐于参与治理出生人口性别比的实践,为计生服务使用者参与提供了群众基础。同时,计生服务使用者参与在一定程度上又促进了危机意识的提高。最初公众对出生人口性别比升高问题的关注是自发的,随着政府相关部门、社会舆论特别是新媒体对出生人口性别比升高社会后果的教育和传播,公众对出生人口性别比升高问题的关注才变为主动的、自觉的。因此,为公众创造参与性别比升高治理问题的机会,使公众了解出生人口性别比升高状况,自觉规范自己的生育行为,可以促使公众对出生人口性别比升高由自发的关注转变为自觉的参与,有助于形成公众积极参与性别比升高治理问题的良好局面。

政策是公众意志的体现,公众出生人口性别比升高的危机意识引导着政府的政策,而且,公众的出生人口性别比升高危机意识直接影响到性别治理政策的实施效果。出生人口性别比升高最终损害的是公众自己的利益,参与性别治理是每一个人不可推卸的义务和责任,只有认识到了这一点,性别治理才能变成每个人的自觉行动,性别治理政策的实施才能顺利；反之，如果人们的出生人口性别比升高意识淡薄，性别治理政策就很难实施。所以，每一项出生性别比失衡治理政策的制定和实施都离不开公众危机意识的增强。

（二）计生服务使用者参与有利于治理出生人口性别比升高法律法规的进一步完善

治理出生人口性别比升高的法律在制定过程中会受到各种因素的制约，这就使得这一法律极易存在缺陷，且在实施过程中逐渐暴露出来。计生服务使用者参与不仅应贯穿于实施过程，而且应贯穿于治理出生人口性别比升高法律法规的立法过程中。这样，不仅能够监督和促进这一法律的正常有效实施，而且也可以促进其日臻完善。此外，治理出生人口性别比升高是一项需要公众普遍参与的社会活动。对出生人口性别比升高的治理仅靠政府是远远不够的，计生服务使用者参与治理出生人口性别比升高也应成为其中的重要组成部分。缺少了公众的参与，这个体系就是不健全的。有了强大的计生服务使用者参与无疑会增强治理出生人口性别比升高的力度，降低执法难度，强化执法的效果。

（三）社会总动员有利于提高性别比升高治理活动的效率

生育过程中的出生性别选择问题的发现和确认是治理出生人口性别比升高问题的重要一步，同时又是极为关键的一步。但是对于政府来说，在繁杂的社会事务中发现出生性别选择行为并非易事。其中，难度最大的莫过于难以获得及时、有效的信息：一方面，政府主管部门在大多数情况下只能获得数量有限的信息；另一方面，政府部门获得的信息在传递过程中，极有可能会因为各种的主客观原因而改变。而计生服务使用者参与性别比升高治理问题可以改变这种情况。公众遍布于社会各个层面和各个领域，最了解自己周围的各种生育情况，因而，公众传达的信息最全面、最真实。而且，计生服务使用者参与性别比升高治理过程可以直接与政府等其他决策主体交流，提供真实有效的信息，有利于提高性别比升高治理决策的效率和科学性。

（四）计生服务使用者参与可以促进出生性别比升高治理决策的执行

性别比升高治理政策的顺利推行要以公众的普遍接受和认同为基础，计生服务使用者参与决策过程对于提高性别比升高治理决策的群众基础有重要的作用。一方面，计生服务使用者参与性别比升高治理决策扩大了决策者的范围，增强了性别比升高治理决策的利益整合功能，因此，由公众作为一方决策主体最能反映大多数人的意志，能更好地协调各种利益关系，从而增强公众对性别比升高治理决策的认同感。另一方面，在性别比升高治理决策中让公众参与进来，让他们有充分发表自己的意见和见解的渠道和机会，可以使公众认识到自己在性别比升高治理中的地位和作用，有助于提高公众的计生意识和积极性；同时，通过这种参与方式取得的成果，公众也将更容易接受并更加珍惜。这种认识和接受会增进公众对政府的信任感，以积极的态度推动性别比升高治理决策的执行，减少政府推进性别比升高治理决策的成本，提高服务和资源的使用效益，大大提高决策的执行效力。

二 现有计生服务使用者参与的不足

现阶段，我国性别比升高治理中的社会参与存在着许多不完善的地方，其问题主要集中在以下五个方面。

（一）现有的一些关于计生服务使用者参与的规定，较为原则和抽象

现有的各级人口计生部门关于计生服务使用者参与出生人口性别比治理的规定，表述都较为原则和抽象。计生服务使用者参与的途径、形式和程序不明确，缺乏可操作性。如全国性的倡导性文件——《关爱女孩活动倡议书》中规定，性别比升高治理应当有公众的参与，但对通过什么样的途径推动公众参与未做规定；规定有关单位、专家和公众可以以适当方式参与性别比升高治理，但对"适当方式"也没有明确的规定。

（二）计生服务使用者参与没有形成广泛持续的规模

除了少数活动（如关爱女孩活动），当前计生服务使用者参与性别比升高治理还没有恰当的形式和适当的渠道，计生服务使用者参与没有形成广泛、持续的规模，没有产生持久的效应。虽然一些文件中规定公众可以通过听证会、论证会和新闻媒体来参与性别比升高治理，但对于参与的途径和方式没有做具体规定，所以导致计生服务使用者参与性别比升高治理事务没有形成广泛而持续的规模。

（三）计生服务使用者参与的范围较窄

一般来说，广义上的"公众"是指社会的所有成员，包括政府、企业、组织、公众等。但在"计生服务使用者参与"中，"公众"指的是与

政府相对的其他社会成员，主要包括公众和人口计生组织。随着社会的发展，人们逐渐认识到治理出生人口性别比升高不仅需要发挥政府的作用，而且需要发挥公众的作用。计生服务使用者参与的范围是指在性别比升高治理问题中，公众在哪些领域可以参与。计生服务使用者参与性别比升高治理问题的能力和国家允许计生服务使用者参与性别比升高治理问题的程度是决定计生服务使用者参与的重要因素。

（四）缺少出生性别比升高治理的知情权保障机制

获取出生人口性别比升高信息是计生服务使用者参与的前提，但是我国的出生人口性别比升高知情机制尚未建立。就知情权而言，我国性别比升高治理虽然初步确定了计生服务使用者参与的原则，但是在信息公开问题上的规定远远不够。公众对性别比升高治理信息的内容了解不深，在参加各种活动时就很难做出合理的判断，提出合理的建议。

（五）既有服务忽视了家庭内部需求与问题的差异性，减弱了服务的效果

在现有治理体系中，农村家庭与其所接受服务之间的关系通常被构建为一种直接的、纯粹的功能性交易甚至是恩惠式的交易，并且农村家庭及其接受服务经验都被收纳于统一的概念中。经常可以见到在利益导向机制所提供工作中，基层干部常常会用"计生家庭""困难家庭"等概念来指称服务对象，这实际上完全忽略了服务使用者的异质性和多样性。

与此相关的是，不同服务使用者具有不同的需求属性。尽管对某类群体而言，可能存在对某一特定服务的需求，但这些需求从来都不是完全相同的，并且通常它们都是通过特定的历史或群体经验反映出来的，而这些又与年龄、种族和性别等因素相互交错。因此，以一种狭隘的方式描述和界定使用者与其所使用服务间的关系，不仅否认了不同群体的特殊经历，而且运用一个概括的定义强加于统一的模式也否定了与服务有关的需要与期望的不同，这种做法毫无意义甚至会对服务供给产生误导。这些都不可避免地挑战了将服务使用者视为同质性群体的概念。

三　农村计生服务使用者参与的特点

（一）被忽略的农村计生使用者

在过去几十年里，在社会支持实务及相关学术研究中，对"使用者

参与"的倡导日益获得认可①，但学者们同时也认为"使用者参与"仍是一个模糊的概念。Barker 和 Peck 指出问题的关键在于缺乏对这个新词的理论和政治背景的关注，通常"使用者参与"这一术语及其附带的价值基础在讨论中没有被完全阐明②。这与 Cowger 就服务供给方对人们的提醒相似，他认为，不论社会服务的实践是什么，都是政治的，因为它总是包括权力和权力关系③。尽管学术界对社会支持及使用者参与的政治意蕴有所警觉，但在实务情境中，服务需求评估、活动设计、服务递送等环节都在无形中受到政治要素的影响却鲜少被服务提供者所觉察，使用者在服务中的参与、选择、自我倡导等皆受到不同程度的限制。在实践中，在对服务使用者进行评估时，服务提供者经常不自觉地将个体视为"问题"。例如，人们通常认为贫困、老无所依都是个体原因导致的，这种聚焦于个体错误的介入强化了案主因为没有工作而产生的无力感。更值得留意的是，这种介入并未从经济与社会结构方面考虑提供摆脱困境的结构，而且强化了产生这种不平等权利的社会结构，从而无形中促使个体相信自身所经历的大部分痛苦是自我组织的结果，也是自我创造和分配生命资源的结果，导致了强调个体而忽视社会结构甚至"支持现状"的政治保守过程。不仅如此，在之后服务递送环节中，服务使用者参与的选择性也常常受限，计生服务的使用者被纳入干预往往是不请自来的，甚至更糟糕的情况是没有选择性的强加，这在很大程度上是出于政治而非服务的考量。

（二）非平权的对话空间

Amstein 的公众参与阶梯理论是阐述"参与"权限的重要文献。在 Amstein 的理论中，她将公众参与分为三个阶段、八种形式。第一阶段起于"控制"终于"告知"，公众不能实质参与决策，但是却有信息公开与公关的效果；第二阶段起于"咨询"终于"安抚"，在这一阶段，公众还

---

① Ramon, S., & Sayce, L. (1993). Collective user participation in mental health: implications for social work education and training. *Social Work Education*, (13).

② Peck, E., & Barker, I. (1997). Users as partners in mental health – ten years of experience. *Journal of Interprofessional care*, (3).

③ Cowger, C. D. (1994). Assessing client strengths: Clinical assessment for client empowerment. *Social Work*, (3).

是缺乏影响决策的权力，仅是象征性参与；第三阶段起于"合伙分权"终于"公众控制"，至此公众才真正完全参与，权力也才真正得以分享①。依据公众参与阶梯理论"按图索骥"，发现在现时的计生社会服务中，的确存在多元化的使用者参与模式，当中权力分享程度亦有所不同，但在服务供求中都较难实现平等的权力分享，这在很大程度上与双方缺乏平等对话有关。实际经常发生的情形是：服务提供者"向服务使用者问责"演绎成对决策意图和原因的事后交代，这往往会造成使用者参与的假象或对使用者意见的防御反应，扼杀真诚开放的对话机会。又或者社会机构亦会为服务使用者提供一些参与途径，但同时会通过操纵增加修辞的含糊性，控制权力分享②。目前大部分地方政府都没有服务使用者意见收集制度，包括日常的意见收集箱以及服务使用者座谈会。譬如在使用者座谈会中，参与者可能此前并未接受过机构服务甚至对机构或座谈会本身亦不十分了解，但在一顿吃喝之后（座谈会通常通过"茶话会"或"美食厨房"形式进行），这些制度实际上并未促进持份者之间的双向对话。正如 Croft 和 Beresford 在研究中所指出的，使用者参与不一定代表服务提供者与使用者分享权力，使用者参与的安排亦有可能源自与权力分享相对立的动机，如加强决策的合法性或只是采取象征性的应对策略③。

（三）"橡皮图章"式参与

"注重使用者参与""为人民服务"逐渐成为流行语，被服务提供者频繁提及，这是否意味着使用者参与的完美实现抑或只是一种时髦的术语借用？通过对当前计生服务的考察，不得不承认后者占了更大成分。根据 Trieschmann 的观点，服务项目实际上都是"由那些将从专业权力、威望和收入方面获益最多的人来设计的"④，显然不包括服务使用者。尽管如此，这种方式所得到的"需求结论"对服务提供者而言，却是其后

①　Amstein, S.（1969）. A ladder of public partidpation. *Journal of the American Institute of Planners*（3）.

②　Leung, T. T.（2011）. Client participation in managing social work service—An unfinished quest. *Social Work*,（1）.

③　Croft, S., & Beresford, P.（1997）. *Service users' perspectives*. In M. Davies（2002）（ed.）（2nd Edition）. The Blackwell Companion to Social Work. Oxford：Blackwell Publishing：103.

④　Trieschmann, R. B.（1988）. *Spinal cord injuries：Psychological, social, and vocational rehabilitation*. Demos Medical Publishing：28

续服务提供的重要证据，难怪学者们曾讽刺对"参与"修辞的广泛应用，认为上述情况下的使用者参与只不过是充当"橡皮图章"罢了。

四 计生服务使用者参与不足的后果：政策规避

人口控制和治理的公共政策与农村居民的观念、诉求有所偏离，由此，部分农村居民会采取各种规避行为，以避免公共政策对自我的某种约束。公共政策治理中的政策规避现象不仅包括政策执行主体的歪曲、替代等规避行为，也包括政策执行对象反对、不服从等规避行为，还包括政策执行对象逃离公共政策治理空间和约束范围等规避行为[①]。从调查结果来看，农村计生家庭的政策规避的方式包括以下方面。

（一）逃离公共政策治理空间

由于公共政策具有一定的空间效力范围，因此，离开或暂时离开公共政策治理空间即可逃避公共政策。随着城市化的进展，城乡二元的生育政策格局给人口计生工作带来困难。在实际工作中，城镇居民与农村居民的身份有时已很难区分与认定，许多人的农与非农身份实际上是模糊的。许多农村人口已经不在农村居住，农村的劳动力已不再全部从事农业生产，他们有各种原因和无数的理由进城居住了，他们或经商或办企业，或做小生意或打工，从事着各行各业的非农职业。与此同时，也有不少人虽然已经因为各种原因户口已经迁入城市，已经成为非农业户口了，但是他们又因为各种原因回到农村，居住在农村，干着农活。

在计划生育政策执行中，逃离公共政策治理空间主要是逃向其他地区，如通过打工、外迁等方式到其他地区生子，这在一些农村地区表现得较为明显。由于人户分离，户口所在地鞭长莫及，暂住地又难以掌握生育真实情况，因此，流动人口的早婚早育、未婚先育及超生现象比较严重，形成"越穷越生、越生越穷"的恶性循环。另外，在2016年全面放开二孩政策之前，我国计划生育实行的是城乡有别的双轨制生育政策，即在城市提倡一对夫妇生育一个孩子，在农村可以适当放宽条件允许生育二孩，有些人为了生育二孩，会将户口转到农村，或刻意保留农村户口。

---

① 李彦娅、何植民、张延珍：《公共政策低质化研究》，《商业时代》2014年第4期。

（二）收买公共政策治理主体

政策都需要具体的人来执行，而在执行中，人的因素会显著影响公共政策的执行方式。由此，一些地方的某些人为了能够多生育子女从而规避计划生育政策，往往会采取收买计划生育政策执行主体的方式。从现实来看，利用关系在群众的计划生育博弈策略中占有很重要的地位。因为计生部门的工作人员多是在当地的熟人文化环境下成长起来的，在计生管理上易用感情替代政策，对族群与熟人范围内的人员实行庇护，或者对违反计生的行为采取不查不报不纠的敷衍了事态度。当前，收买计划生育政策执行主体的方式主要是事前收买，即通过各种人情关系以及利用金钱贿赂等方式使得计划生育政策执行主体有意忽视某些人的"超生行为"。此外，也包括事后收买，即某些人一旦成功生育小孩，则需要推动小孩的合法身份的实现和取得，在此过程中，超生对象就需要收买计划生育政策的执行主体，以使超生子女获得合法的正式身份。

（三）获取某种公共政策资格

在公共政策治理中，考虑到民族、学历、户口等因素，以及为了鼓励某种群体，公共政策会适当留出某些资格性空间，一旦具备某种资格，则可以享受政策优待或政策空间。从当前的计划生育政策看，符合法律法规规定条件的，可以要求生育第二个子女。第一，计划生育政策在考虑民族要素的基础上，对某些少数民族生育子女降低了门槛和限制。因此，为了规避计划生育政策对自我生育子女的限制，一些人会通过获得少数民族地区的民族身份来规避政策。这在某些少数民族地区表现得较为明显。一旦某些人士拥有了某种少数民族身份，则可以实现自我生育子女的愿望。第二，为了鼓励高学历人士的就业和生育，部分地区在计划生育政策上留出了高学历人士可以生育二胎的新型领域。某些人读取更高学位，以便能够多生育子女。第三，一些地区规定夫妻双方都是独生子女的可以生育二孩，这一政策影响部分人士的择偶行为。为了能够多生育，一些独生子女在选择配偶时会挑选那些同是独生子女的人士，从而获取公共政策准许的某种资格。第四，有些地方对城乡户口给予了不同的生育资格，即农村户口有更多的生育机会，还有些地方对农村户口转为城市户口时，给予一定的过渡期，允许已经转为城市户口的人暂时执行农村计划生育政策。

（四）利用政策的空白区域

虽然公共政策试图对某些公共问题、现象或主体实施全面的无差别的治理，但在社会不断变化的背景下，有些人总能够找到公共政策无法约束和管控的空白领域，从而实现自我对公共政策规避的渴求。从计划生育政策实施看，一些人会寻找计划生育政策中的空白或灰色领域。现实中，有些人士会通过跟现任妻子离婚，并与其他女子再婚，从而实现再生育。另外一些人士则会选择在不离婚的情况下，与其他女子生育更多的子女，即通过"私生子"的方式实现再生育，随后再通过各种方式逐步实现"私生子"身份的正式化。此外，还有些人士则将已经生育的子女"过继"给他人尤其是身边的亲人，然后以合法的身份实现再生育行为。还有的则是隐瞒"黑孩"，将"黑孩"送到亲戚或没有孩子的家庭收养或寄养，对外声称难产、病死等，一旦计划生育政策松动，则接回"黑孩"并逐步合法化。除了找寻公共政策的直接空白领域外，有些人则将国家层面未规定而由省市层面规定的政策作为自我行为的准则，即通过交纳社会抚养费的方式实现超生或多生。

第三节 "失踪"的男性：私人
领域中的男性参与和支持

在出生性别比失衡的治理的网络中，个体行动者是重要的节点，行动者对生育政策执行过程中的参与影响很大，如前章节所述。其中，性别是一个重要的维度，性别失衡治理的问题，不仅需要国家的参与，更需要基层民众以及男、女两性的共同参与。性别平等是人类的共同事业，需要每一个人，包括男人、女人、男孩、女孩积极参与，主动奉献，协力推进。其中男性的理解支持更为重要、更为关键，缺少男性参与的出生性别治理是有着结构性缺陷的治理。

男性参与不仅是女性的要求，也是男性的诉求。因为，男性是这个时代困境的一部分，因此也应当成为解决困境的一份力量。没有性别平等，世界面临的困境将无法解决。联合国前秘书长潘基文说过："21世纪真正有能量的男子是为女性赋权的男子。"在这个意义上说，男性参与和支持是在生活层面上对女性的平等赋权的过程。消除性别歧视、实现性别平等是男女两性共同的事业，没有男性的改变和参与，很难从根本上解决性别平等问题。

一　男性参与：国际共识与经验

在世界各地，促进男子和男童参与性别平等方面的认识与努力已经取得积极进展。1994年，"男性参与"的概念在开罗国际人口与发展大会上首次被正式提出，此次大会通过的《行动纲领》专门对男性参与生殖健康做了论述："应作出特别努力，强调男子应分担职责，促使他们积极参与负责任的生育、性和生殖行为，包括计划生育、产前和妇幼保健；防止性传播疾病包括生殖道感染；防止非意愿妊娠和高危妊娠；共同管理和创造家庭收入，共同致力于子女的教育、健康和营养；确认和促进男女儿童的平等价值；防止对妇女的暴力。"在1995年召开的第四次世界妇女大会上，男性参与的概念得到了进一步的强化，《北京宣言》第25条明确呼吁："鼓励男子充分参加所有致力于平等的行动。"《行动纲领》指出，两性平等只有在男女以伙伴关系携手合作时才能实现。世妇会之后，男性参与推进性别平等的意义越来越受到国际社会的重视。2000年"北京+5"联合国第23届特别联大《成果文件》指出：持续存在的性别陈规旧念、男子没有充分分担家庭和社区内的照顾任务和责任等，是执行《行动纲领》的主要障碍之一。2004年联合国妇女地位委员会第48届年会，将"男性在推行两性平等运动中的角色"作为两大主题之一，其核心议题是男性对性别暴力及性别角色的反思与回应，强调改变性别关系有助于终止对妇女的暴力，男人可以采取许多不同的行动来终止性别暴力。会议呼吁政府、联合国组织、公众社会从不同层面及在教育、健康服务、培训、媒体及工作场所等多个领域推广行动，以此推动男性为推进社会性别平等做出贡献。2005年3月"北京+10"第25条也写道："关注男性的社会性别属性，承认其在男女平等关系中的地位和作用，承认其态度、能力对实现性别平等至关重要，鼓励并支持他们充分平等参与推进性别平等的各项活动。"联合国妇女地位委员会第49届会议中的秘书长报告中，强调男子在分担家庭责任、防止对妇女的暴力侵害和传播艾滋病病毒／艾滋病以及将性别观念纳入政策和方案的主流等方面的关键作用，建议男子通过能力建设和提高对两性平等的认识、参与实现两性平等运动等，为提高妇女地位而努力。2009 年联合国妇女地位委员会第 53 届会议，联合国妇女地位委员会进一步呼吁男女平等地分担责任，尤其是照护者的责任，以实现普遍的社会性别平等。2014 年 9 月，联合国发起"He For She"（他为她）运动，旨在通过男性声音来阐述女性赋权与性别平等的重要性，呼吁男性参加消除性别歧视、实现性别平等的运动。前联合国秘书长潘基文成立了"联合起来制止针对妇女暴力运动男性领导人网络"，凸显了对男性参与社会性别平等运动的重视。习近平总书记在全球妇女峰会上表示赞赏潘基文秘书长发起的"他为她"倡议，希望越来越多男性参与进来。习近平总书记提出："男女共有一个世界，消除对妇女的歧视和偏见，将使社会更加包容和更有活力。"同年 11 月，第二届全球男性参与大会在印度德里召开，这是继 5 年前里约会议之后，世界范围的又一次更高级别的男性参与大会，会议呼吁男人和男孩致力于终止性别暴力，促进性别平等。

其他国家在促进男性参与方面积累了丰富的经验。1991 年始于加拿大的"白丝带运动"现已遍布全球，号召男性反思男性气质和丈夫气概，承担对女性暴力的责任，终止对妇女的暴力；众多国家制定了"丈夫产假"和"丈夫育儿假"，建立了"好爸爸中心"，开展"分担家务，快乐加倍"的公众教育，鼓励男女共同分担社会责任和家庭责任；一些国家在 12 年的义务教育课程和大众媒体中纳入性别观点，改变教育观念和大众传媒中传统的男女角色的刻板印象；部分国家促进男子参与妇女生育健康和性病/艾滋病的防治工作，注重改变传统的社会性别观念和行为；还有的国家建立了男子资源中心，以排解根深蒂固的传统观念带给男子的精神压力、离婚、性行为、愤怒和暴力等危机，用多种专业的方法反对所谓的丈夫气概，为受传统观念困扰的男子提供支持和帮助。

二　男性参与的必要性与可行性

长期以来的父权文化建构了不平等的性别制度，男性更多的是不平等制度的受益者，也是受害者。男性责无旁贷，投身于两性平等和公正的事业。男人有责任和义务参与促进性别平等的工作。

男性参与具有必要性。男人是客观的存在，没办法回避他们，他们存在于社会生活中，存在于家庭中。反对性别暴力、促进性别平等的任何一项工作，都不可能无视他们；离开人类社会中一半的成员谈性别平等，不可能成功。1995 年世妇会后，中国 20 多年的追求性别平等的努力，一直都是女性在推动，很少见到男性的身影，无疑影响了许多性别平等政策的推进与落实。

男性参与还具有可能性。男性并不是铁板一块，男性气质是多样的，每个男人的生命史都不同，他们对性别差异的态度也不同，男性主流仍然是向往平等和谐的亲密关系。男人也有权利和使命参与反对性别暴力、促进性别平等的工作，为社会带来正能量。

男性参与使用的是男人手中的权力。男人控制着体制中的权力，必须借助这种权力，使之转化为促进性别平等的力量。男性的领导人或男性的意见领袖在性别平等事业上的努力，必将影响到更多的人，特别是男人，可能远比处于弱势地位的女性单方面的努力要更有效。男性参与性别平等的推进，更有助于体制的改变。男性参与从改造个人做起，到改变体制和社会。男人是一个个独立的个体，当男性参与运动使得越来越多的个体成为促进性别平等的力量时，社会就会发生改变。男性参与本身就是改造男性的榜样行为，当一个个男性成为促进性别平等的活跃分子时，男性参与的社会号召力便会呈现出来。

在讨论男性参与的时候，用"反对父权体制"的话语教育普通男性，过空过大，难以立竿见影；以具体实践中的某项责任要求男性改变，只能做到改变形式却无法做到使男人根本改变，换个情境男人可能仍然是老样子；以法律和制度要求男人改变，也仅是一种被动的约束。因此，可以通过启发男人从男性气概的改变做起，是一个可见的、较易被理解和接受的视角。但这只是一个从个人方面推进男性参与的策略，并不意味着要放弃对父权体制的批判和改造。Messner 认为，任何对男性气概的探讨都必须同时考虑男人的制度性特权、为男性气概所付出的代价以及男性之间的差异和不平等三个因素[1]。不平等性别体制的改变需要男性的参与。否则一直是女人在那里喊解放，而男人在那里捍卫既得的东西，

---

[1]　Messner，M A（1992）．*Power at play：Sport and the problem of masculinity*．Boston ：Beacon Press：18.

世界难以改变，仅仅改变一方，只能使男女对抗继续甚至加剧。

三　缺席与旁观：我国社会性别平等中的男性及其参与

（一）社会性别发展项目中缺席的男性参与者

在一些贫困的乡村，人们经常可能会看到一个奇怪的情景：几个都市妇女走寨串村，带领一群农村妇女在培训、在开会、在开展项目……项目不仅帮助妇女解决了许多实际困难、发展了家庭经济，还帮助妇女成立了一些学习互助组织或者种植、养殖协会等，而且提高了妇女的技术与技能，提高了妇女参与社区公共事务的积极性与能力，提升了妇女的社会性别意识，增强了妇女的自信心，提高了妇女在家庭决策中的地位。由于项目对象全部都是妇女，从而使妇女的成绩、能力、声音、形象凸显，不会被男性强势的声音所淹没；更多妇女的潜力得以挖掘，能力得到锻炼和提高；妇女有了更多的发展、表现的机会；妇女容易形成团队共同作战，发出的声音就会比较强大，因此妇女的影响和整体形象在社区将会提高。同时，由于项目操作者全部是女性的工作团队，在开展一些专门针对妇女的项目时也有一些优势：与妇女较容易接近，妇女不会害羞；容易让妇女信赖，与男性相比，妇女对妇女的防御意识相对要弱许多，女性共同的一些话题还更容易拉近彼此的距离，让妇女产生信赖感；与妇女交往更方便，一方面不会让其丈夫或者外人产生误会，另一方面在访谈或者开展一些项目（例如，妇女生殖健康方面）时，全部是女性更方便，不会尴尬，气氛会更自然；更容易获得妇女的理解和同情，有些妇女在笔者的一次访谈中这样说："这几个城市妇女也挺不容易的，抛家弃子，长期在我们村子里，为了我们的发展这么热心，所以我们一定要支持她们的工作。"

但我们也应看到，一方面，男性的不参与在给了女性更多的发展机会的同时，妇女的劳动强度与压力也在增加，这可能也正是一些发展工作者、女权主义者反对把妇女当成劳动力做项目的原因。另一方面，从长远来看，这种方式所做的有成效的项目一般是专门针对妇女开展的项目（例如，妇女生殖健康、技术技能培训等），或者是提高妇女家庭经济收入的项目，只是满足现实的社会性别利益需求，没有实现战略性的社会性别利益需求。

在高莉娟等做的性别平等征文研究中也表明，参与者以女性为主[1]。参加征文作者中95%是女性。在与征文组织者的座谈中，问到不同性别参与者对此活动的反应时，陈姓老师回答说："由于受传统思维的影响，男老师对活动有明显的意见。""这是因为他潜意识中已经认同了已有的男女平等，但也有的还没有认识到实现男女平等还需要努力。"艾老师（男）说，"接到教体局的文件后，学校开了行政会，交给了我们政教处落实。我们召开了班主任会，让他们尤其是让女生分析不同于男生的优点，在黑板上书写自信。然后在'我骄傲我是女孩'征文比赛中，让女教师做评委。让她们评比并张贴宣传。女教师也参加征文比赛。我们后来还要求无论男女同学为母亲做一件实事，让孩子关爱母亲，让母亲感受他们的变化。"问及：为什么由女老师来做评委？艾老师回答说，政教处都是男老师，让女教师参与，她们也可以感受到这种活动的意义。男老师对该项活动的质疑是该校安排总强调女教师和女生的参与，而对男老师和男生参与不做任何要求。

（二）组织领导者中的男女两性的失衡

从目前国内参与农村社会性别发展项目的男女比例来看，女性占大多数。妇女相对男性而言处于弱势地位，需要更多的关注，妇女需要赋予更多的权利与发展机会，因此，这种以女性为主体的参与比例似乎是比较理想的模式。但有时不能仅仅凭人数来看，还要看男性与妇女在项目中真正所起的作用。根据男女所起的作用不同，具体又可以分为几种情况：第一，人数以妇女为主，妇女在其中发挥主体作用，男性支持并协助妇女。第二，人数以妇女为主，妇女在其中发挥主体作用，男性在其中不发挥作用，他们是碍于工作或是上级领导的情面被迫参与。第三，人数以妇女为主，妇女在其中发挥主体作用，男性在其中扮演了其对立面的角色。我们有时会看到在一些社会性别的培训、会议上，一些义愤填膺的妇女有时会向在场的男性爆发负面情绪，上演着男女口舌大战。第四，人数以妇女为主，男性在当中发挥领导作用。当然这个领导权的取得分几种情况：一种是，由于受传统"男主女从"文化的影响和妇女

---

[1]　高莉娟：《文本与现实的性别遭遇——以治理出生性别比失调宣传倡导征文活动为例》，《江西教育学报》2011年第1期。

的不自信，一开始就把领导权让给了男性。我们可能经常会看到这样的情景：一大帮妇女在具体操作项目，男性只有几个，但却都是领导，决策层根本没有妇女，即使有，也是为了协调男女比例，没有实际决策权。还有一种是，一开始领导项目的是妇女，后来由于各种原因，男性夺得权力，取而代之。社会性别问题的实质是社会问题，涉及政治、经济、文化、社会的方方面面，同时更是男性和女性两性的问题。我们应该看到男性的反对、抵制或者不参与、不支持、不反对的背后其实质就是不改变，如果男性不改变和重塑，固守传统的性别分工，不平等的社会性别权力机制和等级制度将不断被巩固复制。

（三）待唤醒的男性意识

在我国，"社会性别问题"常常被界定为"妇女问题"，"男女平等"常常被认为是"提高妇女自身素质"，似乎和男同胞没有关系。绝大多数的女性研究者在号召男性参与的时候，更多从男人的责任与义务角度入手，强调男性是性别文化的受益者、既得利益者，所以男性参与应该落脚于反对性别文化对女性的压迫这一点上。但是，男人是否可能只因为"赎罪"的心态就真正积极地、普遍地"参与"了呢？靠道德或政治诉求，是否可以说服绝大多数男人长期参与呢？从社会心理学关于说服及态度改变的观点来看，人的改变欲求来自需要，相信改变之后会对自身有利后，才能产生改变提高的动机。因此，如果能让男性认识到自己和女性一样，都在受着现有性别文化和体制的伤害，将更好地鼓励他们参与进来。作为既得利益者男性难以认识到自己从现有的性别文化受到的伤害，难以识别自己和女性的共同利益，从而缺乏参与促进性别平等、改变现状的动力。事实充分证明，持续存在的社会性别定型观念，不足以鼓励男性在制定宏观经济社会发展政策时自觉纳入社会性别平等的议题，不足以鼓励男性兼顾社会发展和家庭照顾的双重责任，不足以鼓励男性承担男女权力关系不平等的主要责任并鼓励女性平等参与政治决策，不足以鼓励男性尊重妇女的人权制止各种暴力侵害妇女的行为，不足以鼓励男性打破传统角色限制与女性建立平等伙伴关系并为男女青年做出榜样，不足以鼓励男性在商业化、市场化的氛围中抵御各种腐朽文化歧视女性的行为。而应该开展对男性的性别意识的启蒙运动，其起点就是对性角色理论的分析及对男性气概的讨论。

根据性角色理论，作为一个男人或一个女人就意味着扮演人们对某一性别的一整套期望角色，即性角色。性角色理论区分了男性气概与女性气概的不同，理想的男性气概应该是支配的、强力的、主宰的、以男性为中心的、理性的、轻感情的、不温柔的等。在性角色理论下，不符合这一男性气概理想模式的男人，都是不够男人的，是女性化的，是被贬损的。但是，20世纪80年代开始的支配性男性气概研究则认为，性角色理论所讲的这种男性气概，只是一种支配性的男性气概。它是文化塑造的理想类型，但不是唯一的。男人并非只有一种男性气概，不同的文化、地域，不同的种族、阶级、年龄、受教育程度等，都使男性气概呈现多元化。男性气概是在具体的情境中的一个实践过程，而不是一种刻板的模式，同一个人在生命史不同时期的男性气概也是不一样的。同时，以支配性的男性气概作为样板，不仅是对不符合这一标准的男性的伤害，也是对所有男性的生命多元发展可能性的伤害。支配性男性气概在各方面影响并且伤害着男性，以及女性。男性一方面既是父权文化和体制的既得利益者，同时也是受害者。

对生男孩子的重视与执着，如果不考虑制度的缺陷，正是因为支配性男性气概下男尊女卑的观念使然。再加上父权体制，男性在家庭事务中具有的决定权，以及女性对支配性男性气概及其文化的认同，成为造成出生性别比失调的一个原因。当我们认清支配性男性气概对男人和女人共同的毒害之后，我们颠覆这种男性气概的过程也就是建立性别平等与公正的过程。也就是说，颠覆支配性男性气概，将有助于颠覆男尊女卑的思想。在生殖健康领域，也有助于改变对生男孩子的执着，有助于改变女童的弱势处境，这和"关爱女孩"的目标是一致的。为建立男女平等的新世界，男性也要付出努力，也需要意识的觉醒。在女性意识不断觉醒的社会环境下，男性的意识也应该转变，男性意识的觉醒与女性意识觉醒应该同时进行，两者相互促进，共同发展。

（四）男性参与少

一是观念和认知上落后。在调查中，我们了解到，有近50%的男性和妻子讨论过避孕，约25%的男性参加计划生育和生殖健康培训，15%的男性参与过避孕措施决策，近1/4的男性曾经采用过避孕套，仅有5%的男性采取男性绝育术。在调查中还发现，很多人对于男性参与计划生育表示不能理解，并且还很陌生，不仅如此，很多人都认为计划生育是女性的事情，对于男性绝育来参与计划生育都表示是一种耻辱。可见，男性参与计划生育的涉及面不够广，相对于世界水平而言，还是有待于提高的。二是措施落实的不到位。虽然还有一部分男性在计划生育上有着积极参与的观念，但是在措施履行上，还有很多不到位，一方面是由于散漫的做事态度对措施的疏忽，另一方面是对采取措施重要性的知识缺乏。据有关调查数据显示，在愿意参加计划生育的男性中，只有约20%男性参加生殖健康培训，只有16.7%的男性参加过社区的计划生育教育，38%的男性采取避孕措施，12.6%响应国家的计生政策。这显然是一个很不乐观的数据，所以，对于那些在观念上已经解放的男性，应该指导和督促他们采取正确的措施。

（五）依赖于夫妻情感的男性家务劳动

家务劳动是指家庭成员在家庭内部为满足其成员的精神生活和物质生活需要进行的无酬劳动。在马克思主义经典作家那里，家庭成员的性别分工以及女性主导家内劳动的现实构成了两性不平等的重要原因。恩格斯指出，由于一夫一妻制，个体家庭出于财产的保全和继承的目的，使得家庭日益变成私人领域，隔绝于社会生产的公共领域，妇女的家务劳动也日益变成一种私人事务，妇女日益被排斥在社会生产之外。在资本主义社会，妇女家内劳动的意义被严重低估了，而事实上妇女通过家内劳动生产了资本主义社会最为重要的商品——劳动力的再生产。男性正是通过占有妇女家内劳动的成果从而完成了对妇女的剥削。妇女从事的家内劳动因为没有被交换，而被当成了没有价值的劳动。妇女受压迫的物质基础在于妇女未付酬的家务劳动。总体上看，男性比女性承担更少的家务劳动是不争的事实。

中国社会由于其文化上的独特性，性别角色观念对家内分工影响更大。封建社会围绕着"双系抚育"而形成中国家庭的两性分工与合作，并在此基础上形成了一系列的家庭观念和社会制度①。封建社会用宗法和礼制维护了"男女有别"的男女分工体系，在家内分工上形成了"男主内，女主外"的分工模式。明清以后，随着江南商品经济和乡村手工业

---

① 费孝通：《乡土中国　生育制度》，人民出版社 2008 年版，第67页。

的发展，江南女性广泛参与手工业生产，女性在家庭中的经济作用显著提高，也改变了传统的家庭分工模式。费孝通的《江村经济》则较为生动地描绘了我国妇女在乡村手工业中的作用。随着工业化、现代化的发展，传统性别观念向现代性别观念转变；现代性别观念强调男女平等，打破性别传统分工，女性进入公共领域，两性共同承担社会与家庭责任。许多研究表明，虽然目前我国的家务劳动时间明显减少，但女性依然是家务劳动的主要承担者。

也有男性陆续参与家务劳动中。在控制其他要素的情况下，夫妻情感对于家务劳动时间有显著影响。夫妻感情好的男性会比夫妻感情差者每日多做一些家务劳动，大约是多6分钟，自我认同的家务劳动量大约是多1.3个单位。家务劳动也是一种情感劳动[1]，而非简单的劳动付出，或者是全然根据资源状况而进行理性计算的结果。夫妻关系主要是两个人基于情感而达成的一项社会契约，它的维系取决于双方的共同努力，家务劳动便是维系夫妻关系的一种非常重要的纽带，夫妻共担家务或者作为丈夫能够主动承担更多的家务劳动，有助于增加夫妻之间的互相信任和培养情感，有助于夫妻关系亲密与和谐。这是一种因关系而异的私领域的男性参与，并没有摆脱传统的性别角色的印象，只是一种传统性别角色的现代版而已。

（六）男性：传统性别角色扮演的受害者

从上述男性参与性别平等的实践可以看出，传统性别角色中的男性角色扮演也伤害男人自己。方刚将传统性别角色中的男性角色扮演归结为支配性的男性气质，他认为，支配性男性气质对男性的塑造，最核心的便是"刚强"二字，由刚强演绎出硬汉、强者、健壮、粗犷、勇敢、事业成功等概念，一方面使男人在和女性的权力关系中占据上风，伤害着女人，但另一方面也伤害着男人自身。男人为使自己活得"像个男人"，就要不断拼争，承受越来越大的压力，牺牲健康，包括平常生活的快乐，他和家人、孩子在一起的时间几乎全部被剥夺。男人便演化成一个工作的机器，而不是一个活生生的个人，作为人的生命价值受到贬损。

---

① 刘爱玉、佟新、付伟：《双薪家庭的家务性别分工：经济依赖、性别观念或情感表达》，《社会》2015年第2期。

支配性男性气质在强调男性强者形象时，还要求男性勇敢、粗犷，并凌驾于女人之上。当男人无法通过事业成功及其他方式做到这一点的时候，他实际上被父权文化贬损为"不像一个男人"了。支配性男性气质还要求男人有烦恼有心思都要闷在心里自己消化，而不能像女性那样倾诉，流泪是懦弱的象征，这不仅阻碍了男性的情感表达，也影响了和女性的交流，给双方造成很多误解；支配性男性气质诱导男性轻视健康，扮演硬汉，有病也撑着，从而也给家庭生活中的女性带来苦恼和负担；如果挑战了支配性男性气质的霸主地位，男性才能不受伤害，女性也才能从所受伤害中解放。当男人从支配性男性气质的模式中解放出来之后，性别平等所追求的一些目标有望更快地实现。单就家庭关系而言，摆脱支配性男性气质奴役的男人将有更多的时间和家人在一起，更多的时间做家务，更多的时间分担女性的劳作，更坚决地拒绝家庭暴力，更注重生殖健康等领域女性的感受，使女性可以从性别体制的压制下解放自己①。对支配性男性气质的挑战，推动的不仅是男人个体个性的多元发展，而必然也带动两性权力结构与主体空间的切实改变。可以说，不挑战支配性男性气质，联合国所倡导的"男性参与"就不可能实现，性别平等也不可能实现，出生性别比失衡的问题就不可能从根本上解决。

四　男性参与推进性别平等的途径

（一）转变观念，提高认识

男性参与推进社会性别平等首先要求他们转变观念，即从反思男性气质对男性和女性的束缚开始，提高对两性平等的认识和能力建设，从而认识到"性别平等，男性有责"。男性气质是由社会文化建构的、与男人的外表或行为相关的品性。在父权社会中，男性气质被人们视为一种正面的东西和必须遵循的行为规范。具有男性气质的男人被建构成有理智、有逻辑、追求真理、敢于冒险、强壮有力并具有权威的人，他们能够随时满足自己的性需要，拥有对女人的性支配和性控制能力。与之相对应的是女性气质，主要表现为生理（包括性）和心理方面的脆弱、依从，伦理方面的情感表达和关怀，以及母性。男性气质往往被视为高于

---

① 方刚：《男性研究与男性运动》，山东人民出版社 2008 年版，第 16 页。

女性气质，使得男人可以通过支配和控制女性来行使自己的权力并获益，却导致对女性的剥削和伤害。但是，男性气质也要求男人保持无所不能的形象，承担保护女人和孩子、养家糊口的责任，性能力的强弱也成为衡量男性气质的标准。

在一个竞争激烈且女性权利意识已经觉醒的社会中，男性气质也给男性带来伤害和压力。所以，建立在对男性气质的追求基础上的社会性别结构，不仅是对女性的贬抑，也是对男性的限制。在反思男性气质的基础上，必须采取行动提高大众特别是男性的性别平等意识和能力。首先，了解能够向男性进行宣传的环境，例如男性主导的机构、行业和协会。此外，通过家庭教育、学校教育、媒体等手段改变社会文化风气，以实现两性平等。目前，已有不少国家开展公共宣传运动，使社会舆论对这个议题的兴趣普遍增加。例如，在立陶宛，越来越多的男子和男孩对两性平等问题表示极感兴趣；马拉维举行了一次宣传运动，使对这个议题感兴趣的人数大大增加，200多名成员建立了一个"男子促进两性平等"网，并于2003年举行了一次全国会议；毛里求斯政府开展了提高对性别问题的敏感认识运动，其中一个运动的主题是"促进男女平等，匹夫有责"；在萨尔瓦多，鼓励男子和男孩参与促进两性平等是以教育为重点，在学校教育课程中纳入了性别观点，以期打破贬抑萨尔瓦多妇女的性别歧视价值观念、态度和做法。

在我国，越来越多的人认识到，男性解放与女性争取平等权益的努力是一枚硬币的两面。一些知识分子通过深入反思男性气质，审视传统文化中的缺陷，对传统的知识进行挑战，力图建立新的有关社会性别和社会秩序的知识。一些活动家也开展了宣传倡导和实务工作。例如，2005年3月，"男性解放学术沙龙"在北京林业大学心理学系成立，该沙龙强调对传统父权文化的反思，沙龙中的一名男性还对北京某商业区的男女公厕空间设置中的性别歧视进行了调查。2006年，男性解放学术沙龙集体创作的《男人要解放——中国男性运动的萌芽》一书由山东人民出版社出版，这是"男性研究系列丛书"中的第一本。

（二）共同承担家庭责任和社会责任

由于传统的性别角色分工，男性在担任父亲角色、承担家庭责任方面参与不足。国际社会强调两性共同承担家庭责任和社会责任，鼓励男子分担家务、承担教育孩子的责任、休产假……，这些都打破了"男主外女主内"的性别角色分工。一些国家采取积极措施，促使男性更好地承担父亲和丈夫的角色。马拉维执行各种项目，促进男子参与养育子女和承担父亲责任，包括一个同辈方案，着重青少年的安康以及男子和男孩在家庭发展中的作用。在新加坡，"好爸爸中心"与个人、公司和社区团体合作提高公众认识，通过父亲责任研讨会培养父亲养育子女的技能，并强调稳固的婚姻对提供有利于养育子女的环境至关重要。在斯洛伐克，非政府组织和研究机构提出了强调父亲责任的新办法，认为在养育子女的过程中父亲的参与能够为子女和父亲双方带来更好的生活素质。在荷兰，"男子带头"项目旨在使男女角色分工成为公开讨论的话题，以促进更平等地分担任务和责任，并使从事有酬和无酬工作的男女人数比例更加均等。越南开展了题为"分担家务，快乐加倍"的公众教育运动。在挪威，自1993年推行育儿假以来，有85%—90%的父亲使用带薪育儿假。

在我国，女性仍然是家务劳动和子女养育的主要承担者，这是不平等的表现，是一种传统的角色分工。尽管已有26个省、市、自治区、直辖市在地方性的政策法规中规定男性护理假，强调男性在妻子生育后应承担护理事务，以法律形式明确男性参与生育的权利和义务，但将这一规定看作是对自己的帮助并真正行使这一权利的男性还为数不多，现有的工作环境往往也不利于男性行使这一权利。

（三）男性参与生育健康与计划生育

在社会生活中，性和生育将男性和女性紧密联系在一起。因此，妇女的健康与男性有着必然的联系。妇女在生育过程中要比男性承受更多的健康风险，而这些风险主要是由男性带来或造成的。男性不仅是维护妇女健康的承担者，而且在造成生育健康不良状况方面有着不可推卸的责任。因此，在生育健康与计划生育中，男女应共同分担责任与义务。在国外，促进男性参与生育健康与计划生育的活动主要包括：提高他们对相关知识及权利的了解，通过出版物等途径宣传男子在预防艾滋病病毒/艾滋病方面的作用；开发和采取男性避孕和节育措施，鼓励男人负责任地发生性行为；鼓励男性参与定期体检以及陪伴妻子进行常规检查；帮助女性提高服务的可获得性；作为志愿者分发避孕工具；等等。在我国，传统的婚育家庭观念认为，与生儿育女有关的事情都应由妇女承担，但在生育孩子的数量、生男还是生女、生育间隔、避孕措施选择等方面，女性的权利却没有得到充分尊重，这也是导致出生婴儿性别比持续上升的一个重要原因，反映出来自男性家庭和丈夫的关键性决定作用。在20世纪90年代中期以后，男性参与生育健康和计划生育得到重视，并在一些省份持续开展了试点项目，进行"男性参与"的宣传倡导活动，如浙江德清县把性别平等纳入计划生育优质服务的宣传倡导、管理评估、技术服务的各个环节中，将服务对象扩展到男性，不仅强调每一环节的男性参与的必要性，还把提高男性参与生育健康的自觉性和能动性作为目标，让男性更多地承担相关责任并履行义务。但从全国的情况来看，在已婚夫妇的生育健康和计划生育工作中，男性参与仍然严重不足。

第四节　参与不畅与社会资本缺失

"疏"和"堵"是我国目前采取的出生性别比治理策略和路径。"疏"主要指"关爱女孩行动""婚育新风进万家"活动以及计划生育女儿户利益导向机制等等。"堵"主要是通过法律手段打击"两非"行为等。无论"堵"还是"疏"，实质上都是各级计划生育部门在唱"独角戏"。但出生性别比治理问题具有多样性、复杂性、随机性的特点，这使得政府行为并非在所有的时候都能绝对无误和有效，在某些情况下政府政策的失误可能会加重出生性别比失衡问题的严重性。而出生性别比失衡最终伤害的是公众利益，广大的群众将是最终的受害者，公众有权利也有义务自觉参与出生性别比治理活动。公众是促进出生性别比治理的重要社会力量，是完善和实施出生性别比治理举措的根本动力来源。因此，要达到长效治理，需要有一个由政府主导转变为公众的自觉行动的过程。

一　出生性别比治理需要公众参与

广义上的"公众"是指社会的所有成员，包括政府、企业、社会公益组织、公民等。不过，为了与传统的政府主导的出生性别比治理相区别，出生性别比治理公众参与中的公众一般是指公民和各种相关社会组织。与此同时，我们必须注意到出生性别比治理过程中，较之于公民个人，相关社会组织拥有更多的信息，掌握了更高的科学技术手段和专业知识，充分发挥社会组织的作用无疑会对出生性别比治理产生积极的效果。比如，韩国的出生性别比治理实践中，社会组织已经通过各种方式发挥了积极的作用，取得了良好的效果。

公众参与是指在出生性别比治理领域，公众有权通过一定的途径和程序参与一切与出生性别比治理相关的活动，包括参与并对政府行为做出评价和选择，从而使出生性别比治理活动更加可行，也更加符合公众的切身利益。对公众而言，对出生性别比治理的参与是一种微政治。与传统政治议题的宏大相比，公众对于政治生活中的理念、信仰、制度、权威等上层价值和抽象命题的关注程度一般不高，而对人们日常生活中的与自己有关的"政治"会给予更多的关注，或者从自己的角度出发去发现出生性别比治理政策中的不合适的细节，或者质疑宏观人口政策对地域特点和复杂事态的忽视，或者以少数人立场提出细致的政策诉求，这种出自民间角度的，要求对具体的、事关自身利益的政策诉求做出回应的政策互动导向，被学者称之为"微政治"。公众参与的内容是丰富多样的，它既包括个人在杜绝"两非"（非医学需要的胎儿性别鉴定和非医学需要的人工终止妊娠行为）问题上的自我约束，也包括对他人"两非"行为的监督和指控，还包括通过新闻媒体等舆论工具推动政府部门及时采取出生性别比治理的行为。在参与过程中，社会组织的行动是多方面的，既可以帮助政府制定出生性别比治理政策、方案和行动计划，还可以促进这些方案、政策、行动计划的实施。公众对出生性别治理政策议题"微观化"的诉求能丰富政策的适用性，提高政策设计的科学性，并要求保证政策制定过程的民主化和公开性。同时也要求政府要以更加多样化的渠道、更加创新的方式、更加开阔的政策意识、灵活的制度设计、宽容的沟通心态去进行社会治理和政策制定。

出生性别比治理中的公众参与是培育具有自主权利意识的公民，制度化地表达与维护个体的权益、主动参与到出生性别比治理过程之中。出生性别比治理中的公众参与有助于国家性别治理走向政治民主化、公共决策合理化、行政公开化之不可分割的重要组成部分，是社会公众从私域走向公域，从关注自我世界转向关注公共生活，参与公域之治，对于那些关切他们基本人权与生活质量的政务信息、公共政策进行问询、获取和施加影响的过程，以及在具体公共行政执行的过程进行监督并协调与公共组织或其他相关部门的立场与看法的过程。

二　性别失衡治理中的公众参与的缺场

托马斯（John Clayton Thomas）指出："在公民参与过程中，公共管理者的首要任务就是决定公众参与的程度，即究竟需不需要公民参与？如果需要，应该如何确定公众参与的广泛程度？应该与公众分享多少决策权力？"他从程序上规定了农村计生家庭参与的过程或类型：第一，是界定相关公众，即哪些个体或社团组织可能对公共政策问题发生兴趣，或者说是哪些人有权利参与和他相关的那些公共事务。第二，以获取信息为目的的农村计生家庭参与，如果农村计生家庭或社团组织仅满足于实现知情权，那么到这一步，对于他们而言，农村计生家庭参与就到了终点站。第三，以实现参与公共政策为目的的农村计生家庭参与运动。从政府当局来看，农村计生家庭参与是好的选择吗？这对公共政策的制定是好还是坏呢？参与的程度怎样？如何参与？

（一）被改造与治理的公众

新中国成立后、改革前，农村计生家庭参与是典型的"运动型参与"，它不是自下而上的公民团体主动地介入公共政策制定与执行，而是自上而下的政府动员，这种形式下的公众参与不是为了追求基本人权与满足生活服务需要，而是基于意识形态的宣传等目的。20世纪80年代以后，我国为推行计划生育政策发展出一套成熟的发动群众参与的动员技术，但这种群众参与同样也主要不是让群众主动地参与，而是动员人民成为被改造与治理的对象，认同与支持国家对自己的控制与治理。换句话说，出生性别比治理的群众参与的目的是通过参与，参与者成为服从出生性别比治理要求的个人。而新形势下出生性别比治理中的公众参与是培育具有自主权利意识的主体，制度化地表达与维护个体的权益、主动参与到出生性别比治理过程之中。在理想的性别比治理公众参与中，出生性别比治理公众参与的举报"两非"已经不完全是利益驱动。群众之所以这么做，既有自身内在的个体利益需求，更有个人的价值认同，是一种自发和自主的行动。

但要达到国家人口治理目标与家庭目标的一致，存在一定难度和不确定性。比如，到底哪些社会服务组织和个人是政策规定的有参与权利的公众？哪些社会组织与团体对何种类型公私伙伴关系感兴趣，或深切地影响了他们的利益？对于政府而言，社会公众或社会团体间的利益是铁板一块吗？他们不存在利益冲突吗？政府机关的自由裁量权是否抑制了农村计生家庭的参与。相关公众的界定成为政府限制真正农村计生家庭参与的主要手段，毕竟，政府与农村计生家庭之间，信息优势和权力掌握在政府手里。

（二）地方政府有选择地限制农村计生家庭的参与

在社会治理方式发生变化的情况下，地方政府即便在考虑到政策合法性与合理性、减少社会冲突等问题后，接纳农村计生家庭参与行动，也会有选择地限制农村计生家庭参与的程度，这种限制主要表现在两个方面：一是以农村计生家庭参与的成本为理由，限制农村计生家庭参与的广度与深度，这种成本体现为农村计生家庭参与行动中，政府当局需要支付的成本，他们的理由是参与者的数量与时间决定了参与的成本，如果不限定参与的规模和程度会增加政府组织活动的成本，加大工作人员的工作难度，这些成本支出是得不偿失的，"农村计生家庭参与是噱头，做给上面看的，形式上表现一下就可以，不要太认真"；另外，是农村计生家庭自己承担的成本，每个独立个体成本的累加构成了农村计生家庭参与的总成本。公共物品供给制度安排必然要求集体行动，但参与的时间与地点原因限制了那些热衷公共利益的农村计生家庭，因为集体行动表现为一个个独立个体的参与行动，再加之理性的行动者会选择"搭便车"，所以这些都主动或被动地限制了农村计生家庭获取公共物品供给的相关信息。二是政府以农村计生家庭参与影响公共管理的效率为由，限制农村计生家庭参与获取的相关信息，国家在政府组织体制上普遍采用理性官僚制，偏爱"技术专家治国制"，在这种体制下，重视的是自上而下的命令和信息流动，自下而上的服从，对效率与科学管理手段的重视高于一切。在此治理思维模式下，农村计生家庭参与往往被视为对既有秩序的破坏，农村计生家庭参与被界定为接受宣传教育并主动配合实施计划生育的对象，是被改造和治理的对象。

（三）农村计生家庭参与公共决策的渠道不畅

温家宝总理在 2006 年政府工作报告中指出："坚持科学民主决策。要进一步完善公众参与、专家论证和政府决策相结合的决策机制，保证决策的科学性和正确性。加快建立和完善重大问题集体决策制度、专家咨询制度、社会公示和社会听证制度、决策责任制度。所有重大决策，都要在深入调查研究、广泛听取意见、进行充分论证的基础上，由集体讨论决定。这些要作为政府的一项基本工作制度，长期坚持下去。"出生性别比治理的相关政策尤其是其中利益导向机制涉及地方千千万万群众的根本利益，自然属于重大决策，但是，现实中这些重大决策都是自上而下制定并颁布实施，地方政府也鲜有通过社会公示、听证会、座谈会等形式收集民间意见，进行利益综合。专家咨询制度成为限制农村计生家庭参与的武器，决策的科学化和民主化在地方政府运用公众参与问题中，对立性多于合作性。农村计生家庭参与性别治理的具体决策和参与的渠道不畅，事关普通民众的利益，农村计生家庭参与在公私伙伴关系中的作用为何不够明显，效果不彰呢？通过调查研究，我们发现无论是政府官员还是农村居民都认同这样的观点：在计生问题上要实现参与关系涉及非常复杂和高深的知识，会带来很多的冲突问题，因此，这些问题只能依靠专家解决，农村计生家庭缺乏参与的经验，只会好心办坏事。而且在具体的参与行动中，农村计生家庭参与会因个体利益冲突导致集体行动的破裂。以专家决策的决策质量与组织效能高为由，限制农村计生家庭参与公共决策与制度设计。对于公共部门而言，吸纳农村计生家庭参与势必影响决策效能和组织效能，干扰多于帮助。因此，通过专业主义排斥农村计生家庭参与是可以自圆其说的。但是，农村计生家庭的无知、农村计生家庭间的利益冲突就代表他们缺乏参与公共决策的能力吗？

三　社会资本缺失增加性别治理的社会成本

传统认为市场机制与政府机制之间的非此即彼的选择，在"市场失灵"与"政府失灵"并存的环境下，我们需要新的价值理念与手段去克服人类社会经济与政治领域中不得不面对的根本问题。关系到公众基本需要的公共物品恰恰就是市场与政府失灵问题的交会点，诸如公共物品的外部性、集体决策的搭便车、信息非对称、不可完全预期、交易对象选择过程难以有效排除的道德风险与逆向选择等问题，最终导向不完全合约的订立，以及公共物品供给中的失败危机。社会资本作为一种社会成员间的关系型网络化的资源，对于缓解市场与政府失灵，具有重要的实践价值。但是，由于民主化进程与"经济至上论"的叫嚣，地方政府没有很好地协调政府与社会、市场主体与公众之间的合作关系，作为增进互信、弱化公共物品外部性的公众参与与社会资本都存在缺场危机。

社会资本概念主要围绕信任、规则与网络展开。我们从两种学科立场理解社会资本：一是社会学与政治学意义上的社会资本；二是新制度经济学意义上的社会资本。在政治学家帕特南看来，"社会资本是指社会组织的特征，诸如信任、规范以及网络，它们能够通过促进合作行为来提高社会效率"。在他看来，社会资本的核心要素，如信任、规范和网络都是公共物品，但是作为社会资本基础的"信任"，只是个人信任，这种个人的私人间信任对国家与农民关系能否在公平性与效率性、科学性与民主性的综合平衡中稳定发展起到作用呢？私人信任更多适用于以亲缘、血缘为基础的熟人社会、同质性社会，农村计生家庭和农村计生家庭团体本质上是一个建立在商业文明基础上的陌生人社会、异质性社会，我们不能强求陌生人之间建立普遍信任，正如我们不能强求农村计生家庭必须信任政府。因此，我们需要普遍的社会信任。在信息化、全球化的今天，我们的社会变得更加充满不确定性和复杂性，无论政府、社会组织，还是任何普通人都无法预测到风平浪静的表面下是否会突然掀起巨浪，各种有关日常生活的公共物品的问题频繁曝光，政府的公共职能缺位，私人运营商不负责任的履约行为、社会组织中的"私益性利益集团"耗散公共利益的行为，让我们感受到的不是社会信任，而是社会互疑。如果我们进一步引入帕特南关于"横向"与"纵向"公民参与网络理论，我们更能清晰地发现，面对公共服务供给这个每个个体都无法回避的公共问题，由于传统上就缺少"横向"的农村计生家庭参与网络，导致我们无法建立普遍的社会信任；缺少作为稀缺公共物品的社会信任资源，深刻地影响了任何促进社会公共利益的制度与行动的成功。因此，社会资本存量不足，尤其是构成要素的社会信任与其基础——横向农村计生家庭参与网络的稀缺。

情感的建立是需要漫长的时间积累的，信任就是这样通过漫长的时间发展起来的，它需要的不是金钱的累积，而是需要社会成员具有共同的价值观。当监督他人在事实上不可能或成本过高时，就会根据他人的行为做出是否信任对方的选择。利用道德情感而非一纸合约更能解决好人际互相信任或建立"可信承诺"。诺斯认为，情感关系进入公共生活领域也能发挥互信的功能，并且只有当道德情感上升为复杂的认知系统，才能构成所谓的意识形态，这种意识形态就可以被理解为针对社会行动的非正式规则的隐性协议，这些非正式规则可以帮助多元互动的行动者减少对公共事务的不确定性和复杂性，而隐性协议就是我们所说的社会资本。社会资本可以降低交易成本和交易风险，促进社会合作；反之，则破坏合作关系。由于地方共同体社会缺少必要的社会资本，国家与农民之间发生了共性信任危机，"我不信任你，你不要干涉我"成为两者关系下的常态。市场意识冲击着地方社会的宝贵精神财富——集体主义精神，当作为意识形态元素的集体主义被瓦解掉后，社会变得缺乏互信，无论私域抑或公域都遭受着缺乏互信的折磨。

四　促进农村居民参与的策略

明确了计生服务使用者参与的重要作用和存在问题后，需要考虑的就是农村居民应该通过什么样的方式参与决策。笔者认为，计生服务使用者参与性别比升高治理决策不以提出具体的政策、规划和法律的制定、执行方案为手段，也不以设计具体的项目方案为己任，农村居民拥有的是否决权，即未经公众同意的性别比升高治理的政策、规划、法律和项目不得开展。这是由公众的社会地位所决定的。公众不是法定的立法主体，不拥有制定法律法规的专门知识，不能制定具体的法律条文，公众更不是设计专家，不能承担设计和规划项目的重任。公众应对政府已经提出的决策方案加以分析和调查，通过听证会、论证会和调查会等形式行使自己参与决策的权利，从而在源头上更好地参与性别比升高治理。

（一）重视公众意见

重视并积极吸纳公众的意见，才能持续提高计生服务使用者参与的兴趣；如果把计生服务使用者参与仅仅当作一种形式或装饰，那将会伤害计生服务使用者参与的热情，并最终伤害到制度本身。良好的计生服务使用者参与原则还包括专心倾听，将有形结果告知参与者，进行评估。将有形结果告知参与者，就是对参与者和民众要有一个交代，有一定的反馈。评估就是衡量和检查是否实现了预想的政策目标，是否出现了意外的后果以及过程本身是否有效，目的是根据需要微调或重新制定政策，参与的结果得对政策产生作用。

（二）必须建立和完善使用者参与渠道与平台

建立和完善使用者参与渠道与平台就是将服务使用者纳入正规组织架构，确保使用者在机构管理和服务决策中享有参与和表达意见的权利。Means 和 Smith 强调正规组织与流程的建立能够为使用者持续、系统地参与机构决策提供保障[1]。如果不这样，使用者参与可能是随意的，并且取决于机构个别行政管理人员的态度与偏好。在此亦需要注意的是，将服务使用者纳入正规组织架构的渠道与平台要多元，如服务使用者委员会、服务执行审查系统、管理委员会等。甚至可以借助外部监督力量，打破双方的惯性权力分配，如行业协会在对服务质量进行评估时，充分考虑服务使用者的日常参与情况以及对于评估本身的参与。

（三）在促进农村居民参与过程中应该坚持 ASK 原则

ASK 原则即在态度（attitude）、知识（knowledge）、技巧（skill）方面为使用者提供支持与训练。对农村居民而言，长期以来由于影响自身处境的社会因素的话语权缺失，他们往往不相信自己可以做些什么来改善自身处境，缺乏参与动机，参与态度被动[2]。因此，平等高效的互动与对话，首先需要转变服务使用者的态度，使他们对自身权利与能力有所了解，进而提升其参与组织管理决策的信心与积极性。除态度之外，如果农村居民要有意义地参与机构决策，他们必须拥有有关当前问题、政策观点及参与机制的相关信息[3]，而所有相关资讯知识的提供都有赖于服务提供者的坦诚相告。此外，农村居民的表达风格通常是个人化和情绪

---

[1]　Means, R., Richards, S., & Smith, R. （2008）. *Community care: policy and practice.* Macmillan International Higher Education，（2）.

[2]　［美］奥斯卡·刘易斯：《桑切斯的孩子们》，李雪顺译，上海译文出版社 2014 年版，序言。

[3]　Means, R., Richards, S., & Smith, R. （2008）. *Community care: policy and practice.* Macmillan International Higher Education，（2）.

化的，这与正规参与机制的理性规范及非个人化的话语表达风格有所偏差，为使使用者意见能够更好地被采纳，对服务决策产生更大影响力，农村居民还应该接受一定的技巧训练，包括自信训练、团队合作、口头表达能力以及书面沟通能力等方面。

（四）保障农村居民充分知情

要使性别比升高治理政策的制定过程得到农村居民广泛参与，就得激发农村居民的参与兴趣和热情；要调动计生服务使用者参与的兴趣和热情，当然离不开农村居民的充分知情和理解；要使农村居民知情并且积极参与，就得做好宣传与动员工作。公开透明是基本原则，政府所要做的是把信息准确地传递给农村居民，采用的主要手段有公告、出版物、电视广告、宣传手册、网站等。在论证、宣传和介绍中，因为农村居民不是专家，因此，要把专业性的问题转变成普通农民都能够理解的通俗语言。

（五）发挥非政府组织的作用

非政府组织由于其无党派性和中立性，相对于政府，公众与非政府组织之间有着更好的良性互动，在动员和吸引农村居民参与方面有独特的优势。由非政府组织来承担出生性别比治理知识的普及工作，公众更容易产生认同和接受，促使公众更为理性地认识出生性别比治理、树立出生性别比风险意识。通过各种乡村理事会和老人协会等非政府组织，加强新型家庭文化建设，营造社会性别平等的舆论氛围，以文化的感召力促进性别平等，引导群众逐步消除性别偏好。同时，充分认识到农村妇女组织在出生人口性别比治理领域的重要作用，要引导女性社会组织与其他部门和各社会团体组织加强合作，吸纳社会资源，共同参与出生性别比治理工作。此外，要发挥志愿者的作用。对于配合度高、服务突出的志愿者或志愿者组织，制定切实可行的激励机制和奖励措施，以便调动其积极性。如为主动参与出生性别比治理活动的志愿者、志愿者组织提供部分津贴或小额奖金补助等。

第 四 章

未丰盈的社会网络下农村
计生家庭的生活

根据缝朋伍（Mpone）对连通感的定义，连通感是指个体与其社会环境的融合水平及社会网络的丰满的程度。"连通感"至少包括两个层面：一是作为独立个体，是个体生命发展到一定阶段的成熟的表现，是与自我的连通。它不受具体的人际互动中的群体排挤的影响。第二层与他人及社会连通两个面向的意义上，是与他人及更大的社会系统和社会网络的连通、与宏观意义的生命目标的连通。大量的研究表明，保持与自身、社会网络和系统的连通状态，不仅会引发积极的自我评价，抑制自我焦虑、孤独、抑郁及人际问题，而且从社会网络的视角看，能够促进正式和非正式的各类支持资源的输入以及资源在社会网内的流动、分享与发展，保持农村计生家庭与他人、社会系统的连通，增强网络的丰盈程度，满足农村计生家庭各种需要，进而提高农村计生家庭的社会融合水平。

第一节 制度的不确定性与农村
家庭网络的脆弱性

我国正处于重大的社会转型期，我国现阶段的基本特征不仅包括经济社会的快速转型和变迁，还包括社会制度的变迁。制度一方面通过为人们提供日常生活的稳定规则来减少不确定性。另一方面制度本身也会产生不确定性。制度不确定性是由于制度变迁所导致的、与人们的期望不一致的状态，这种状态容易使事件发展的结果超出预期。制度变迁作为一个涉及多元利益主体的复杂过程，总是伴随着诸多不确定性的产生，转轨社会政治、经济制度演化的模糊性造成行动者对前景的不明朗性和难以确定性，这意味着人们除了应对市场不确定性的考验，还要时刻面临制度不确定性的挑战。对于身处制度变迁过程中的行动者而言，由于对新制度建立的时间、目标以及效果等缺乏充分的信息和信心，就难以形成稳定的"制度变迁预期"。制度不确定性也对农村计生家庭的生产生活带来了确定的和不确定的风险，本节首先分析制度不确定的含义和表现，在此基础上，阐述计生制度带来的不确定性给农村家庭支持带来的影响。

一　制度的不确定性

首先表现在制度演化的不确定性。

从一般意义上讲，制度是在长期的社会过程中逐步演化而来的，良好的制度能为人们提供明确的规范，并形成稳定的预期，一般会得到人们的遵循和认可。但因制度的存在及其实施受制度需求、政策环境、社会偏好等多种因素的影响，有一部分制度会缺乏连续性和稳定性[①]，制度的不稳定性会影响人们的行为。

其次表现在制度效果的复杂性。制度是用来消除不确定性的，是为了降低社会的交易成本。但制度制定的目标是否能够实现有赖于制度的执行过程，制度的效果也需要在具体执行的过程中才能得到检验。由于受实施主体、政策的目标对象、执行的社会环境等多种因素的影响，政策实施过程充满着模糊性，制度效果中因此包含了一些非预期后果（效果）。此外，制度的效果有多种形式，既有短期可见的显现效果，也有未来的、未显现的隐性效果。

最后是制度消亡的不可预期性。由于制度设计不健全、制度土壤缺失及制度收益降低等原因，一些曾经推行的制度已经成为历史，如我国长期倡导实施的独生子女政策。制度的消亡是制度变迁过程的一部分，

---

① 韩志明、胡灿美：《制度演化的不确定性及其影响因素》，《广东行政学院学报》2017 年第 4 期。

影响制度消亡的因素很多，如不同制度间的竞争，社会的强大抵制等等，因此，难以合理地进行评估和预期。对于普通民众而言，这种不可预期性无形中增加了他们的焦虑和不安全感，为应对剧烈变迁及制度的各种不确定性，传统的、被证明有效的民间的互助、求助、支持方式将与制度化的支持并存。

总之，制度的演化过程既有确定性的一面，又有其不确定性的一面。现代政府是公共服务的供给主体，随着人们的保障需求日益上升，政府更加致力于国民福利的改进和保障制度的建设。在社会福利与保障制度供给的过程中，制度的设计质量、政府的推行力度、实际受益程度、受益范围等都在很大程度上影响政府与农民之间的关系。制度信任和政策认知可以看作是制度领域中农民与政府的一种互动，生育意愿和性别选择是互动后农民的行为反应，对于相关制度的运行和发展、政策实施的持续性、稳定性和农村养老问题的解决都具有重要影响。在互动过程中，人们易对某一制度形成较稳定的心理预期，即制度信任。出生性别比利益导向机制同样如此。农民对利益导向机制的信任和具体政策的认知程度可以看作是政府行为的效果，是农民对于制度设计、政策运行的主观感受，农民对利益导向机制越信任，对自身获得的福利期望越高，政策认同感越强，主动参与的热情也越高，越可能在行为上予以支持，自觉遵守人口计生政策的意愿越强。因此，要完善利益导向机制设计，增强制度信任积累。一项制度的建立、政策的实施，既是政府履行自身职能、实现政策目标的过程，也是供给服务和满足公众需求的过程。作为公共政策的供给主体，政府行为具有重要作用。对于制度而言，框架设计的完整性越高，质量越高，其在实际运行过程中的效果越明显，建立利益导向机制是政府致力于农民改变观念，促进其形成新的生育文化，保障人口均衡的重要体现，有助于有效而稳定地解决农村出生性别比失衡问题。

二 计生家庭保障制度的不确定性

计划生育政策是我国在人口发展的特殊阶段实行的一项特殊政策，它对于控制人口过快增长、促进经济快速发展起到了不可忽视的重要作用。与此同时也带来了一些不容回避的问题。一些计划生育家庭，尤其是计划生育特殊困难家庭，在生活保障、养老照料、大病医疗、精神慰藉等方面面临诸多困难，逐渐成为社会的困难群体。计生家庭尤其是独生子女家庭面临的发展风险增加。一些不合理的政策、办法也可能给失独家庭的再生育和子女收养造成"二次伤害"，因此，实现奖励扶助向扶助保障政策体系转变，可以有效解决计划生育政策历史遗留问题，同时化解计划生育家庭与政府有关部门之间的矛盾，提高计划生育困难家庭的发展能力。标语和口号在老百姓看来，代表的是政府的承诺，承载的是制度的信任，1985 年，口号是"计划生育好，政府来养老"；1995 年，口号为"计划生育好，政府帮养老"；2005 年改为"养老不能靠政府，还得自己交社保"；2012 年口号是"推迟退休好，自己来养老"。"计划生育好，政府来养老"，这些标语消除了很多人的担忧，但当年老后发现口号中的承诺不能兑现，人们对政策的信任度就会下降，计生相关政策实施的难度就会增加，比如现在实施的利益导向机制，政府是否会兑现文件或规定中的承诺，真正落实并实施，过往政策家庭带来的确定性变成了不确定，这种负面的经验更增加了农村计生家庭对现有计生相关制度的不确定感和对自己未来的不确定和焦虑。

（一）计生家庭的正式支持内容

计划生育基本国策在带来巨大社会价值的同时，也使广大农村地区计划生育家庭承受了一定的风险和代价，部分农村家庭在生活和养老等方面面临很大的困难，一部分甚至主要由于计划生育因素而成为计划生育贫困特殊群体，之前的隐忧和风险变成现实。为了使计生家庭得到保障和发展，让计生家庭无后顾之忧，构建社会主义和谐社会，由政府为主体的正式支持系统对农村计生家庭提供了一系列支持措施。目前，我国对计生家庭的支持涵盖多方面领域，主要包括以下几个方面。

1. 政策支持

目前各地的民政惠民政策都向计生困难户倾斜，计划生育利益导向政策体系包括计划生育家庭的优生优育、子女成才、抵御风险、生殖健康、家庭致富以及养老保障六个方面。凡符合农村或城镇居民最低生活保障条件的独生女父母、计生手术并发症患者优先纳入低保；享受城乡低保救助的独生女父母、计生手术并发症患者每人每月发低保金；各项救助金、社会救济款物优先照顾家庭困难的独生子女父母、计生手术并发症患者；农村独生子女死亡的家庭，符合五保条件者，优先落实五保供养。

2. 法律支持

1978 年 12 月，我国把计划生育定为第一项基本国策，并且在第五届人大第一次会议中将其写入宪法。宪法第五十三条第二款规定："国家提倡并推进计划生育。"从此计划生育工作就被国家纳入了法制范围。2001年 12 月 29 日第九届全国人民代表大会常务委员会第二十五次会议通过《中华人民共和国人口与计划生育法》中规定："国家对实行计划生育的夫妻，按规定给予奖励，省、自治区、直辖市和较大的市的人大或人民政府结合当地的实际，根据《人口与计划生育法》制定具体的实施办法。"这是从法律的高度回应了实施生育政策的家庭和群体需求。目前与计划生育相关的行政法规有 2001 年 6 月 13 日国务院第 309 号令公布的《计划生育技术服务管理条例》、2002 年 8 月 2 日国务院第 357 号令公布的《社会抚养费征收管理办法》、2009 年 4 月 29 日国务院第 555 号令公布的《流动人口计划生育工作条例》，各地还制定了许多地方性法规。

3. 经济支持

为奖励和鼓励计生家庭依照法律规定实行计划生育，我国实行了一系列的奖励扶助办法和措施，包括计划生育奖励和计划生育扶助，对计生家庭提供多方面的经济支持。2011 年将"半边户"（指一方为农村居民，另一方为城镇居民的夫妇）的农村居民一方纳入农村部分计划生育家庭奖励扶助制度，将三级以上计划生育手术并发症人员纳入特别扶助制度，并建立了农村部分计划生育家庭奖励扶助制度和计划生育家庭特别扶助标准动态调整机制。"三项制度"共投入资金 42.7 亿元，农村奖励扶助制度受益 446 万人，"少生快富"工程受益 8.3 万户，特别扶助制度受益 54.3 万人。扶贫开发、城乡居民社会养老保险等相关政策与人口计生政策的衔接得到加强。

4. 技术支持

计划生育是一种通过节制生育而实行的。我国为节制生育提供了一系列技术服务支持工作，达到少生优生的目的。计划生育技术服务机构和从事计划生育技术服务的医疗、保健机构应当在各自的职责范围内，对公众开展人口与计划生育科普知识宣传教育，对已婚育龄夫妻提供计划生育、生殖保健的咨询、检查和技术服务，发放国家免费提供的避孕药具，对怀孕妇女进行孕情检查、随访服务，并开展出生缺陷预防工作。国家免费孕前优生健康检查项目试点顺利推进，2011 年启动第二批试点，覆盖范围扩大到全国 31 个省（区、市）的 220 个县（市、区）。为 182 万名农村计划怀孕的夫妇提供了免费孕前优生健康检查，试点地区目标人群覆盖率达 78.6%；对筛查出存在影响优生相关风险的人群全部进行了针对性咨询指导。

5. 文化观念上的支持

计划生育家庭为我国计划生育政策的贯彻实施和人口问题的解决做出了巨大贡献。为了计划生育政策的顺利实施，减少抵触情绪，积极进行宣传教育，改善人民的生育观念。随着社会经济的发展以及计划生育的开展，国家对计划生育的宣传教育不断深入，群众的生育观念得到基本转变。近年来，国家人口计生委（2013 年与卫生部组建国家卫生和计划生育委员会）与有关部门为了计划生育工作的顺利开展，积极宣传男女平等、少生优生、优育优教等新型婚育观念，普及避孕节育、优生优育、生殖健康等科学知识以及计划生育法律、法规和政策，大力开展丰富多彩的群众性宣传活动，提高群众性别平等意识，倡导文明健康的生活方式，逐步消除"多子多福、传宗接代、男尊女卑"等传统婚育观念的影响。

6. 教育支持

我国正着手探索建立给予独生子女户和双女户子女高中阶段以及职业教育优先优惠的教育福利政策，努力提高计划生育家庭子女的受教育年限，增强就业能力。不同的地区结合本地实际情况，制定了针对计生家庭子女教育的不同优惠政策。例如山西万荣县，对农村计划生育家庭子女享受教育奖励优惠的具体政策有：农村计划生育家庭的子女在接受九年义务教育期间，在全省学科竞赛中取得前三名的，给予 200 元奖励；在全国学科竞赛中取得前 5 名的，给予 500 元奖励；农村计划生育家庭的子女在本县参加中考时，独生女享受加 10 分的优惠，独生子或双女绝育户的女儿各享受加 5 分优惠；农村计划生育家庭的子女在高考成绩名列全县文、理科前 5 名，并被高等院校正式录取的，奖励 3000 元；农村计划生育家庭属于"特困户"或"特别扶助户"，其子女参加高考后，被国家各类公办本科院校录取，给予1000—2000元资助奖励。

（二）对农村计生家庭支持的方式

1. 奖励方式

通过国家和地方财政投入，农村计划生育家庭实行奖励扶助制度覆盖了一部分农村计生家庭。2004年，该制度的奖扶对象是29.72万人；2005年奖扶对象为94.12万人，各地区自行试点的奖扶对象有约41万人；2006年奖扶对象为134.66万人，东部自行开展地区奖扶对象是51.94万人。农村计划生育家庭奖励扶助制度在试点地区取得了非常好的效果，它密切了党群、干群关系；促进计生部门工作思路和方法的转变以及育龄群众生育观念的转变；探索了管理运行机制和奖扶资金的发放机制，推动了农村养老保障制度和财政支农制度的创新（农村部分计划生育家庭奖励扶助制度试点工作评估调研课题组，2009）。

2. 优惠优先方式

对领取"独生子女父母光荣证"的家庭子女和二女结扎户子女中考可享受加10分的优惠政策。2003年，国家人口和计划生育委员会启动"关爱女孩行动"，在全国出生人口性别比较高的24个县开展试点工作以缓解性别比失衡问题。试点地区做法不一，一般做法是计生家庭的女孩可享受一定年龄内免缴农村合作医疗费，义务教育阶段减免部分或全部书杂费；或者在职业培训、推荐就业、法律援助、养老服务等方面享有特定的扶持和优惠。

3. 扶助发展

独生子女意外伤残死亡家庭扶助制度、农村最低生活保障制度、"三结合"工程，三结合工程就是把计划生育工作与发展经济和帮助农民勤劳致富奔小康以及建设文明幸福家庭相结合。自2000年开始，针对西部地区的一些农村深陷在越生越穷、越穷越生的恶性循环的状态，为缓解人口对资源和环境的压力，宁夏、青海、甘肃等地陆续开始尝试实施"少生快富"工程。到2004年，国家将"少生快富"工程的试点范围扩大到政策允许生育三孩的所有地区，包括内蒙古、海南、四川、云南、甘肃、青海、宁夏、新疆等省区。具体而言，"少生快富"工程实施的范围是普遍允许生育三个孩子的少数民族地区。目标人群是可以生育三个孩子而自愿少生一个孩子，并采取了长效节育措施的家庭。奖励的措施是每对夫妇一次性奖励不少于 3000 元，并引导他们把奖励资金用于发展生产，勤劳致富。"少生快富"工程的效果也十分明显。青海是西北地区唯一的计划生育奖励扶助制度和"少生快富"工程"双试点"地区。

4. 养老保障

为了解决农村计生家庭的后顾之忧，实现老有所养，实行农村部分计生家庭养老保障制度。根据我国的国情，在农村建立计划生育养老保障制度进行了试点，其基本思路是：坚持政府引导、群众参与、因地制宜、自愿量力、突出重点、保障适度的原则，采取农民个人交费为主、政府扶持为辅、单位和村（居）给予适当补助的办法，逐步建立以独生子女家庭为重点，以计划生育补充养老保险为主要保障形式，以政府、集体和个人共同交费为保障经费投入机制，兼顾其他保障对象、保障形式，形成了融资管道的多层次、多形式的计划生育养老保障体系。其模式主要有补充性养老保障模式、参与性养老保障模式、统一性养老保险模式和救助性养老保险模式。由于客观条件限制，目前这个制度尚未在全国范围内建立，但正在逐步推广。

（三）支持机制

1. 制度体系

一是计划生育利益导向机制。主要包括帮扶、救助、保障、奖励、优惠等几大类制度。其项目主要有：计划生育家庭奖励扶助；计划生育技术服务；独生子女出生、就医、教育（教育特別/加分等形式）、就业（培训/劳务输出等形式）；养老补助（专项补贴/退休金等形式）；生产（扶贫/资金/技术服务优惠等形式）、生活（宅基地/购房优惠等形式）；罚交社会抚养费等。二是投入保障机制。按照建立健全政府间财力与事权相匹配的财政体制改革方向，建立健全了以"财政为主，稳定增长，分级负担，分类保障，城乡统筹"的人口和计划生育投入保障机制。进一步完善投入保障机制，明确投入主体，突出投入重点，细化投入措施，强化投入责任，不断健全人口和计划生育财政投入政策体系，确保人口和计划生育经费稳定增长。2009 年全国财政投入人口计生事业费为 442亿元，2010 年全国财政投入人口计生事业费为 522 亿元，2011 年全国财政投入人口计生事业费为 700 亿元，财政投入稳步增长。建立和完善了人口与计划生育分级负担责任机制，鼓励、引导社会资金投入，建立多渠道筹资体制，国家鼓励企业、社会团体和个人投资人口和计划生育事业，鼓励按照国家有关规定设立人口和计划生育公益基金。积极运用项目合作机制，吸引国内外资金。三是队伍保障机制。设立机构，保障计划生育的开展。包括专门负责计生工作的计划生育委员会和国家、省、市、县、村级人口与计划生育局。每个乡镇及村都配备计生服务站，负责计生工作的宣传教育和开展实施工作。并且每个计生站都有专业技术人员，为民众提供各种生殖健康服务工作。

2. 政策支持体系

奖励激励政策。对晚婚晚育青年和实行计划生育的家庭实行物质奖励，主要有农村部分计划生育家庭奖励制度和独生子女父母奖励制度。计划生育奖励的内容包括：独生子女父母奖励金；独生子女父母退休金的提高；独生子女入学、就医优惠；实行计划生育夫妇可免费获得计划生育基本技术服务。只有一个子女或两个女孩或子女死亡现无子女的农村计划生育家庭，夫妻满60周岁，按每人每年不低于720元的标准发给奖励扶助金，直至死亡。对领取"独生子女父母光荣证"的夫妻，从发证之日起至独生子女14周岁时止，给独生子女父母每月奖励不少于12元。

优先优惠政策。优惠政策，即由所在村庄以及行政事业性收费部门，对计划生育家庭减免一定数额的费用或给予一定数额的补助，包括教育、医疗和生活方面的优惠。优先政策，即发挥有关部门和镇、村作用，在同等条件下优先向独生子女家庭倾斜。例如农村独生子女和二女家庭在承包土地、申请审批宅基地、分配集体福利等方面优先照顾，独生子女户在申请审批宅基地、分配集体福利时增加一人份额计算。

扶持救助政策。包括帮扶政策和保障政策。帮扶政策，即对较贫困的独生子女家庭从经济上给予帮助和扶持。只有一个子女或两个女孩或子女死亡现无子女的农村计划生育家庭，夫妻满60周岁，按每人每年不低于720元的标准发给奖励扶助金，直至死亡。

社会保障政策。不断完善社会保障制度，解除独生子女父母实行计划生育的后顾之忧。国家实行了一系列的计划生育贫困户优惠政策，各地也有一些特色做法，如"计划生育户重点扶持计划""百万会员扶贫帮困行动"等。农村实行计划生育的家庭，符合低保条件的，优先列入农村最低保障范围。鼓励兴办农村独生子女"双全"保险、母婴安康保险、节育手术保险、独生子女父母补充养老保险；鼓励发展各种形式的农村社会养老、医疗、救助保险，并对计生家庭实行优先优惠。农村无子女的60周岁以上计划生育家庭夫妇，符合五保供养条件的，优先入住公有敬老院或老年公寓，实行集中供养；集中供养床位不足的，可实行外养，按分散供养标准给予补助。

惩处制约政策。出现违法生育的，要依法足额征收社会抚养费，逾期缴纳的依法加收滞纳金；实际收入高于当地居民的党员干部、社会公众人物和民营企业主违法生育的，依法以个人实际收入作为社会抚养费征收基数，按征收标准的上限确定征收金额。对拒不缴纳社会抚养费的，县级人口计生行政部门依法申请人民法院强制执行。

（四）利益导向政策不足以消除人们的不确定感和不安全感

计划生育工作中，一些民生政策没有充分考虑计生家庭的特殊情况，在政策制定和执行过程中没有给予足够的政策倾斜。

1. 公众义务与国家奖扶能力之间不匹配，"国策国保"面临信任风险

随着我国经济社会发展水平不断提升，公众合理诉求的愿望不断增强，计划生育家庭尤其是计划生育困难和特殊困难家庭在享受国家奖励扶助政策上，无法获得与经济社会发展水平同步增长的奖励扶助待遇，致使计划生育政策"国策国保"原则落实面临信任风险，一定程度上影响社会稳定。

2. 中央事权与地方事权协调难度较大，奖励扶助政策落实面临机制障碍

我国中央政府与地方政府之间在事权划分上类似委托—代理关系，中央在政策上给予优惠或指导，由地方政府负责具体落实。"十三五"时期实现计划生育家庭奖励扶助政策向扶助保障政策转变，仍需深化中央与地方事权划分的体制机制改革，冲破体制障碍，使各项扶助保障政策得以贯彻落实，使人民群众真正获得政策改革带来的实惠。

3. 计划生育家庭奖励扶助标准动态增长与各级政府财政支付能力不对称，部分"奖扶政策"面临资金保障难题

"十二五"时期，国家卫生计生委建立了"两项制度"动态调整机制，有效保障了部分计划生育家庭的基本生活。但受到分税制改革对于

地方财政的局限，加上经济社会发展存在的区域和城乡差距，"十三五"时期欠发达地区的地方政府财政在落实各项奖励扶助政策方面面临较大压力。单靠地方财政拨付，部分奖励扶助政策无法落到实处。

4. 农村计生老年家庭快速增加，家庭发展能力亟待提升，奖励扶助政策的养老功能和服务体系面临严峻考验

当前计划生育老年家庭快速增长，有困难和特殊困难的家庭明显增加，这些家庭养老保障能力、家庭发展能力明显不足。而现行奖励扶助政策在保障计划生育家庭，尤其是困难和特殊困难家庭基本生活水平的政策效果仍不明显，奖励扶助政策的养老功能和服务功能都有待提升。因此，建立一套保障计划生育家庭晚年基本生活和养老服务的政策体系，更加注重增强相关政策的扶助保障功能，是"十三五"时期进一步加快计划生育家庭奖励扶助政策体系改革面临的重要任务。

5. 重现金发放，轻制度构建的政策取向

在全面建成小康社会和户籍制度改革过程中，要改变以往"重现金发放，轻制度构建"的政策取向，科学设计计划生育家庭扶助保障规划。从注重现金发放转向制度构建，重点探索和统筹建立城乡统一的计划生育家庭扶助保证政策体系，建立和完善计划生育家庭老年人扶助保障制度。

6. 计生家庭子女风险问题渐显

根据我国历年人口普查数据公报的数据显示，我们可以清晰地看到：我国的户均人口从第三次全国人口普查的4.4人下降到第六次全国人口普查的3.1人。据第六次人口普查数据显示，中国家庭户人口124461万人，平均每个家庭户的人口为3.10人，比2000年人口普查的3.44人减少0.34人。这说明，我国家庭规模的发展越来越趋向小型化、核心化。农村计生家庭大多为独生子女家庭或者双女户家庭，而独生子女为人口主体的社会本质上是高风险的社会。独生子女家庭的风险远远大于多女家庭，老年、医疗、失业、残疾、夭折等人类生命周期中的常见风险，都会对此类家庭造成致命的冲击。若独生子女因天灾、人祸致伤残、甚至死亡，其父母在精神、经济和生存上都将承受着巨大压力，这对丧失生育能力的家庭来说无疑将会造成巨大伤害。

三　制度不确定性加剧了农村计生家庭的焦虑

在"社会稳定风险"中的风险主体是政治权威，因为权力让人屈从，而权威使人从心里服从，从根本上说，社会秩序的提供和维持不在于权力的具体运行，而在于政治权威的存在（冯周卓、黄震，2014）。当农民对政治权威拥有较高认可度时，则不易发生社会稳定风险；而当政治权威丧失稳固的社会基础时，那么社会稳定风险的表征——"群体性事件"就会大量发生，社会就会处于动荡状态。由农民社会焦虑而引发的农村社会稳定风险属于原生性社会稳定风险，即政治权威由于农村内部因素的作用，直接遭受村民怨愤焦虑情绪的威胁而表现出的不确定性。具体而言，从农民个体焦虑心理的产生，经由群体、制度最后延伸到国家治理。

（一）个人层面：农村社会焦虑引发社会个体极端行为

个体极端行为也可称为"过激行为""越轨行为"或"危险行为"，国外学者从内容上进行了总结，认为个体极端行为主要是自杀、离家出走、杀人、伤害事件（受害者中儿童居多）。部分地区因"社会抚养费捆绑户口"等引发极端个案，遭舆论质疑。2014年国家审计署首次公布9省份45县2009—2012年间的社会抚养费收支情况审计调查结果：征收标准不统一，基层自由裁量权过大，数以百万、千万元计的实际征收费用未入国库等问题，基层政府社会抚养费被截留、挪用、私分现象普遍存在。有一部分家庭由于疾病或者意外等原因，导致了独生子女残疾或者死亡，形成了计划生育特殊困难家庭群体，他们在生活照料、大病治疗、养老保障、精神慰藉等方面都面临突出困难和问题。近年来，我国农村极端行为不断发生，社会抚养费对于无力缴纳费用的超生家庭带来很大的经济压力，在压力的驱使下有的对计生执法人员做出过激行为，有的为躲避缴纳费用而四处"逃避"；有的甚至不惜做出伤害自己的身体、生命行为，这些都极大影响了社会的秩序和稳定。这些案件都具有对社会不满、心态扭曲失衡、采取极端方式等特征，这些行为不仅直接对一些村民造成生命和财产的伤害，更为严重的是其所造成的紧张社会氛围，使正常的社会秩序难以维持。社会焦虑引起的农民极端行为主要通过以下几方面形成：首先，社会焦虑放大农民对于生活问题的不满情绪。一定数量的不公正、不平等现象每个社会都会存在，我国农村的社会矛盾数量也不少，但是绝大多数还处于可以控制和忍耐的范围之内，但由于媒体的夸大效应，那些处于焦虑状态的农民就很容易把不太严重的社会问题看得过于严重，借机宣泄，迁怒于他人和社会，大大增加了社会动荡的潜在能量。其次，社会焦虑使村民行为失去理性约束。处在焦虑中的人会呈现一种认知失调的状态，其行为不受来自法律、社群、宗族、家庭的规范约束，尤其没有责任和义务意识，所以稍有矛盾，他们便拳脚相加，甚至杀人灭口，逞一时之快，完全不顾后果，这是农村社会稳定的重大威胁。

（二）生育政策实施受阻

从默顿所提出的价值目标与实现目标的制度性因素来看社会焦虑状态下政府公共政策在农村遇阻的发生过程。价值目标是主体对于主客体之间价值关系的基本评价，集中体现为主体的需要和愿望；实现目标是社会所承认的、制约目标实现的制度总和。一方面，价值目标和实现目标出现矛盾的时候，由于价值目标是基于个人生活经验而确立的，个体对实现目标的怀疑会高于对自我价值目标的怀疑。所以，在紧张的社会结构中，处于焦虑状态的农民一般都会将其生活的不如意自动归因为公共政策的缺陷，把对生活和社会的不满转移至对公共政策的不满，对公共政策采取敷衍或者消极执行的态度。另一方面，当主体的价值目标不能通过社会承认的制度化手段来获得的时候，社会焦虑会促使农民寻求替代性手段去实现，这虽是对公共政策的公然违反，但由于政府对农村的监督较弱，也就变得非常流行。例如，由于土地的生活保障作用，农民对生活与养老的焦虑就会引起对土地流转政策的抵触，对家庭与亲情的焦虑导致对计划生育政策的抵制，或在政府的高压之下而进行胎儿性别鉴定等。

农村社会焦虑会让一系列公共政策在农村遭遇前所未有的挑战，这会间接影响农村社会的稳定。伊斯顿将公众对政府政策肯定性的心理和行动称为政治"支持"，他认为："如果系统成员从来不给某种制度规则提供支持，那么支持的缺乏就会导致基本变量脱离其临界范围，并使得系统无法运行。"[1] 农民社会焦虑所引发公共政策实施受阻，也将严重影

---

[1]　［美］戴维·伊斯顿：《政治生活的系统分析》，王浦劬译，人民出版社 2012 年版，第 38 页。

响政府制度在农村的支持范围，"要是没有支持，就不可能保证管理规则和政府的某种稳定性"，加之农民相反行为的发生，出生性别比的治理难度增加，农村社会的不稳定因素也随之增加。

（三）农村计生家庭的社会焦虑影响了社会稳定

当农村社会焦虑发展到一定程度时，就很容易形成焦虑团体。焦虑团体是一种很危险的存在。当不平等的社会价值体系被不安全的社会价值体系所取代时，焦虑团体就会与风险社会相对应存在。正如乌尔里希·贝克所言："阶级社会的驱动力可以概括为这样一句话：我饿！另一方面，风险社会的驱动力可以表达为：我害怕！焦虑的共同性替代了需求的共同性。在其中产生了由焦虑得来的团结，并且这种团结形成了一种政治力量。"① 焦虑团体的指向是不确定、不具体的，因为个体产生不安全感的因素是多样而复杂的，他们不可能形成一致的需求。但是焦虑团体也可能在更广大的范围内具有吸引力，有人可能是为了具体的诉求、有人可能是对生活的不满，还有的可能仅仅是为了泄愤，他们根本无法形成理性行动的基础，这样就很容易把目标转嫁为政治国家。

然而，对不确定性，可通过信任机制来化解不确定性，姑且将某些不确定的东西视为确定的，信任是信念的一种形式，在其中对可能出现的结果所持有的信心表现为对某事物的信奉，而不只是认知意义上的理解。就身体上和心理上的健康而言，生命的维持内在地服从于风险。人类的行为强烈地受到传递的经验以及人类行动者自身的计算能力的影响，以致每个人（普遍地）都被隐含在真实生命事务中的风险焦虑所淹没。不受伤害性的感受，即那种排除负面可能性而选择希望的普遍态度是来源于基本信任的。"保护壳实质上是一种非现实的感受，而不是对安全的确信无疑：它是在实践层面上对可能事件的涵盖过程，而这些事件可能会威胁能动者身体上和心理上的完整性。它所提供的保护壳可能会暂时或更久地被偶然事件所穿透，这些偶然事件所表明的是内涵所有风险的负面性的偶然联系都是真实可及的。"②

---

① ［德］乌尔里希·贝克：《风险社会》，何博闻译，译林出版社 2004 年版，第 105 页。
② ［英］安东尼·吉登斯：《现代性与自我认同：晚期现代中的自我与社会》，夏璐译，中国人民大学出版社 2016 年版，第 59 页。

四　规划生活，把握未来

在传统社会中的人们依赖于对过去一直存在的经验，建立在这些传统经验之上的知识为一般社会个体普遍接受并维持着这种经验的延续，从一定程度上讲，人们对他们存在的社会环境是信任的。但是，这并不是说传统社会中的个体没有感受到存在性焦虑，在当时的条件下，让他们感到难以承受的焦虑源主要是恶劣的自然环境及宗教的蛊惑。按吉登斯的理解，在现代社会中主要的焦虑源是"人为的不确定性"。传统社会和现代社会的一个重要差别是传统社会支持会注重传统和过去经验，而现代社会人们所关注的重心是未来的发展。但是，在现代性这个充满风险的社会里，未来是什么对每个社会行动者来说并不是一个确定性的答案，也就是说个体在行动过程中总会受到未来不确定因素的干扰。这种不确定性，在现代性条件下主要表现为"人为的不确定性"。生育政策作为正式制度带来的风险实际上属于人为的不确定性的范畴，这种不安全感足以与前程未卜、隐约的担忧、没有保障等感觉联系在一起，这种感觉是不安全感的重要组成部分。这种"人为的不确定性"及其造成的严重后果对个体和社会造成的影响如此巨大，它使个体普通生活中原来认为是确认无疑的东西变成捉摸不定或难以预测的东西。在现代性风险环境中，个体意识到风险是产生焦虑的根源之后，并不是萎靡不振，可以积极地构建安全感来应对风险的恐惧感，例如通过增强"保护茧"的屏障作用来降低风险对自己的伤害。

不安全感首先来自于制度安排的不稳定性和不明确性。安全感的一个重要来源在于人们能够把握自己行动的结果，在于个人对用自己的行动解决可能遇到的问题的信心。人类的所有社会性活动都是在社会的环境下进行的，因此，人类活动的实际结果，往往并不取决于自己的能力和努力的程度，而是与活动发生在其中的社会环境有关，更具体地说，人们把握自己行动的结果，协调行动与目标的关系，必须以社会中有关的制度安排为前提条件。制度安排的作用在于为个体行动者提供稳定的、可以预测的环境。有效的制度安排必须具备两个最基本的特征。第一，它必须是相对稳定的，不会发生频繁的、根本性的变化。第二，它必须是明确的，能够为行动者所预测。正是依据这种特定而明确的制度安排，人们才可以对自己的行为结果做出较为明确的预测，从而制定自己的行动策略，这是人们的安全感得以形成的基础。

但在目前的情况下，社会中相关制度安排已经很难起到这样的作用。目前的我国正处在一个社会转型期，一些原有的制度安排由于不再适应变化了的社会生活而在瓦解或成为改革的对象，而新的制度安排又没有相应地建立起来，在这种情况下，个体和家庭就很难对自己的行为进行预期。比如说，教育制度要改革。孩子上学要交钱，但在大中小学各阶段究竟各要多少钱，人们心里也没有底，生病、养老要花多少钱，人们一样也没有可供参考的数字。这种缺少可预测性所带来的就是一种强烈的不安全感。因为人们不知道自己会遇到什么问题，这些问题会达到一种什么程度，自己是否有能力解决，于是，从这种不确定性和不可测当中，就产生了一种朦胧的不安全感，可以说，这种不安全感在很大程度上是一种对未来的恐惧。我国的人口和社会保障制度的改革也是一种渐进式的改革，渐进式改革的最突出问题是将这一过程拖得过长，旧体制只能一点一点地改，新的制度安排的建立也只能一点一点地进行。因此，在渐进式改革的过程中，旧的制度安排失效、新的制度安排尚未建立而造成的真空状态会延续相当长一段时间。这就意味着在相当长一段时间里，农民还是生活在一种制度安排极不确定的社会环境中，很难对自己的行为进行有效的预期，很难对自己的行为与目标之间的关系进行协调。换言之，在这种社会支持环境中，人们很难把握自己的未来。在这种情况下，个体和家庭需要重新规划。

（一）重新定位，每个人都必须付出艰辛

在社会结构迅速变动的时期，每个人都面临着一个在社会结构中重新定位的问题。也就是说，一个人在未来的社会结构中占有一个什么样的社会位置很大程度上会取决于他在最近几年的努力。这样就在社会的各个阶层中形成一种以迫不及待为特征的焦灼心理。实际上，在这样的时期，每个人的社会地位每时每刻都受到挑战，即使男孩是传统养老的惯习，但也不能保证孩子成人后能够实现对老人的供养，实际上，根据杨菊华等人的研究发现，当资源有限时，家庭关系或由"敬老"转向"重小"，由重反馈向重接力—反哺模式流变。由此，以"我"为中心，上行的亲子关系往往受到忽视，而下行的亲子关系却得到前所未有的重视。过去，父抚养我，我赡养父，我养子，子养我，但今天，"我"是不是还会像过去那样养"父"，"子"能不能像过去那样养"我"，都具有很大的不确定性。虽然反哺模式依旧"恒常"，且接力模式并未最终完成，但至少出现了接力—反哺并重的模式，且该模式的重心向下①。而目前在社会中处于中游状态的人的这种焦灼感更为强烈。比如农村计生家庭在家庭早期人力资本投入多，家庭财富积累快家庭压力小，家庭生活水平处于中游状态，而中游状态的特点决定了他们稍微不留神，就可能滑到下游去，而努力一下，也有可能进入上层社会。可以说，在这样的一个时代，无论是为了上去，还是为了不下来，都必须付出艰辛的努力。于是，心神不定，甚至焦躁不安，就成为一种常见的心态。

（二）提升人力资本，激化"育儿焦虑"

如果说政策通过规定夫妻什么时候生和生几个孩子，并强制以超生罚款和计划生育责任制等硬性惩罚手段而迫使部分家庭少生，甚至只生一孩的话，那么，奖励少生和倡导优生等正向手段，旨在引导家庭"自觉"少生，驱使部分家庭主动限制生育；而这既会作用于数量控制，也会达到提升质量的目的。"优生优育"的宣传倡导深入且持久；在政策推行初期，政府要求官员少生，起模范带头作用；计划生育积极分子走访工厂、农村，广泛开展优生优育宣传活动，宣扬科学育儿知识及人口控制的必要性②；墙报、贴画遍布大街小巷、墙面、电线杆甚至邮票上，宣传只生一孩的好处③；青年人登记结婚时，会收到宣传"少生优生"等新型生育理念的宣传手册。20世纪80年代，大规模、长时期、深入且广泛的"软性"正面宣传倡导刚好与因对外开放而引入的现代生育文明之风在时点上相重合，也与我国经济社会发展的快速起步相契合，城市之人首先逐渐内化了"优生优育"理念，家庭越发重视子女的教育及综合素养的提升。而子女数量的减少，改善了家庭的生活环境和供养

---

① 杨菊华：《生育政策与中国家庭的变迁》，《开放时代》2017年第3期。

② Jane Lewis（1997）. Gender and Welfare Regimes：Further Thoughts, *Social Politics*,（2）.

③ 彭珮云：《中国计划生育全书》，中国人口出版社1997年版，第56页。

子女的能力：正如计划生育积极分子在 80 年代初宣传的那样，"两个孩子仅可购买一台 14 英寸彩电，一个孩子却可购买 21 英寸彩电"；小家庭还可购买其他电器用品，享受更高的生活水准①，由此可能带来"自觉少生效应"。这种效应随后波及城镇之外，对农村之人新型生育观念的形塑也具有重要意义。政策的意旨借助社会传播的力量，帮助生育主体及其家庭吸纳了以"质量换数量""以质代数"的理念，既有助于"提质"，也促进"控量"。进而，"以质代数"的意念及其行为效应作用于家庭的内部结构，特别是家庭关系、家庭文化和家庭资源的分配。对子女质量的追求，一方面可重塑家庭内部的关系结构，以"子女"为中心的代际关系的重新调适；另一方面，这种追求会在一定程度上改变家庭的生育、抚养与赡养、消费、情感交流等方面的家庭功能的实现方式。

　　"控量"和"提质"的生育政策驱动家庭内化"以质代数"意念，将对孩子的数量追求转化为对质量的苛求，孩子的教养成为家庭的重中之重。这可能带来两方面的后果。一方面，生育政策极大地改善了家庭的经济环境，少子化降低了家庭各类资源的稀释程度，提升了家庭的抚育功能。由此，亲代可投入更多资源于子女身上，改善子女人力资本的积淀，实现"优生优育"。另一方面，少子化降低了家庭以孩子为保障的可能性，提升子女的不可替代性和珍贵性，进而提高父母对子女的期望，推动养育模式从"散养"转向"精养"，导致"育儿焦虑"和"过度育儿"之风。特别是在城市地区，为获得"最好"的子女健康和教育状况，抚育功能出现异化。国家卫生计生委家庭司 2014 年公布的调查结果显示，在有 15 岁以下孩子的父母中，90% 以上希望子女接受高等教育，38% 的城市父母希望子女读研究生，农村父母的比例也达到 24%。这种期待带来过高的子女养育成本 20 世纪 90 年代后，家庭教育支出以年均 29.3% 的速度增长，明显快于家庭收入和 GDP 的增速，扩展性教育支出的增速尤快。李松涛、潘圆的研究显示，28.1% 的家长认为，培养孩子可"不计成本"；57.4% 的家长相信，教育投入是为了"不让孩子输在起跑线

① Hesketh, J. & Zhu, W. X. (1997). The one child family policy: the good, the bad, and the ugly. *British Medical Journal*, (7095).

上"；19.4%的家长坚信，"高投入才能高回报"；38.3%的家长可为孩子获得更好的教育而"适度负债"①。而这些成本还未计算抚育的时间和机会成本。

（三）过好自己的生活：一辈子管不了两辈子的事

进入20世纪下半叶以来，在西欧福利国家的大环境中，个人与社会的关系发生了结构性的转变。具体而言，在教育普及以及劳动市场带来的高度流动与竞争压力的共同促动下，人们从家庭、亲属关系、性别身份、阶级等传统社会范畴之中脱离出来，并作为个体来选择、维持以及更新自己的社会关系与网络。例如，个体在劳动力市场上灵活就业自力更生，婚姻从功能共同体转变为选择性亲密关系，女性摆脱束缚她们的传统角色并获得较以往更多的自主性，等等。简言之，社会成员必须作为个体规划者来积极主动地创造自己的身份与认同。现代个体则在从传统限制中解放出来的同时也失去了传统的照顾与支持，其生活方式与人生轨迹已无历史模式可供遵循。或者说，选择对于自我文化下的个体而言既是机会亦是义务。当个体可以免受所处环境的消极影响、成为自身生活的积极塑造者的同时，他或她也必须为自己的命运负责，在充满竞争的一生中永不停歇地努力进取，过属于"自己的生活"。在严苛的生育政策的影响下，农村家庭特别是计生女孩家庭对于子女性别的看法已经发生变化，访谈对象ZH说："老大是女儿，今年已经5岁半，家里长辈非要生个二胎（想要个儿子）！可是又是个女宝！身边的朋友基本上都是一儿一女，我想要个儿子怎么就这么难呢！""女儿永远都是幸福的，新时代了，要想得开！人就这一辈子，能管得了后几代的事吗？过好自己的生活就好啦！""过好自己这辈子就可以了，女儿很贴心的，以后会很幸福。儿子就没女儿那么贴心了，还净惹事，操心！一辈子管不了两辈子的事，现在社会压力那么大，你生儿子又怎样，在很多年轻人看来这就是负担，我就喜欢女儿，而且最好是两个女儿，现在的儿子很多结婚后都不孝顺，住院的时候，陪在你身边的往往是女儿，而不是儿子和儿媳，你拼了命地苦一辈子给儿子买房子，车子，结婚，彩礼，上百万，

---

① 李松涛、潘圆：《囚徒困境下，教育消费何去何从》，《中国青年报》2012年3月6日第5版。

最后换来的难道只是你有儿子？人家两口子吃喝玩乐的时候，可没有想过你两口子遭的什么罪……所以人活这一生，早晚都会死去，不论你有什么，最后都是一场空。"（HZH，46 岁）受计生政策的影响，尽管计生女孩家庭之所以成为计生女孩家庭并非自我选择的后果，他们试图用"为自己而活""为本代人而活"的意愿来填补偏好与能力、认知与现实之间的缝隙乃至鸿沟，每日为拥有自己的生活而奋斗成为了当下的一种集体经验。

（四）做好家庭规划，培养子女对风险的主动参与

在现代性条件下，培养个体对风险的主动性参与对构筑安全感和确定感意义重大。吉登斯认为，谁要是强烈倾向于"培养"风险参与，谁就能够在许多其他人认为是平淡无奇的环境中发现机会。从这样的角度来看，风险发生是可能在熟悉的情境中发掘出新的活动模式的一种途径。因为在那里，偶然联系被发现或制造，先前好像是封闭的并且有限制的情境看来能够再一次得到开放。另外，"培养"起来的风险与现代性一些最基本的取向聚合在一起。也就是说，个体通过"培养"风险参与，也就培养了打乱事物的固有属性的能力，由此开辟新的道路，从而"拓殖"崭新未来中的一部分。这其实也是个体为了适应现代性的不确定性特征的需要。借用吉登斯的话说，农村计生家庭特别是纯女孩家庭培养子女风险参与的那种兴奋感是以"努力成为什么"为动力，这也是在孩子早期社会化普遍存在的现象。在"培养"风险参与中所显示出来的勇气，确切地说是在做一种尝试，即个体接受一种综合性的测试，提高子女对风险掌控的能力。农村家庭这样做既有源自于外界环境的压力，也是通过主动对风险的追求来感受一种兴奋感，进而获得那种能够理智地控制危险的感受，尤其是在与其他非纯女家庭的比较中这种成就感和兴奋感更为明显。在调查中，经常听到女儿户家庭说："争口气，走着瞧，女儿不差"之类的话。在调查村的拆迁中，父母的宅基地置换来的房子、商铺、车位，"女儿户"无法参与分配，她们只能领到每人 30 平方米或 20平方米的补偿。每人 6 万元的过渡安置费（以院内实际居住人数为准），"女儿户"也拿不到。村支书表示，拆迁方案遵照的是农村的传统制定的，并且实际执行中已经在努力维护"女儿户"的权益了。老肖是计生二女户，曾经被人瞧不起，而如今大家都向他投来羡慕的眼光……起早

贪黑撑起这个家。他只有初中文化，却培养出两个研究生，在镇里是第一家。对两个女儿疼爱有加，邻里夸他是个模范父亲。邻居说："老肖为人正直、勤快，再苦再累都一个人扛着，靠自己勤劳致富，为了两个女儿他什么都舍得！这些年不停换工作，收入不多，人又辛苦。"他常说："这些都是吃了没有多读书的苦，我一定要好好培养两个女儿读书。"日子一天天好起来，老肖也有更多时间陪伴在女儿身边。"大女儿练钢琴，小女儿学画画，这么多年他都坚持接送，从来没有落下过；两个女儿长这么大，他从来舍不得打一下；他自己舍不得抽烟，舍不得买新衣服，可是两个女儿学习上要用的，花再多的钱他也愿意。"两个女儿同时攻读硕士研究生，一年费用要好几万元，但只要女儿肯读，再苦、再累、再难，他都要供女儿继续读书，帮她们顺利完成学业。吉登斯认为，个体在"培养"风险参与的过程中，遭遇危险及危险的解决都是在同一活动中同时出现的，所选择的策略虽然可能在其后数年也不会用到，但至少在某些相似的情境中有个心理准备。为子女及早地进行个体的生活规划，风险经常被包含在整体里面，但他们为了追求过上平常人或优于平常人的生活方式会接受一些风险，这些风险一般是在他们的"可承受范围"之内。这在一定程度上防止了更大风险的产生，由此也省去不少无谓的焦虑。

总的说来，农村计生家庭特别是女儿户既通过主动接受一些现代性风险，又被动接受一些"可承受范围"之内的风险来提高自己对未来风险的适应性，这一过程就其本身来说就是一种个体尝试对现代性风险进行控制的努力。同时，农村家庭及其个体又在"保护茧"的作用下淡化或减轻现代性风险对本身的冲击，从而构建自己牢固的安全感，保持与社会关系、社会系统的连通感，为更好地"拓殖"未来做好了准备。应该针对计生家庭的情况，通过不断完善相关的社会保障制度降低制度的不确定性及对农村家庭未来的生产生活的影响，提高相关制度的连续性，提高农村家庭对国家制度的预期，减少因制度不确定而给农村计生家庭带来的困扰和焦虑感。

第二节　弱关系的力量：农村计生
女孩家庭融合难的现实路径

一　弱关系与农村计生女孩家庭的融合

自 20 世纪 80 年代以来，中国的出生人口性别比出现了持续偏高的现象。目前，世界上有 18 个国家和地区出生性别比高于 107 正常值上限，我国是世界上出生人口性别结构失衡最严重、持续时间最长、波及人口最多的国家。有数据显示，1982 年中国的出生性别比为 107.6，1990 年上升为 110.3，2000 年达到 116.9，2008 年为 120.56，2010 年六普数据为 117.94。"十二五"以来，中国出生人口性别比仍然在高位徘徊，与正常值 103—107 仍有严重的偏离。据江西省统计局公布的数据显示，江西省 2008 年出生人口性别比为 124.58，超出全国平均水平 4.02 个百分点，位居全国出生性别比偏高的省份的前列，2010 年，江西出生人口性别比为 122.95，出生性别比偏好的势头虽有所减缓，但仍很严峻。出生性别比问题引起了各级政府有关部门的高度重视，成为学界近年关注的热点。学界从人口学、经济学、社会学、公共政策、社会保障等多学科角度探讨农民生育行为，形成了生产方式论、技术论、文化论、政策论、制度论、综合论等不同解释范式，为我们提供了较好的视角，但这些范式多从宏观的角度来解释，外部环境如何作用于个体的，特别是在人际互动微观层面，宏观因素又是如何起作用的等问题上，还有待进一步深入研究。

关系所提供的社会支持一直是社会支持网络研究的重点。按照互动所花的时间、情感密度、熟识性或互惠服务等概述关系特征的因素来衡量，个人间的关系可以是强的或弱的。格拉诺维特（Granvotter）发现，在市场经济下，个人的弱关系经常或更有效地得到与之适合的工作。但在社会主义政府的官僚制下，找工作经常是通过强关系，因此，边燕杰呼吁"找回强关系"[①]。"找回强关系"实际上主导了国内社会支持与网

---

① 边燕杰：《找回强关系：中国的间接关系、网络桥梁和求职》，《国外社会科学》1998 年第 2 期。

络的研究，国外大量研究证明，来自亲属、家庭的强关系在情感导向支持上发挥了重要作用。在我国，强关系在企业经营、灾后恢复、移民社会适应与融合、找工作、个人身心健康和生活满意度等方面为个体提供的工具性支持已得到了验证①。但强关系的强大并不意味着应忽视弱关系的意义和价值。在社会转型期，从人们互惠性、交往频率、情感深度等方面来看，社会网络正在从"强关系"向"弱关系"过渡。上述对强关系研究的重视也反映了社会网络与支持研究一贯注重社会网络中亲密关系部分，忽视非亲密关系研究主题的传统②。尤其在农村社会矛盾复杂化的今天，深入研究弱关系的意义和价值应引起学界的高度重视。

　　长久以来，强调社会和谐性及人际关系的合理安排一直被认为是中国文化最显著的特性之一。弱关系虽然不一定是摄取信息和资源的通道，但却是个人能够顺利生活的重要网络。人们之间的正向社会互动关系是个体与社会发生联系最为关键的"第一环境"，个人所在社区能够提供细微的支持，并通过给予成员温暖和认可，提升其社会整合程度③。在传统农村社会中，弱关系主要是通过日常互动来完成，如邻里间的串门、聊天、打牌、逛街等日常看似无意义的休闲活动、节日聚会以及婚丧嫁娶等集体活动来实现弱关系的缔结与维系。这些活动不仅构成了农村社会日常生活的主要内容，而且对行动者具有重要的意义。它们不仅有助于为个体解决日常问题及应对危机状况，还可提高参与者的生活满意度和身心健康水平。而较低地利用社区资源和较少地参与社区各项活动、较少地与他人分享问题等都会增加获得社会支持的难度④。在男性偏好依然存在的农村地区，邻里的接纳、支持对于计生女孩家庭顺利融入社区有重要意义。

①　赵延东：《社会网络与城乡居民的身心健康》，《社会》2008 年第 5 期。

②　陈福平、黎熙元：《当代社会的两种空间：地域与社会网络》，《社会》2008 年第 5 期。

③　Manji, S., Maiter, S., &Palmer, S.（2005）. Community and informal social support for recipients of child protective services. *Children and Youth Services Review*,（3）.

④　Seagull, E. A. W（1987）. Social Support and Child Maltreatment：A Review of the Evidence. *Child Abuse and Neglect*,（11）.

二　农村计生女孩家庭弱关系的特征

随着农村社会经济的发展，农民有了更高层次的要求，如保持良好邻里关系的社交需要，真正成为社区一员的归属需要，以及自尊和受别人尊敬的需要，而且"人们通常认为高级需要比低级需要具有更大的价值。他们愿为高级需要的满足牺牲更多的东西，更容易忍受低级需要满足的丧失"①。

（一）对弱关系的回避

在农村，串门是一个普遍现象，也是农村中较为常见的日常交流方式，人们在串门中沟通着信息，并且维系着邻里感情。在实地观察中，笔者发现，那些人丁兴旺尤其是有男嗣的家庭来串门者较多而且频繁，即使只是路过的村里人若被主人或来串门的人看见，也会被叫进来坐坐，显得随意而亲近。而计生女孩家庭家门多紧闭或虚掩，来串门的人明显很少，他们宁可在家呆着，若被邀请时总以"很忙""待会儿再去"等为由推辞掉。究其原因，已有两个女儿的 TJ 说："串门有什么用啊，不当吃不当喝的，有那时间还不如做点正事呢。况且，我觉得去了之后不太自在，他们感觉拘束，我也感觉拘束，呆在家里多自在啊"偶尔串门也是很挑剔的，通常是与那些谈得来的人聊天，这些人有两种，一种是境况相似的人，即也是计生女孩家庭，另一种是会说话的人，虽不是计生女孩家庭，不但有与计生女孩家庭交流的"默会知识"，而且懂得"见矬不说矮（矬是民间'矮'的另一种说法）"的言说技巧，比如他们会说，"有儿子还不像有姑娘好""要姑娘，儿子不行，姑娘再差也还惦记爹娘"。在计生女孩家庭眼里，普通的串门行为变得并不普通，对于将串门解读为"浪费时间""没有用"也是他们无法从心理上真正与其他人一起消磨时间的借口，这一点在集体活动中更为明显。"这种场合让我经常想起如果我老的时候，没人给我送终，冷冷清清，一想起来就不好受。"（LR，男，45 岁，独女户）计生女孩家庭遇到这样的情况，多是来得晚，去得早，尽量避开与他人接触。

---

① ［美］马斯洛：《动机与人格》，许金声等译，华夏出版社 1987 年版，第 115 页。

（二）群体性的冷落

除日常串门外，红白事、庆祝节日等也是人际交往的重要场所。男孩、女孩在出生仪式上有很大差别。生儿子时，主人除了例行放鞭炮等庆祝仪式外，还会请很多村民来家里吃饭，会在庭院里临时搭棚供客人在下面吃饭、聊天，场面较大，主人也感觉很有面子。而头胎生女儿的和连续生女儿的家庭则要冷清许多，一般不太张扬，多只请有血缘和姻缘等关系亲密的人来庆祝一下，出生仪式的差别既是男女不平等的表现，又在日常生活中生产着性别不平等。在遭遇生病等重要事件时，村民对待的方式也不同，非计生女孩家庭有人病愈归来时，除了血亲关系的人帮忙外，很多街坊邻居会来探望和主动帮忙，其中的差序格局并不十分明显。而同样情景，不仅去计生女孩家庭家里探望的人数寥寥无几，在提供支持上，村民会明显地按照差序格局的方式来承担责任，提供首要照顾或帮忙的一般是亲戚，如果亲戚不帮忙时，其他人才会帮忙。在其他如结婚、丧事、生子等场景似乎演绎的是同一个版本。来自村民的冷落使得计生女孩家庭感受着很大的压力，这种压力使得他们多难以融于喜庆气氛中。一计生女孩家庭的父亲去村民家喝结婚喜酒，结果大醉而归，事后问起，他说"看到这个场景难受，心情不好"。尤其是那些空巢计生女孩家庭的孤独感就更加强烈，他们不太愿意去看着别人含饴弄孙，看到会倍感凄凉和可怜。

（三）弱关系维系的短期性

在调查地，男性单系偏重仍影响很大。以家庭为中心，以父母为枢纽的基础亲属体系—家庭立刻发生单系偏重的趋势[①]，与这种偏重紧密相关是子代对家族关系的传承，能否继承祖上留下的人脉深刻影响着村民的交往预期。调查中发现，非计生女孩家庭的上一代很注重为后代建立良好的关系，无论亲疏，都会主动给家里帮忙办事的村民送礼。"小宝（指他儿子）很忙，我得给他笼络笼络人，要不到他有事的时候就没人来（帮忙）了。"（LY，男，50岁）这种用发展的眼光来看待人们之间的社会交往，实际上是建立了世代的"社会支持银行"。

相比之下，计生女孩家庭的交往预期则不同。在互惠形式上，计生

---

① 费孝通：《乡土中国　生育制度》，北京大学出版社1998年版，第120页。

女孩家庭更讲究平衡性的互惠，这种平衡往往是短期内通过返还与所接受的同等事物来实现的，一个在城里做生意的计生女孩家庭说："我家里备得（日常用的东西）比较全，免得跟别人家借来借去的。"在回报周期上较短，注重维系本代的人际交往（关系非常好的除外），当女儿出嫁后，与非亲属家庭的往来变得稀少，有些计生女孩家庭会招婿。但在 Y村，上门女婿的地位并不高，在女方父母去世后，一些上门女婿会搬回到原来的出生地生活。因此，他们也不太注重与一般人的关系维系。对于这种现象，村民也表示理解，一位老汉说，"爸妈的关系在姑娘嫁出去后就没啥用了，他们（指计生女孩家庭）自然与我们来往少了。"在调查中也了解到，很多计生女孩家庭认为，从长期来看与非计生女孩家庭交往是不理性的，非计生女孩家庭的家庭关系可以通过子子孙孙来维系，此时的人际付出会使后代受益。而女儿一般都嫁出去，所以送出的人情随着女儿的出嫁很少能收回来，因此，会感觉不划算。这在一定程度上加剧了计生女孩家庭交往的表面化、浅层化和暂时性。

（四）"自己人"与"外人"的界限分明

在调查中发现，在非计生女孩家庭和计生女孩家庭两类家庭中，虽然不存在着物理空间上的隔离，但却存在社会心理的隔离。很多计生女孩家庭将交往对象分为"自己人"与"外人"两类。"自己人"往往是那些同类家庭，或过去同自己有过正面交往经历、通情达理的人。与"自己人"之间互动较为频繁。LW 有两女，在三兄弟中排行老二，但只有他家没有儿子。平时，LW 与一计生女孩家庭关系密切，两家关系甚至让他的弟弟都妒忌："他们两家大人一起干农活，小孩一起写作业，干活回来晚了，就直接去对门吃饭，我哥都快把那里当成自己的家了。"而对于他的兄弟家，LW 则很少去。男性偏好给计生女孩家庭带来的共同压力也同时增强了他们的内聚力，可以对群体身份的建立和重新肯定作出贡献，使得自己人与外人界限更加分明。没儿子带来的强大压力迫使他们在"自己人"中寻找归属感和认同感。因为在与自己人的交往中，无须掩饰或演戏，也较少地感受到内心的焦虑和不安。那些非计生女孩家庭多是"外人"，是他们最熟悉的陌生人。PH 是一个农村妇女，现只有两个女儿，"我和他们来往少……我不愿意接受他们的好处，会想方设法还上，借东西也不过夜（很快就退回的意思）"，与之交往遵循了功利性交换和对等受益的原则。很多非计生女孩家庭认为与计生女孩家庭之间有一种距离感，这种距离不仅仅指日常交往频率低、深度不够，更多的是一种相互间心理上的隔离状态。长此以往，计生女孩家庭和非计生女孩家庭相互的主观体验就变成现实的社会距离，这样就导致他们对自己内部网络的依赖程度大大增强，与他群的联系减弱，同时也降低了其社会支持网络的异质性，进而对其完全地融入社区造成了一定困难。

三　弱关系的作用机制及影响

在通常情况下，人们总是能自发地遵守传统习惯、社会习俗、道德规范和天然情感，从而进行积极的、正常的、无冲突的交往。但在市场经济的冲击以及一定的伦理规范、资源配置等社会文化制度作用下，农村人际关系变得疏离起来。在男性偏好依然较强的地区，因孩子性别不同而引起的家庭类型的差异是引发计生女孩家庭与非计生女孩家庭之间交往疏离的重要因素，使得双方正常的弱关系维系较为困难。从社会资本角度看，后代性别的差异实际上是家庭对男性这种特殊资本占有上的差异，在某种程度上，计生女孩家庭与非计生女孩家庭之间交往实际上反映了这种特殊资本缺失与资本占有者之间的较量。在社会生产力发展水平有限、社会分化不大、男权制依然有影响的 Y 村，家庭之间的资本差异并不大，长久以来，男性依然是家庭中最重要的社会资本。首先，男性是一种劳动力资本，生儿育女仍是家庭经济生产的重要组成部分，男孩子是一种直接的、更有效用的资源。社会生产力的不发达在很大程度上决定了男性劳动力是国家、家族和家庭最主要的财富。其次，男性是一种获得支持的重要来源，那些势力强的宗族和男性优势多的家族在解决各种争端时必然处于优势地位，并占有较多的资源，而计生女孩家庭在同族或同村被视为另类家庭，无权参与宗族的一些重要活动等，因而逐渐被村民冷落。再次，在中国文化中，计生女孩家庭追求种的延续是一种人生终极目标，对妇女来说，生男孩是表征妇女地位的重要资本，即使在其他方面不如人，但这方面的功劳足以补过。

家庭男性缺失又引发了两个后果：

后果之一是差序人格使得农村计生女孩家庭交往退后。费孝通用水波纹比喻远近亲疏和自我中心的我国社会关系网络，处于网内的人并不

是相互平等的，而是一个讲究尊卑上下的差序格局。这样，"中国人没有
'人格平等'的观念——他们整个'做人'的办法就是建立在'等级'
与'层次'等考虑之上的"①。这种人格不平等不是社会地位、财富、健
康以及机会上的不平等，而是本体论意义上的不平等。因此，在尚未高
度分化的农村社会中，男性仍是家庭中最重要的资本，并在很大程度上
决定着家庭尤其是妇女存在的意义和价值，因家庭男性资本的有无而占
有不同的社会地位和声望的差异，导致了计生女孩家庭与非计生女孩家
庭二者之间人格上的不平等。由于存在缺乏男嗣的先天缺陷，时常会感
觉比别人矮了半截，这样不仅家庭面子受损，而且还会影响自身的身心
健康。因此，出于自我保护的需要，他们并不主动与他群交往。声望上
的相似性而带来的人格上的平等，计生女孩家庭之间的网络缔结比较成
功，并借此满足情感性、工具性和社会交往的需要。

后果之二是道德秩序主导了弱关系的建立和维系。由于传统生育文
化的影响，在计生女孩参与的互动情境中，更是互动背后强迫性意义的
规范，这种规范在农村表现为道德规范，即互动双方、特别是对方要对
无男嗣的事实进行不同于传统观念的再诠释，尤其是需将子嗣与道德及
家族名誉问题分开，这不仅是维护计生女孩家庭面子的需要，更是双方
互动顺利进行的前提条件，一旦打破此潜规则，互动的道德意蕴才凸显
出来。在这个意义上，双方互动的基础是一种道德秩序，对方掌握着道
德权力。互动是否能够维持，关键在于对方是否实施这种权力②。在调查
地，有子光荣、无子耻辱仍是农村社会舆论及道德评判的标准。因此，
处于生育期的家庭会想尽一切办法生育男孩，而过了生育年龄的为了回
避这种道德压力带来的心理紧张，就会出现对人际交往的疏离，进而使
得其弱势地位逐渐凝固化。如果说出生性别比偏高是一种我国农村许多
地方持续已久的、更有弹性的社会性别歧视方式，那么，这种人际交往
的疏离是一种更为隐性的、弹性更强的歧视方式③，这种歧视应引起我们

① 孙隆基：《中国文化的深层结构》，（台湾）集贤社1985年版，第35页。
② ［英］安东尼·吉登斯：《社会学方法的新规则——一种对解释社会学的建设性批判》，社会科学文献出版社2003年版，第24页。
③ ［加］宝森：《中国妇女与农村发展》，江苏人民出版社2005年版，第105页。

的警觉，它使得计生女孩的弱关系变得更弱，进而阻碍了他们对农村社区的认同感和归属感，其他家庭因不愿意重蹈计生女孩隔离的境况，对出生人口性别进行人为干预就在意料之中了。

四　找回农村计生女孩家庭的弱关系

（一）发展赋权型的社会政策，促进农村纯女孩家庭可持续生计的能力

毋庸置疑，30 多年来中国计划生育政策所带来的社会经济效益是有目共睹的事实。但同时必须看到，家庭是计划生育的主体，计划生育政策的执行离不开每一个家庭对计划生育行为的选择，是他们使政策转化为现实，30 多年来中国少生了几亿人口。在相关保障措施尚不健全的情况下，计划生育手术并发症、计划生育家庭子女伤残死亡等问题日益聚集，计划生育家庭的生产、生活和生育的可持续发展受到严重威胁。在经济发展相对落后的农村贫困地区，家庭承担着更多的组织生产和赡养老人的社会经济职能，因此，农村子嗣仍被作为承担家庭风险的重要载体，农村计生家庭劳动力尤其是男性劳动力的缺乏，使得家庭经济供养资源和支持来源少。研究表明，非计生家庭人力资本仍保持着显著的优势，这种优势在子女们独立生活之后则表现得尤为明显。倘若计生家庭代际的经济资源流动和互补不足以支撑赡养老人，那么，农村计生家庭中传统的代际抚育和赡养机制就会被打破。农村计生家庭在哺育、生产、负担时期，生计资本处于劣势，发展能力不足具有长期性；家庭发展的赡养阶段是家庭生计水平最差的时期，农村计生家庭进入赡养任务阶段时家庭发展能力越发受到挑战，而计生家庭中独女的家庭在生计资本上处于最劣势。这样，农村计生女孩家庭不仅沦为经济上的贫困家庭，比如收入的减少，抗风险能力降低，医疗问题和养老问题严重，还可能沦为文化上的贫困家庭，受到地方社会的排斥。加上由于制度设计的局限性和制度之间缺乏配套和衔接，该类家庭的社会风险增大，而这种风险实际上反映了我国人口和计划生育政策本身所蕴含的风险，政策自身风险的规避是计划生育政策完善的重要目标之一，这就需要根据经济社会发展水平的变化，构建计划生育家庭的福利体系，建立有效的社会政策支持体系来预防和化解风险，这不仅可以保障和维护农村纯女孩家庭的利益，使其共享人口控制的成果，还可以保证人口的良性运行和均衡

发展。

（二）重视出生性别比工作的情感维度

实际上，农村计生女孩家庭的弱关系的状况，这种体验甚至可以说是一种软性的、弥漫的主观体验，也在一定程度上反映了农村社区共同体的衰弱，社区资本的丧失。心灵（或亲属关系、邻里关系和友谊）被认为是共同体的三大支柱之一（另外两个是血缘和地方），根据滕尼斯的看法，在共同体中情感和道德的力量非常强大，而且与之相关的事物往往是"善"（good）的，共同体乃美德之源。一个共同体必须要有一群个体之间充满感情的关系网络，而且是彼此交织相互强化的关系（而非仅仅是一对一的关系或者链条式的个体关系）。在出生性别比的政策设计和实施过程中，应当充分考虑到情感维度，以培育积极的共同情感，这样不仅可以让农村计生女孩在这种共同情感中获得意义、价值和尊严，而且有助于进一步激发出的共创适合家庭的热情。在党的十九大报告中提出了乡村振兴战略，找回和重建人与人之间那种更为亲密、更为温暖、更为和谐的纽带，是乡风文明建设的应有之义。

（三）以家庭生命周期为依据，从救助到服务的转向

在政策中，将女儿户家庭称之为特殊困难家庭。如中共中央、国务院1982年2月以中央11号文件的形式颁布的《关于进一步做好计划生育工作的指示》中，提出："农村普遍提倡一对夫妇只生育一个孩子，某些群众确有困难要求生二胎的，经过审批可以有计划地安排。不论哪一种情况都不能生三胎。"梁中堂在追溯了我国计划生育政策的发展史后，发现，文件中"某些群众确有实际困难"是"女儿户"的特别表述方式，至于为何要采取这样的表述方式，这一必须与群众见面的政策，必须具有简单、明了和通俗易懂的特点，但恰恰因为文字表达不清楚而导致了在实际工作中得不到执行，进行救助就成为后续政策的主要思想。农村计生家庭在抵御自然灾害类风险、劳动力缺乏风险以及市场类风险上都存在不同程度的脆弱性，尤其是在西部地区，面临的问题更为严峻。

从长远来看，计划生育家庭在孩子长大成人独立生活之后，能够获得的支持始终是有限的。由于孩子数量的减少是引发家庭脆弱性的一大原因，而这一后果的存在很大程度上是因农村家庭对于政府号召的积极响应，或在相当程度上是在政府政策压力下不得已而为之，也因此，农

村计生家庭对于家庭发展与家庭风险抵御的担忧应当由政府通过给予相应扶持政策予以消减或解除。尤其是西部地区农村家庭、农村独生子女家庭、农村计划生育子女伤残家庭，应该得到国家和整个社会更好的照顾。具体而言，就是要在社会保障机制中向计划生育家庭倾斜，从而填补子女较少所形成的支持空当。这种由于子女较少而形成的支持空当，其内涵不只是经济性的，还包括生活照料、情感慰藉等内容。因此，对于这种空当的填补不应仅仅是经济性的，还应建立积极友好的社会服务导向的制度，立足于促进人的发展和增强应对风险的能力，通过提供诸如工作——家庭平衡服务、保健安老服务、人力资本投资服务等服务，回应农村计生女孩家庭在家庭各个生命周期阶段的问题和需求，以服务项目进行补充，注重社会关系与精神心理，填补既有家庭救助制度的空白。这种服务导向的制度设计通过将关注点前移至人的发展早期，由"事后"弥补变为"事前"干预，从根本上降低了家庭危机发生的可能性。

第三节　独自孤独：失独家庭的晚年生活

一　问题的提出

在很多国家，成年的孩子被看作老年父母在情感、物质上的支持来源。研究表明，相比其他老年人而言，无孩老年人面临着更多的社会孤立的风险，其心理上的幸福感更低[①]。在儒家文化占主导地位的中国社会，往往会更多地强调孩子在父母老年生活中的价值。同时，由于政治和经济等方面的因素，无孩老年人的幸福感往往受到复杂多样的社会、经济结构的影响。Alexander 等认为，有无孩子和老年人的幸福感、生活满意度之间关系紧密[②]。此外，更重要的是，老年人的幸福感、满意度与

---

① Beckman, L. J. , & Houser, B. B. （1982）. The consequences of childlessness on the social – psychological well – being of older women. *Journal of Gerontology*, （2）.

② Alexander, B. B. , et al. . （1992）. A path not taken: A cultural analysis of regrets and childlessness in the lives of older women. *The Gerontologist*, （5）.

安全感有密切联系。维尔认为，现代社会进入了"不安全时代"，不安全已经渗入人们生活的结构中，破坏了个人的生活，也破坏了自我价值和自尊，产生了让人无法忍受的恐惧、焦虑、无望和无力①。维尔的"不安全时代"是从风险的角度提出的，是侧重于安全感的，他认为不安全、风险、焦虑、不确定性这些概念是可以换用的。风险意味着危险或威胁，是不可计算的，是不确定的，是一种可能性。他认为安全感/不安全感可以从三个方面来定义：第一，安全感是幸福、安全的感觉和状态，不安全感是一种预防和恐惧的感觉和状态；第二，安全感是个人实现目标的自我肯定和信心，可以实现一些希望的结果，不安全是一种绝望感，在个人努力无效时自我和信念受限制的感觉，也是一种无力感，不能实现自己的目标，不能保护个人的利益，也是不断增加的易受个人无法控制的力量攻击的意识；第三，安全感是稳定和永恒的条件，是个体对周围环境和关系可靠的持续的期望，不安全感是对他人活动的意图和未知事物的不确定感。对于老年人而言，这种安全感的获得除了制度性的安全保障外，更来自于源于亲缘、地缘关系而与他人和社会建立的信任关系，一旦信任源消失，安全感也消失殆尽，而老年人的生活也会陷入孤独的境地，甚至与世隔绝。本书拟采用质性研究方法，以南昌市 X 区 J 街道为观察点，通过参与对该街道的失独老年人的帮扶活动，对失独和老年人幸福感之间的关系进行调查分析，主要研究方式为实地观察和个案访谈。

二 失独老年父母再融入社会的主要困境

（一）政策性特扶资金少，基本生活无保障

自 2008 年起，国家全面实施计划生育家庭特别扶助制度，独生子女伤残或死亡后未再生育或未合法收养子女的夫妻，自女方年满 49 周岁后，夫妻双方领取每人每月不低于 80 元（伤残）或 100 元（死亡）的特别扶助金。2012 年，政府将特别扶助金标准提高到每人每月不低于 110 元（伤残）或 135 元（死亡）。2014 年再次上调特别扶助金标准，其中

① Vail, J., Wheelock, J., & Hill, M. J. (Eds.). (1999). *Insecure Times: Living with insecurity in contemporary society.* Psychology Press：76

城镇提高到每人每月 270 元（伤残）或 340 元（死亡），农村提高到每人每月 150 元（伤残）或 170 元（死亡），并建立动态增长机制。2013 年，江西省对计划生育家庭特别扶助政策进一步完善，并提高了补助标准。2015 年，江西省卫生和计划生育委员会等五部门联合发布的《关于进一步做好计划生育特殊困难家庭扶助工作的实施意见》明确规定，独生子女（含收养子女）死亡、女方年满 40 周岁且未再生育、未再收养子女的家庭，夫妻按不同年龄段发放特别扶助金：40—48 周岁的，每人每月 150 元；49—59 周岁的，每人每月 300 元；60 周岁及以上，每人每月 500 元。此外，针对独生子女（含收养子女）伤、病残，女方年满 49 周岁且未再生育也未再收养子女的家庭，按照夫妻每人每月 130 元的标准发放特别扶助金。这些措施在一定程度上有助于改善失独困难家庭的生活境况。

由于近年来的物价上涨等因素，这些补助金对于失独父母而言，实际上只是杯水车薪。笔者在与 S（01－S－64）的访谈中得知，其独子于 2008 年因交通意外不幸离世，其妻也早已于 1997 年病故。他一人孤独生活，因年纪渐大，并无其他收入，一贫如洗。访谈时正值寒冬，而他家中却连一床像样的棉被都没有，身上穿的也只是一件破棉衣。因太久无人来家，看到来人，他害羞地躲在门后，之后才想起给客人让座。尽管后来当地政府对他进行特别补助，年节中也给他送钱送物，但仍无法真正保障他的基本生活。总体上，目前国家还没有制定出比较完善的法规政策，以确保像他这样的失独者获得持续稳定的生活来源。

笔者在与 X（06－X－56）的访谈中了解到，她曾是服装加工厂工人，2005 年，其独子被检查出胃癌晚期后，全家其乐融融的局面被打破。她诉说道："为给儿子治病，我和老伴几乎跑了全国各地，求了不少人，把积蓄都花完了，还借了不少钱，最终也没能留住孩子。孩子走了，我们也就没了希望。我们之前过的都是有孩子的日子，操的都是孩子的心。我也想过一了百了，可欠人家的钱不能就这么不给，人家在我们最困难时帮助了我们，钱也是大家辛辛苦苦赚来的。现在我们因孩子治病欠钱，我们都应还清啊。"讲述中的她，泪流满面地接着说："退休后，我们夫妻俩收入并不多，近年老伴到建筑工地做工伤了身体，也没钱去治疗，如今我俩还能动，不知再过几年又会如何。哎……"看得出来，她对日后的生活已无太大期盼，甚至觉得日子是过一天算一天。没有经济来源，靠着政府补助和不多的退休金，还背着一大笔债务，他们夫妻俩的晚年生活过得紧巴巴的。

（二）机构养老有门槛，安度晚年面临困惑

养老是失独老年父母晚年面临的现实困难。当前，老年人要入住养老机构都需有担保者签字，签字担保人多为其直系亲属，无直系亲属则须街道、社区或单位担保，但多数街道、社区或单位都不愿意为老人承担责任。笔者在与 L（02－L－62）的访谈中得知，他就面临着这个问题的困扰。他是某小学退休老师，其独女于 2005 年因车祸去世，从此他和妻子的希望也失去了。"这几年，身子骨越来越差了，上个四楼都得歇两次，要是年纪再大点估计爬楼都得费大劲。"他和妻子一直想去养老院安度晚年。"进那里需要我们签一份入住协议，得有担保人，（但我们）找不到，所以也进不去。"笔者走访了南昌市部分养老机构，其负责人都表示，目前这些养老机构基本没有接纳失独老年人，并确认老年人入住机构养老必须签署入住协议，并由担保人签字，否则，老人一旦出了意外就会出现无人负责或监管的局面。

（三）养医服务资源不足，日常照护有缺口

在当前我国养老服务和医护制度下，因职业、区域不同，老年人的养老服务和医疗护理仍然存在着待遇的不同，再加上各地社区服务和医疗资源的分布也大多不合理、不均匀，由此带来了养医服务方面突出的城乡差异、城城差异。就笔者所调查的南昌市 X 区 J 街道而言，据不完全统计，有失独家庭 50 多户，其中 30% 失独父母患了慢性病。笔者在与 C（03－C－65）的访谈中得知，她自失去独子 8 年来一直抑郁寡欢，饮食与睡眠也越发不好。孩子离世的头三年，她每天梦见孩子，常看孩子遗物，但近几年来，孩子就不怎么在梦里出现了，其模样也慢慢变得模糊。她患有冠心病，"一想起他，我的心就疼"。她对笔者说，"有一次在家发病老伴出门买菜了，就我一人，还好老伴回家及时拿药给我吃，要不然……"

笔者在与 Z（07－Z－64）的访谈中知晓，其独女于 12 年前因病去世，从此夫妻俩相依为命。她说："我和老伴都 60 多岁了，身体都不如从前好，经常小病小灾的，到社区医院看病又总是开些不痛不痒的药。有一次我上吐下泻，就给我开了点午时茶颗粒。"她接着说："不久前，我老伴不慎从楼梯上摔下来，疼得不行，就近去了社区医院，结果等了半天，社区医院让我们去南昌市医院。社区医院呀，……也就只能看看小感冒。"现实的情况是，分散在社区的各类医疗服务机构如社区医院，其设备简陋，仅能看看小病，确实无法满足老年人的医疗需求。而失去独生子女后的老年父母，因平时无子女关照其生活，常常更易罹患各种慢性病，也更容易出现突发疾病。特别是对于其中的独居老年人而言，由于平时独住家中，万一出现意外，往往难以被人及时发现。现实表明，由于受经济发展水平的影响，当前，我国针对年迈和多病的失独父母的专门优先优惠、齐全到位的养护与就医等保障还比较少，各地保障水平也参差不齐，保障效果难尽如人意。

（四）社会关怀总体不足，隐含着群体性问题

笔者在调查中感受到，多数失独父母不愿与外界接触，不参加家庭以外的活动，也不愿向他人吐露心声，甚至有的与亲戚朋友也不愿联系。长此以往，失独父母由于长时间封闭自己，容易丧失社会交往能力，并由此可能导致郁闷、孤僻等心理问题，从而又增加了他们的社会关怀需求。这也是失独老年人忧伤心结亟须外界帮助的主要症结所在。笔者在与 Z（04 - Z - 58）的访谈中得知，她是南昌市一名退休教师，其年仅 24 岁的独子于 8 年前因恋爱受挫而自杀。以往，儿子一直是她的全部精神支柱，她对笔者说："以前在家，儿子想干什么我都会同意，儿子和我说过和女朋友的事情，我一直没放在心上，早知道，……都怪我，我如果早点察觉到，儿子……就不会……"虽然儿子离世已 8 年，可她与丈夫却为此一直生活在自责中，认为是因为自己未看好儿子而导致出错。同时，他们也不再与以前的亲戚朋友联系。夫妻俩现在都年近六旬，仍然整天窝在家里，生怕被人非议。笔者访谈的 L（08 - L - 46），其情形也与此类似。以前，他们夫妻二人经营的小超市生意很好，妻子高龄得子，三口之家生活幸福，其乐融融。自 6 岁独子被查出患有严重自闭症后，其生活就发生了变化。经多方求医治疗无果后，医生诊断其子病情很复杂，且容易出现极端行为，要求家长密切关注。而病情一直不稳的独子进入小学四年级后，却因他们夫妻一时疏忽，竟然在家里上吊自杀了。伤心欲绝的他们因独子自杀而怪罪于自己的疏忽大意，由此常常活在自责之中，闭门家中不肯外出，把负面情绪深深埋藏在心底，其内心痛苦

无人诉说，也没有任何依靠和寄托。其实，现实中不少失独家庭都是如此，在失去独子后，不愿与外界接触，而只是在自我封闭中生活。对于这些失独家庭而言，如果外界对他们的主动关注少，则他们极易出现潜在问题；相反，如果来自家庭外的社区和单位等的关怀帮助能及时到位，就能在很大程度上帮助他们走出失独阴影，重新面对生活。笔者在与 L（05－L－56）的访谈中得知，他的独子于 7 年前离世。他告诉笔者："儿子刚走的那 3 年，我都不愿意出门。2014 年，我们街道的老主任就一直来找我，和我聊天，把我当成亲人一样。街道举办的活动也都邀请我。后来我知道还有那么多和我一样的人，看着他们……我也就不觉得孤单了。"笔者通过查阅南昌市 X 区 J 街道社工组织的信息得知，街道通过开展形式多样、独具特色的文体休闲活动，帮助了不少失独者从悲伤中走出来，参与社会生活，重新调整并规划自己的晚年生活。

三　失独老人安全感的全面丧失

由于个人最初的安全感是由家庭生活所赋予并决定的，因此，家庭生活领域的安全感是个人安全感的内核与起点，继而向外扩展至职业生活安全感和社会生活安全感。下面我们从家庭生活安全感、职业生活安全感、社会生活安全感三个维度，全面考察失独父母的安全感状况。

（一）家庭生活领域安全感的丧失

家庭生活是社会生活的一个缩影，是个人生成、培养和发展自我的原初场所，同时，家庭也是一个承载着抚养、教育、赡养、情感等功能的综合性系统。根据家庭动力学的观点，家庭的功能失衡与功能紊乱会大大降低家庭的稳定性。而独生子女死亡作为一个不可逆转的残酷事件，对三口之家的打击无疑是致命的。这样一来，丧失独生子女的父母由于独生子女的离世，原本稳固的"家庭三角形"遭到重创，变得飘摇不定。独生子女家庭带有天然的脆弱性与唯一性，其死亡不仅意味着对父母经济赡养的缺位，同时也意味着对父母情感反哺的中断，这两个方面正是失独父母在家庭生活领域丧失安全感的集中体现。

1. 养老支持和赡养主体的缺位

经济与收入方面的安全感对个体安全感受的影响都是直接而明显的，并且，子女良好的经济能力是养老支持的必要基础。中华文化五千年来一直强调子女对父母的赡养行为，这不仅仅是一种道德要求，同时也是被写入国家法律的一项法律义务。目前我国家庭仍然主要采取家庭养老的方式，凸显了计划生育政策背景下独生子女在家庭养老模式中承担的角色与责任。"老无所养"和"老无所医"给失独父母带来了强烈的焦虑感和对未来生活的不确定感。此外，独生子女死亡不但影响父母的赡养问题，还影响晚年保障和医疗救治问题。所以，失去唯一的子女和未来生活的不可预期性共同塑造了失独父母在实际需求层面的不安全感。

有些非独生子女家庭同样会面对经济赡养问题，但这与失独家庭的经济赡养问题有着根本的区别。原因是非独生子女家庭的赡养问题是选择性的、可解决的"活结"，而失独家庭的赡养问题却是无备选、带有结构性缺陷的"死结"。对失独父母而言，失独意味着赡养主体的缺位，加上社会经济的高速发展带来生活成本的增加，失独父母对自己的养老问题都存在过度焦虑和担忧，导致经济安全感丧失。

2. 情感反哺和精神慰藉的中断

随着传统孝道的演变，精神赡养的作用变得日趋重要，因为它既符合子女的道德义务，同时也满足了父母的养老需求，因此，情感上的控制感与满足感对父母获取安全感具有积极的促进作用。在现代社会，子女对父母的赡养除了经济层面之外，更要注重精神层面的抚慰与支持，让父母能够有所慰藉。但失独父母所承受的是亲子情感交流的闭塞与中断，他们感到自己的情感不断失去控制，就像"以前孩子虽然也不在家，但我知道他是好好活着的，我起码能给他打电话听听声音，但现在他是真的没有了，连声音都听不到了"，这类话语代表了他们普遍的心理感受。长期处于消极状态，产生被遗忘和被抛弃的心理，丧失了情感交流慰藉的可能，这会让他们产生深深的失落感。情感是个体的精神支撑，缺乏情感的正面支持，人的精神也会陷入绝望、瘫软的状态，长此以往会更进一步地弱化失独父母的安全感。

（二）社会生活关系网络萎缩

失独父母在家庭生活领域和职业生活领域产生不安全感后，会逐渐外扩到社会生活领域。在人际安全感层面，随着实践互动的封闭化，失独父母的关系网络表现出不断萎缩与边缘化趋势；在资源安全感层面，在外在污名标签与内在自我构建的共同作用下，失独父母的互动资源表现出逐渐质次和负惠的特点。上述两个层面直接造成失独父母在社会生活领域安全感的丧失。

1. 家庭的关系网络日益边缘化与萎缩

人际安全感反映了个体在与人打交道时的安全感，相对而言是一种更为外在的安全感表现。个体的关系网络一般由亲属关系、同事关系、邻里关系等构成，在正常的社会关系网络中，个体能够进行充分的情感交流与沟通，不断扩充自我的社交圈，并在建立亲密关系的基础上增强自信，形成安全感。但由于独生子女的死亡，失独父母的情感互动逐渐封闭，导致原本建立的亲密关系网络不断缩小。此外，作为子女的监护人，父母围绕子女所参与的如学校、社区、医院等机构而建立的次级关系网络具有较广的范围和较密的频率，但是独生子女的离去使失独父母与次级关系网络的交往显得毫无必要，从而进一步强化了其整体关系网络趋向萎缩的境地。失独父母表现出自我边缘的主观倾向，在子女日渐占据父母交流中心和主题的现代社会，失去唯一子女的父母如同背上了一道"社交伤疤"，时刻提醒着失独父母与正常父母之间的不同，于是他们在生活中对他人充满敌意且缺乏信任。因此，他们对原有社会关系网络的排斥感表现得特别强烈，正是由于这种深深的不安全感，令很多失独父母甚至不惜以搬离原居住地来表明自己切断原有社会关系的决心。

2. 家庭的优质资源数量和质量在下降

社会生活安全感的内在基础是个体具备自我完整性的体验和正面评价，一般情况下，个体为获取优质互动资源而增强或扩大关系网络的密度与范围。理性社会中的人们根据双方具备的条件与要素，考虑互动过程的成本与收益，确保稳定互动关系的建立。而失独父母就像没有"本"的人，这导致他们的自我评价较低，并接受了来自外界的污名标签，展现出不幸之人的符号形象。其中一方面来自传统观念中对"失独者"建构形成的偏差色彩，更多则来自失独父母对自我"污名"的不断强化，因此，失独父母那种强迫性的内省心理导致他们认为自己无法为互动的另一方形成相对一致的收益，由此形成的资源也不断影响着他们的安全感。另一方面，互动资源的一个重要原则便是"互惠"，意在双方都能通过关系交往而有获益。而失独在文化意义上是"受损的身份"，失独父母也因此产生羞愧感、自责感，前文已论及失独父母关系网络的边缘化发展趋势以及消极面对日常生活的互动形式与资源交换等特点。这种对身份缺陷的过度强调容易导致对自我认知和评价的负面倾向，很难建立平等的互动关系，其实也指向了其互动资源呈现出从"互惠"到"负惠"的演变轨迹，进一步加重了失独者的不安全感。

在家庭生活领域，由于经济赡养和养老支持的缺位形成的经济不安全感，以及精神慰藉的中断所形成的情感不安全感，使失独父母如游魂一般存活在这个世界上，剥夺了他们生存与生命的意义，使得他们的家庭安全感很难得到提高。在社会生活领域，个体是活在社会中的人，是社会交往的实践者，而独生子女的死亡让父母似乎陷入低人一等的窘境，他们会有意回避固有人际关系，疏于互动资源的互惠。因此，人际不安全感和互动不安全感令失独父母丧失社会生活领域的安全感。

四　失独家庭难以再融入社会的原因分析

失独家庭因独生子女去世或残障，其稳固的家庭结构遭到破坏。他们面临不少社会风险，容易被边缘化，出现物质匮乏、精神匮乏或物质与精神双重匮乏，从而难以再融入社会。之所以如此，其原因主要有以下几个方面。

（一）计划生育政策等制度性设计缺陷

制度设计的缺陷使失独家庭不断增加，且失独家庭因与社会出现隔膜，又难以再像从前那样正常参与社会活动，因而往往无法融入社会。国家在制定计划生育政策时，未能充分估计失独家庭可能要面临的风险，使得部分人在积极履行计划生育义务后，却遭受因独子意外去世而导致的老无所养、老无所依等痛苦。2001 年颁布的《中华人民共和国人口与计划生育法》第四章第二十七条规定："独生子女发生意外伤残、死亡，其父母不再生育和收养子女的，地方人民政府应当给予必要的帮助。"在法律上首次规定了对失独父母的帮助。只是，这种"给予必要的帮助"概念模糊，仅仅是"应当"，而非强制性义务。这种非强制性规定，对地方政府而言，其是否实施就存在选择性。而且，由于该条文中并未明确规定对失独家庭的补助标准，而是由地方政府自行界定，这就使这一政策更加难以落实到位。访谈中，Z（09－Z－56）告诉笔者：由于失独家庭在日常生活中属于非大众化群体，少有专人或单位负责此项政策保障；

居委会、单位对其的补助金不仅金额很少，且常常因人事调动等因素，可能不能按时领到或漏发、错发；去居委会、单位寻求帮助时，往往也很难找到相关负责人。当前，涉及失独家庭的政策主要由计划生育委员会、民政部门或其他主管机构制定，其实施往往涉及多个部门、领域，从而出现政策的制定与实施脱节或实施不及时、政策难以切实执行等现象。江西省的部分基层计划生育工作者、社区干部反映，因不同主管部门间政策不衔接、责任不明，往往导致失独家庭申请扶助政策待遇屡屡遭拒。同时，各地对失独家庭的保障也存在不平等现象。整体而言，独生子女伤残或去世家庭的特别扶助政策及相关法律规定，仍需进一步充实、完善，以真正保障失独父母的晚年生活幸福。

（二）社会保障总体水平较低

当前，国家财政支出的社会保险和社会福利（含社会救济等）比例总体偏低或是补充不够。只有国家财政提高对社会保障资金的支持力度，才能真正提高失独家庭所急需的社会福利性支出，使他们再次融入社会。目前，我国社会养老保险制度仍处于完善阶段，我国的基本养老保险制度囊括了新型农村养老保险、城镇居民养老保险、城镇职工养老保险、机关和事业单位养老保险等。对于失独父母而言，由于独生子女的失去，他们将面临老无所养、老无所依的境地，养老无疑是他们面临的最大问题，而现行养老保险制度却很难满足这类特殊家庭的养老需求。

另据国家统计局江西调查总队服务业调查处 2011 年下半年采用随机抽样方法获得的调查数据，南昌市老年人对社区养老服务主要有五大需求：体检、养生知识普及等保健服务，需求度达 100%；住房维修、家电维修服务，需求度达 98.15%；形式多样的文体休闲活动，需求度达 90.74%；家庭医生服务，需求度为 46.3%；保洁、送餐、上门做饭等家政服务，需求度为 38.89%。这些需求在失独家庭中更为突出。如本次访谈的 S（01 - S - 64），因没有收入来源，靠着政府微薄的补助金生活，实在难以承受现代社会日益增长的生活消费支出（养老、住房、医疗等方面的支出）。由于社会保障总水平较低，失独家庭往往生活困窘，从而使他们难以再融入社会。

（三）医疗保障不足

随着人口的高龄化，失独老年父母带病生存现象将更为普遍，他们中的失能和半失能者将逐渐增多，其所需的生活照料、康复护理、精神慰藉、临终关怀等综合服务需求日益迫切。尤其是失独老年父母的长期照护服务，将是一个解决起来难度很大的社会问题。医疗保障不足成为失独家庭因病返贫的主因。现实中，独生子女死亡的原因多样，其中意外死亡与患病死亡占绝大多数。若独生子女为意外死亡且责任不在死者时，其父母或许还能得到若干经济赔偿；但若独生子女为因病死亡，则其父母往往因为救治独子时的经济付出，极易因病返贫。数据显示，仅2010年，我国15—30岁年龄段因病死亡者高达264万多。这些病逝子女的家庭往往因救治子女而倾家荡产甚至债台高筑。全国人大代表赵超在一项调查中发现，失独父母因病返贫比例高达50%。我国目前仍不完善的医疗保障体制，使父母往往要拼尽全力去救治其处于重病中的子女，从而导致因病返贫。此外，因地区间经济发展水平不一，各地政府对失独家庭的医疗保障水平也参差不齐。失独家庭因缺乏较好的医疗保障措施，看病难、看病贵成了他们再融入社会的一大阻碍。

（四）社会支持体系零散

一个正常的家庭关系和稳定的家庭状态，是家庭功能有效发挥的前提。失独作为重大的家庭事件，无疑破坏了家庭的正常结构，由此导致家庭功能严重受损。失独家庭的变故还可能带来其亲属关系的疏离。大部分失独父母自我封闭，并排斥外界，主动疏远亲朋好友。如访谈对象Z（04-Z-58）和老伴，就由于失独而产生了自我封闭心理，对外界有较大的抵触情绪。也有些亲属因担心无意伤及失独父母，而不知该用何种适当方式去接触他们。加上中国传统的"趋福避祸"思想，也可能导致来自亲友的疏离。总之，失独父母的社会支持网络零散，也是其难以再融入社会的重要因素之一。

（五）媒介报道的问题化、"标签化"倾向

亲子关系被认为是已婚夫妇的合法目标，拥有孩子被认为是自然的或正常的生活，而无孩作为一种可选择的生活方式，在当前社会仍然会受到外界的质疑。对于那些没有生育小孩的父母，外界或对他们报以怀疑，认为其个体是自私的、不成熟的、异常的和不快乐的，或同情那些不能怀孕的妻子不能实现她们扮演母亲的角色。那些因制度性因素、环境因素等非主观因素而失去亲子关系的老年人，由于老无所依，没有更好的可寻求的帮助资源，往往只能依靠配偶的帮助。对于单个的无孩个体，媒介往往将其塑造成为特殊人群，怜悯、同情成为社会舆论的主要成分。最新研究表明，新闻媒体、部分学者的研究定位、价值指向和政策取向等建构的失独家庭社会形象，多被单向塑造成为"无解""苦的"等"标签化"形象①。这种"标签化"形象，使得失独家庭往往处于一种被孤立的社会位置，公众也由此用异样的眼光去看待他们。实际上，失独家庭是无孩家庭中的一种，但他们与自愿无孩家庭、空巢家庭等其他类型家庭一样，并不是问题家庭。媒体和学界对失独家庭过度特殊化塑造的后果，实际上有碍失独家庭走出丧子之痛并重新融入社会。

五　弥合裂痕，缝补失独家庭的支持网络

独生子女死亡后，由于以往稳固的三角家庭结构被破坏，使其家庭面临着更大的社会风险，失独父母常常处于被社会边缘化的境地。物质或精神匮乏，或物质、精神双重匮乏的失独父母，往往难以再融入社会。为使失独父母再融入社会、安享晚年幸福，本书提出如下对策建议。

（一）完善计划生育政策，防范制度性风险

风险理论认为，随着现代化进程的加快，人类进入了一个高风险社会，随着人类对社会生活和自然的干预范围和深度的扩大，决策和行为等人造风险成为风险的主要来源。这种制度性风险是现代化影响下的新型风险，这类风险已经超过外部风险，成为风险结构的主导内容。从这个意义上说，穆光宗将独生子女家庭视为风险家庭无疑是正确的。计生家庭本身是一种风险家庭，计生家庭规模的扩大，孕育着社会的高风险②。要很好地化解这种风险，应该首先从制度层面上进行设计。具体而言，主要包括完善独生子女伤残或死亡家庭扶助制度等。

在调查中，笔者也了解到，无论在城市还是在农村地区，大多数独生子女伤残或死亡家庭已成为当地困难程度较高的群体，特别是那些独

---

① 慈勤英、周冬霞：《失独家庭政策"去特殊化"探讨——基于媒介失独家庭社会形象建构的反思》，《中国人口科学》2015 年第 2 期。

② 桂世勋、王秀银等：《对成年独生子女意外伤亡家庭问题的深层思考》，《人口研究》2004 年第 1 期。

生子女伤残较严重并丧失生活自理能力的家庭，则更为贫困。在社会保障制度不健全的情况下，一旦发生子女夭折的风险，要全部由家庭来承担其后果。目前在我国，成年独生子女死亡或伤残家庭享受帮扶后，一般不能再享受最低生活保障扶助①。因此，首先应对失独人群的生活状况及社会保障状况进行全面深入的了解和掌握，以他们的生活需求为本，根据不同家庭的状况弹性设计社会保障制度安排。独生子女伤残或死亡家庭扶助制度的完善，应与社会保障制度协调发展。符合条件的独生子女伤残或死亡家庭，可以优先申请和享有最低生活保障待遇。而且，他们的最低生活保障标准应高于一般水平。同时，应将特别困难的独生子女伤残或死亡家庭列为重点救助对象，由政府为该类家庭提供相应的物质扶助，增强其风险抵御能力。此外，还要加强对失独父母的养老管理，对于缺乏关系密切的其他亲属、朋友等愿意承担相应监护责任的，应由其所在单位或住所地的村/居委会或者民政部门担任监护人，或由政府指定相关部门，负责为失独老年群体提供生活护理、养老、疾病治疗服务及其身后财产处理等事宜。

应注意的是，在发达国家，城市化与人口生育率下降之间呈反比关系，即随着社会保障制度的完善以及城市化水平的提高，人口生育率一般呈现出下降趋势。在我国，有研究表明，在大部分省份中，城市化与省内生育率的下降相互联系，这意味着，城市化在国家生育率下降的诸因素中有可能成为一个主要因素②。这表明，我国人口生育率的下降是刚性的计划生育政策、城市化及其带来的生活方式的改变等多种因素综合作用的结果。即使在我国中部省份，由于受到育儿成本的压力、对新生活方式的向往等因素的影响，很多人生育二孩的意愿也没有预期的那么强烈，现有的计划生育政策对人们生育意愿的影响已经减弱，放开生育数量限制的时机已经成熟。

（二）着力落实养老医护保障

在制度上，要保障失独家庭的基本权利。目前，我国对于计划生育

---

① 徐继敏：《成年独生子女死残的困境与政府责任》，《重庆行政》2007 年第 3 期。

② Guo，Z.，Wu，Z.，Schimmele，C. M.，& Li，S.（2012）. The effect of urbanization on China's fertility. *Population Research and Policy Review*，（3）.

政策实施以来出现的新的社会问题缺乏完善的制度设计，暂时也没有专门的相关立法，仅参照民政部对"三无"老年人的优惠政策，由政府对失独老年人进行供养。失独家庭面临的最为突出的问题无疑是养老与医疗保障问题，因此，必须提高养老保险和医疗保险在社会保障中的地位，以提高失独老年人的自身养老能力。我国现行的养老保障制度包括城镇养老保险和新型农村养老保险，但其实施的力度仍然不够，普遍性不足。建议建立和完善失独家庭社会保障的法律法规。同时，政府应加大对社会保障方面的财政投入，或设立专门针对失独父母养老与医疗的保障性的专项资金，切实保障失独父母晚年在养老医护方面的特殊需求。

（三）专设失独父母养老场所

社区养老是指以居家养老为主体，以社区日间照料、配给居家养老资源为主要服务内容的养老模式。建议政府加强对社区养老的支持，加大对社区养老服务设施建设的投入力度，提高养老服务水平与标准，积极完善居家养老和社区养老的服务网络建设，对不愿意出门及行动不便的失独老年父母提供日常生活方面的护理及照料，或在社区建立老年人日间照料站点，为失独老年父母提供短期的日常生活服务。针对失独老年父母需要长期养老护理服务的，可以参照北京市于 2015 年出台的《公办养老机构入住及评估管理办法》，将失独后自身又失能或超过 70 周岁的老年人纳入服务范围。据了解，北京市明确提出，将对北京第五社会福利院进行改造，使其成为专门接收失独老年人的示范性养老机构。

（四）织密社会关怀与社会支持网络

对空巢老年人进行潜在生活风险评估，筛选出风险因子，通过社会关怀网络对其予以控制，并给予特别关注、重点关爱和深切关怀。在对失独父母安全感的重建中，既要依托专业社会工作机构与人员的力量，也要吸纳社会志愿者的爱心援助。专业社会工作人员在专业知识的指导下，能够为失独父母进行科学的心理干预、不良情绪疏导以及心理疾病的预防等服务。同时，通过对当地街道和社区的实际进驻，他们可以充当资源整合者的角色，为失独父母带来更多的可依靠感。非专业性力量指的是由学校、社区等场所组织的学生、社区工作人员以爱心志愿者的形式参与失独父母的日常生活。这种形式更强调志愿者在失独父母日常生活中的参与感，一方面将欢声笑语带给他们，有助于排解他们孤独的情绪；另一方面，爱心志愿者也可以在力所能及的范围内，帮他们排忧解难。

　　政府落实对非政府组织的社会支持，使这些非政府组织能够为失独家庭提供各种服务。非政府组织可通过开展为失独家庭进行募捐、建立基金等筹集帮扶资金方面的活动，将其所得资金通过各种方式赠予失独家庭。同时，这些非政府组织通过利用自身优势，还可以为失独家庭提供一些专业、免费的康复健身、上门理发、心理治疗等帮扶服务。注意组织化形式与非组织化形式相结合。越来越多的失独者建立起失独组织群体，相互安慰，抱团取暖，也就逐渐有了组织化形式的出现。相同的人生经历和情感上的共鸣让他们更易相互理解。其中一个重要原因就是人都是趋同的，在这个前提下，失独父母们能够很自然、很顺利地与跟自己"身份"一致的人进行交谈和互动，避免了与没有遭遇失独之人在交往过程中产生自卑和不自然情绪的可能性。非组织化形式具有群体疏离感、关系分散性的特征，似乎与组织化要求背道而驰。事实上，组织化发展固然能够为失独父母创造具有高度同质性的群体成员关系，但如果过于沉溺其中，偶尔的极端情绪被反复渲染可能会导致群体亚文化的出现，从而引发集体性风险和群体行动。因此，纳入非组织化形式可以起到有效调和的作用，推动失独父母与非失独者之间进行接触和交往，引导其在日常生活中更快地恢复常态和重建安全感。

　　要强化社会工作者及其组织的专业支持，充分发挥好社会工作者的特殊作用，使之集合社会多种力量，为失独家庭提供专业疏导和积极帮助。为确保专业服务的连续性和服务质量，政府应加大培育社会工作者的力度，并逐步提高其待遇与社会地位，给予社会工作专业组织更多的便利和发展空间。

　　此外，尽量将各种所需的资源纳入社会网络中，特别要注意对于网络资源使用方面的动力学分析——根据社会交换理论，失独家庭所接受到的支持（工具性、情感性和信息性支持）和所提供的支持宜趋于均衡性互惠，这既是支持系统长久运作的动力，也符合中国礼尚往来的传统。这也意味着，失独家庭如果在社会支持网络中完全处于被动地位，一味地接受支持而不提供支持，则该网络将无法运行下去。

（五）优化社区医疗资源

政府应加强对社区医疗资源的整合，增加对失独老年父母就医的帮扶与资助的力度。同时，建议政府鼓励和引导企业事业单位、社会团体、个人等社会力量开办社区卫生服务机构，按照非营利性医疗机构要求、区域卫生规划，设置和健全包括综合医疗服务、专项护理服务等项目在内的社区卫生服务网络，切实满足社区居民尤其是社区失独老年父母的医疗、康复服务等所需。

（六）构建失独家庭的发展型社会救助制度

在难以再融入社会的问题上，失独家庭所面临的问题并不是短期的临时救助就可以完全解决的，因为任何临时性、物质性的帮助和对政府的刚性依赖，已经远远不能应对失独家庭面临的各种问题。为此政府需要对现有的救助制度进行反思和调整。基于此，2010年，国家人口和计划生育工作总的要求为"提高家庭的发展能力"。在此，可以借鉴发展型社会政策的理念来调整相应的救助制度。所谓发展型社会救助制度，就是将发展型社会政策中的发展维度引入对失独人群的救助制度的设计理念中，以发展型的政策理念，来协调和提升失独救助制度的理念、失独救助政策的制定、社会救助的管理；以个体能力的提升和发展为导向，寻求失独救助制度与社会、经济发展之间的相互协调。在这种视角下，失独家庭不应被看作消极的、无助的及失能的，甚至被污名化的；而应当从重视对个人和家庭的能力发展与建设的角度出发，从积极的、赋权的、发展的视角来重新发现他们的潜能。通过发展型的社会救助，不仅可以保障失独家庭的生存和尊严，还可以实现救助制度建设合理救济、促进社会团结、增进社会公平的初衷。

综上所述，由于受到经济、社会、文化、媒介等方面因素的影响，失独老年人的幸福感和生活满意度都处于较低水平，这也验证了Alexander等的预测。要提高失独家庭的幸福感，需要对社会政策进行重新调整。随着发展型社会政策成为一种趋势，我国现有的对失独家庭的救助应该"从生活救助到注重能力救助，从消极救助到积极救助，从单一性救助到多元化救助，实现从补救性救助到注重预防性救助、从救助管理到救助服务"的转变。发展型社会救助是解决失独家庭困境的一种理性政策选择；因此，对失独家庭的救助制度和政策，需要将政府和社会的资源整合起来，以失独家庭的增能为着眼点，将他助与自助结合起来。这不仅是我国社会救助政策的题中应有之义，而且也是满足不同失独家庭的需求、促使其从隔离走向开放的重要的制度理念的转变。这一理念对于应对我国人口转型时期面临的诸多问题而言，同样具有一定的启示意义。

第 五 章

从碎片化支持到无缝隙支持：
迈向整合的社会支持系统

第一节　全面二孩政策背景下完善出生
性别比综合治理体系

当前，我国正处于社会结构转型、全面深化改革和全面建成小康社会的关键时期，经济增长进入新常态，社会治理凸显新特征，科技创新取得新突破，人口发展形势呈现新格局，公众生育观念出现新变化。这一时期同样是生育政策调整和完善的"窗口机遇期"。2014 年各地分别启动了单独二孩政策，2016 年已经开启了全面二孩时代，这为出生性别比综合治理工作既带来了新的机遇，同时也面临着新的挑战。今后一段时间内，我们必须准确把握宏观背景，深刻认识全面二孩政策背景下出生性别比治理政策体系完善的重要意义，抓住发展机遇，妥善应对存在的突出问题，全面完善出生性别比综合治理体系。

一　"普二新政"后综合治理出生性别比面临挑战

党的十九大报告中提出：要"坚持男女平等基本国策，保障妇女儿童合法权益"，而出生性别比失衡的治理工作是落实该精神的一项战略性任务，也是一项复杂的工程，难以立竿见影。不管是政府还是学界，都不能急功近利，而需要有打持久战的思想准备和资源准备，其难度之大也给学者、社会各界以及各级政府都提出严峻挑战。毫无疑问，"普二新政"实施后一定会对出生性别比本身及其治理模式和手段带来一定的影响，但指望全面二孩政策（下文简称"普二新政"）根除失常的出生性别比既是不现实也是不可能的。出生性别比究竟会发生怎样的变化，对综合治理出生性别比会带来什么问题和挑战，在极其严苛的生育政策落下帷幕后，出生性别比失衡又该如何治理？这是二孩政策后摆在政府和学界面前的问题。

（一）现行综合治理出生性别比的"四驾马车"

出生性别比失衡是多种因素综合作用的结果，性别偏好、生育政策、经济社会发展水平、技术可及性四个要素之间相互影响和纠缠，起到相互强化的作用，其中性别偏好是本源性因素，既推升出生性别比失衡，也是所有其他因素发生作用的根本原因。政策因素涵盖两个方面：既有因生育挤压带来的生育的自我调节，也有因性别盲视而受到进一步强化的性别偏好，二者都会提高出生性别比。在个体层面，经济社会发展水平是一柄双刃剑，既可驱动部分民众千方百计地至少生一个儿子，也可帮助人们内化更为平等的生育理念；在宏观层面，只有当人均 GDP、受教育程度达到较高水平或某个临界点时，出生性别比才会有所降低。还应看到，经济社会发展水平与生育政策、技术手段（主要是非医学需要的胎儿性别鉴定和非医学需要的性别选择性人工流产、引产）和性别观念发生关联。这是因为经济社会发展水平不仅是具有地区性差异的生育政策产生的重要原因，而且还会制约技术的可及性，并影响性别观念（尽管较发达的经济社会水平与性别观念未必一定呈正相关关系，但欠发达的经济水平往往与更为强烈的性别观念相关联）。"两非"技术的可及性和可得性无疑是出生性别比失衡的最直接原因和推手。针对以上因素，国家从综合治理理念出发，强调多个部门协同联动，出台了一系列生育政策，立足标本兼治。宣传倡导、利益导向、打击"两非"和计划生育优质服务"四驾马车"齐头并进，共同推进综合治理工作，旨在从根本上降低出生人口性别比。

（二）四驾马车可能跛腿

"普二新政"后，一方面，由于人们可以普遍生育二孩，政府无须像过去那样"盯、关、跟"，只需出生登记，使各种烦琐的审批工作和手续都得到精简。从这个意义上讲，"普二新政"下计划生育服务工作的难度可能会有所降低。但另一方面，新政策提高了计生服务和管理工作的要求，增大了出生性别比综合治理工作的难度。从长期来看，新政策对出生性别比将会起到一定的缓解作用，因为前面提到的四要素中的政策要素随着政策的调整而削弱了（即政策挤压得到缓解，政策的性别盲视会逐渐消除），但仅靠政策的宽松并不能从根本上将出生性别比拉回正常水平。从短期来看，新政策可能对综合治理出生性别比的方式方法、手段措施、体制机制形成较大冲击，使得过去的综合治理举措面临巨大的挑战和困境。换言之，尽管在新政策环境下，出生性别比将总体向好，但对治理可能有负面影响，其中，受冲击最大的将是利益导向机制，除非尽快找到有效的替代抓手，否则综合治理出生性别比失衡的"四驾马车"可能会暂时性地出现利益导向机制的效用受损、其中一匹马跛腿的局面。

在过去近20年中，关爱女孩行动的一个重要配套措施就是奖励扶助。客观上讲，奖扶措施对阻止人们进行性别选择的作用可能不大：其实是这类家庭（无奈地）接受了只有女儿这个事实后所得到的一点补偿，换言之，奖扶更多的是果，而不是因。杨菊华等在全国10余个省份对农村人口的定性访谈结果发现：与拥有一个儿子相比，一次性奖励几千元对夫妻并无足够的号召力和吸引力，虽然女儿户家庭的女孩中考加分权重较大，但那大约是15年后的事情，而且由于生育优惠政策与教育普惠政策之间的矛盾冲突，此奖扶项目在很多地方难以落实。即便能落实，但这与目前看得见摸得着的家庭利益相比，奖励扶助对性别选择行为的抑制作用就显得微不足道了。按照党的十九大报告的部署，在新时代，社会保障体系建设将进一步加强，"按照兜底线、织密网、建机制的要求，全面建成覆盖全民、城乡统筹、权责清晰、保障适度、可持续的多层次社会保障体系。全面实施全民参保计划。完善城镇职工基本养老保险和城乡居民基本养老保险制度，尽快实现养老保险全国统筹。完善统一的城乡居民基本医疗保险制度和大病保险制度"。可以预见的是，普惠性的社会保障的范围和实施力度将进一步加大，以增强居民的防范风险能力。虽然利益导向机制针对的群体是计划生育家庭，强调的一直就是"照顾""优惠""利益倾斜"和"优先分享"，但相比惠农政策，计划生育优惠政策实施目标人群少、目标对象的覆盖面过窄。而计划生育利益导向政策对计划生育家庭发展的支持力度不够，对计划生育家庭风险防范方面的作用十分有限。在支持家庭发展方面，惠农政策和社会保障体系的实施和建设进一步支持了非计划生育家庭的健康发展，化解了非计划生育家庭的家庭风险，强化了非计划生育家庭在农村中的比较优势，在熟人社会中，这种可见的政策效果比任何形式的宣传、教育的影响更大。结合单独二孩的情况看，在"普二新政"推行初期，部分治理抓手可能失效甚至丧失。

（三）出生性别比继续下降难度加大

根据最新公布的数据，2015年我国出生性别比达到113.51，较2008年（120.56）下降了7个点。成绩不容否定，但我们也要深刻认识到，未来出生性别比下降难度加大。按照出生性别比发展的一般规律，越是接近正常值，下降的难度越大，这也是对未来一个时期出生性别比治理目标确定增加了难度。

（四）相关治理法律制度尚不完善

当前，综合治理出生性别比的法律制度尚不完善，尤其是打击"两非"违法力度明显不够。一是"两非"违法行为立案门槛高，不利于"发现即查处"。二是由于"两非"违法行为处罚力度小，造成了"两非"行为屡禁不止，"两非"行为的违法成本低，法律法规难以起到应有的震慑作用。三是全面放开二孩政策对于出生人口性别比影响机理还不确定。普遍放开二孩政策从长期来看有利于缓解长期以来出生性别比偏高的形势，但是短期内效果可能并不会太明显，局部地区有可能加剧出生性别比的攀升。普遍放开二孩生育政策落地后，家庭不会在孩子性别上都选择男孩，稀释效应会降低出生性别比；同时，我国家庭理想子女数已经进入了低生育状态，新生育的孩子数量也是一种适度释放和逐步释放，因而对我国出生性别比的稀释作用相对有限。

二 全面二孩政策背景下完善出生性别比失衡治理的重要意义

出生性别比是人口结构变动的一大关键性因素。过去很长一段时期，为促进出生性别比平衡发展，党中央、国务院积极采取措施，初步构建了出生性别比治理政策体系，并取得了一定的成效。面对全面二孩政策开启的新形势，进一步研究和完善出生性别比综合治理政策体系具有重要意义。

一是完善出生性别比综合治理体系是全面做好新时期计生工作的必然要求。计划生育政策自 20 世纪 80 年代被确定为一项基本国策以来，对控制我国人口过快增长起到了积极作用。计生工作不仅包括对人口数量的治理，还包括对人口结构的治理，出生性别比综合治理正是其中的重点任务。完善出生性别比综合治理政策体系是全面做好计生工作的必然要求，有利于促进人口性别结构平衡、确保人口长期均衡发展。

二是完善出生性别比综合治理体系是遏制出生性别比持续偏高的关键手段。当前，中国是世界上出生性别结构失衡最严重的国家之一，虽然自 2009 年以来出生性别比呈现回落态势，偏高态势得到初步遏制，但其数值仍在高位运行。完善出生性别比综合治理政策体系是遏制出生性别比持续偏高的关键手段，有利于加大查处打击非法鉴定胎儿性别、非法选择胎儿性别终止妊娠（以下简称"两非"）力度，引导群众改变传统生育观念，形成综合治理的长效机制和社会氛围。

三是完善出生性别比综合治理体系是保障社会和谐稳定的重要举措。出生性别比问题不仅是人口问题，更是影响人口安全的社会性问题。出生性别比持续升高，将导致人口性别结构失衡，对婚姻家庭的形成、人口可持续发展造成严重冲击，进而影响社会的和谐稳定。完善出生人口性别比综合治理的政策体系是保障社会和谐稳定的重要举措，有利于促进人口与经济、社会、资源环境协调发展。

四是完善出生性别比综合治理体系是落实"男女平等"基本国策、维护妇女儿童合法权益的有效途径。"两非"行为不仅是对女婴生存权利的侵犯，更有害育龄妇女的身体健康，这种现象长期存在，将不利于男女地位的平等和妇女儿童合法权益的维护。完善出生性别比综合治理体系是落实"男女平等"基本国策、维护妇女儿童合法权益的有效途径，有利于改变传统生育观念，营造"男女平等"的社会文化环境。

三　全面二孩政策背景下完善出生性别比失衡治理的基本思路

毋庸置疑，未来几年将是我国全面二孩政策实施的重要阶段，也是我国出生人口性别比综合治理的关键时期。一方面，要用前瞻性、全方位、多视角确定未来出生性别比综合治理的总体思路与实现路径。面对人口变化的新格局，我国出生人口性别比综合治理工作须将出生人口性

别比综合治理模式提升为国家整体治理模式，建立国家层面综合统筹协
调治理机构，制定性别失衡治理工作的国家战略和中长期工作规划。紧
紧围绕依法治国，完善出生人口性别比治理相关的法律法规和政策体系，
依法治理出生人口性别比偏高问题，加强法制宣传，严格依法行政，强
化执法监督。充分利用生育政策进一步调整完善和构建社会治理新模式
的契机，进一步完善综合治理机制，切实强化区域合作，形成全国一盘
棋工作格局。进一步完善计划生育家庭辅助保障政策体系，提高计划生
育女孩家庭生产致富、子女成才、养老保障等发展能力。加强宣传倡导
工作，创新宣传、倡导工作方式和方法，逐步促成群众生育观念的转变。
强化统计监测，不断提高出生性别比数据统计的准确性，完善考核机制，
制定科学考核目标，提升工作效率。加快推动出生人口性别比长期失衡
的社会后果治理，形成出生性别比国家整体治理模式。另一方面，要进
一步加强新形势下出生性别比治理工作的理论研究，深入研究新时期出
生人口性别比治理工作的改革创新。当前，我国出生人口性别比综合治
理工作面临的外部环境发生了深刻变化，既有机遇也有挑战。卫生计生
系统合并，如何高效整合卫生计生资源，进一步加大出生人口性别比综
合治理工作力度，创新工作机制，提升综合治理工作水平，是计划生育
工作亟待研究和解决的突出问题。新时期人口计生工作总体思路"更加
注重人口结构平衡"，进一步凸显了出生人口性别比治理工作新的要求。
如何做好全面二孩政策背景下出生人口性别比治理工作，是摆在我们面
前的一项重大课题，也对性别比治理工作提出了新的要求。

（一）以家庭为中心的计划生育政策的调整与整合

30 多年前开启的改革开放及随之伴生的市场化、工业化、城市化，
大规模人口流动等社会经济发展深刻影响了农村家庭的结构和家庭生活，
其影响范围之大、程度之深可谓史无前例。与改革并行的计划生育政策
实施使得乡村生育水平不断下降，加上浩浩荡荡的"民工潮"，年轻人婚
后倾向于独立居住等诸多因素，乡村家庭日益小型化，家庭结构也日益
简单化，核心家庭、夫妻家庭与单亲家庭的数量及所占的比例也在不断
上升。家庭的凝聚力和稳定性因家庭成员长期"天各一方"而经受了前
所未有的威胁，家庭纽带松弛，夫妻和亲子感情淡漠。"民工潮"还催生
了大量残缺不全的空巢家庭、隔代家庭、离异家庭及单亲家庭等，农村

家庭的许多功能因而大为弱化。随着经济理性在家庭领域的渗透，家庭作为"利益共同体"的理想已渐行渐远。人类学家阎云翔基于他对黑龙江下岬村的田野研究揭示，市场化进程促使村里的年轻人发展出一种不平衡的个人主义，即权利与义务失衡的自我中心主义价值取向。他们往往在婚嫁时竭力争取多分割家庭财产，但同时又不愿承担养老的责任，从而造成了代际关系紧张、孝道衰落和养老困境等诸多问题。这些现象已为在乡村各地进行的大量田野研究所证实。伴随代际权力关系由老一辈转向年青一代，敬老养老的传统美德在许多乡村社区被弃如敝屣。代际利益博弈使乡村养老困境越来越明显。伴随乡村文化的败落，农村居民个人自主和自由权利增长的同时，许多地方人们的家庭责任感和道德责任感却丧失了。在整个国家价值迷茫的背景之下，有关家庭的伦理价值也陡然失落。家庭不再只是互利、互惠、合作性的场所，亲密关系遮蔽下的各种问题、矛盾和冲突都纷纷显露出来了。代际冲突、亲子纷争和夫妻矛盾等日渐凸显。婚姻家庭领域各种公开的与隐蔽的、新的与旧的问题杂糅在一起。

已有的国家的一些入户项目多瞄准男性户主，并希望通过后者惠及家中每个成员。然而，有关户内营养、保健、家务分担以及消费和支出等方面的种种证据都表明，通过男性户主"渗漏"下去的发展益处未必能惠及家中每个成员，因为在资源和机会有限的情况下，分配就有可能向男性和男孩倾斜。农村家庭内部资源、劳动、权利和责任的分配向来是严重性别失衡的，妇女为此付出了沉重的代价。也有必要以家庭整体而非个体为中心调整和构建政策体系。

（二）倡导家庭计划

按照通常的理解，计划生育是建立在国家利益视角基础之上的，目的是实现国家利益的最大化，具体体现在国家公权力对公众生育权的限制上。而家庭计划是建立在家庭利益视角基础之上的，目的是实现家庭利益的最大化，并表现为国家对公众生育权的尊重与维护。为了避免含糊不清，更为了与以往的计划生育相区别，我国今后应该提出家庭计划的概念。提出家庭计划的概念，有助于给计划生育转型和发展带来四个方面的转变：一是促进将自由生育权归还给公众，进而计划生育实现由生育控制到生育自由的转变。二是有利于计划生育由行政强制变为政策倡导与群众自愿，生育权由不平等到平等，人口发展由不可持续到可持续，计生工作实现由行政主导为主到民间倡导为主的转变。三是逐步取消对计划生育率的考核要求，取消一票否决制。完成从生育审批制到生育备案制的转变，方便群众，避孕节育、优生优育与生殖健康服务应成为家庭计划服务的核心，工作导向实现由人口数量控制到家庭计划服务的转变。四是家庭计划的宣传与技术服务属于公共服务范畴，理应纳入政府财政预算，并通过政府采购方式向群众提供家庭计划服务。以往的计划生育经费地市以上主要来自财政拨款，而县级以下部分地区除了财政拨款外，很大部分来自社会抚养费。未来的家庭计划主要涉及宣传与技术服务两方面，宣传所需经费主要应由财政承担，而技术服务所需经费主要来自财政拨款，少部分来自技术服务收费。经费来源实现由财政投入与超生罚款到财政投入与服务收费的转变①。

（三）创新群众工作体制机制和方式方法，促进妇联组织的转型

党的十七大报告提出："支持工会、共青团、妇联等人民团体依照法律和各自章程开展工作，参与社会管理和公共服务，维护群众的合法权益。"党的十八大报告提出："以党的基层组织建设带动其他各类基层组织建设"，这是对妇联组织建设提出的新要求。党的十九大报告指出要增强执政本领，其一就是要"增强群众工作本领，创新群众工作体制机制和方式方法，推动工会、共青团、妇联等群团组织增强政治性、先进性、群众性，发挥联系群众的桥梁纽带作用，组织动员广大人民群众坚定不移跟党走"。在农村家庭的社会支持网络系统中，群团组织是网络中的非常重要的但又是经常被遗忘或忽略的节点，它们是政府与社会沟通的桥梁和纽带，是政府资源向社会中政策性群体输送信息、资源的重要渠道。在解决具体的现实问题、在保持党与人民群众的血肉联系中都发挥着不可替代的作用。但现实中妇联组织存在着工作执行中偏向行政化、"兼职"而带来的态度懈怠、基层妇联干部职业化和专业化水平低下、基层妇联组织"有组织、无活动"等问题。在出生性别比失衡的问题上，在一定程度上，群团组织没有明确的定位和职能分工，多扮演的是业余的、辅助性的角色，在一次与省妇联干部的交谈中，她们认为，出生性别比

①　陈友华：《计划生育：从机构改革到转型发展》，《人口与社会》2015 年第 2 期。

是计生部门的事情，跟妇联系统关联不大，妇联组织并没有充分发挥其疏通正式和非正式支持网络的纽带和关键节点作用。现阶段基层妇联组织在运行中存在着诸多困境，依靠其自身难以解决，可以将社会工作同基层妇联组织相结合开展实际工作。比如妇女社会工作倡导的目标与妇联工作中的目标具有一致性，都是要探索并消除社会中由于性别主义所造成的女性痛苦，促使她们有更多的自由，有更大的能力去追求个人的成长与发展。

（四）从关爱女孩推及关爱女性，推动女性的终身发展

出生性别比失衡是女性相对于男性在权利和社会地位方面处于弱势的极端体现，本源在于男女不平等和女性权益的疏于保障和落实。因此，出生性别比回归正常的真正出路只有一条：平等的性别观念被内化于心外化于形，至少，即便有性别偏好，但该偏好不会强烈到驱动人们进行人为的性别选择。新中国成立以来国家一直倡导平等的性别观念，而且十分强势，取得了巨大成就。在社会资源和家庭资源得到巨大增长的情况下，两性的受教育程度、健康状况等趋于平等。然而，面对市场经济的强烈冲击，性别观念不仅未真正深入人心，反而在某些方面还有回潮的迹象，特别是在劳动就业领域。"普二新政"之后，至少在开始的一段时间内，女性将会面临更大的入职难、升迁难、终身发展难等诸多困境。这些看似成年女性遭遇的问题，却会直接影响到现孕母亲或将孕母亲的性别选择——目前她们看不到20年后的结局，但却看到、听到、体会到当前女性在某些方面的弱势。因此，应该拓展关爱女孩项目，推及女性的整个生命历程，特别是要落实劳动就业、职业发展、社会保障等诸多实际领域的性别平等。要做到这一点，势必需要更多部门的协调合作，难度更大，挑战性更强。必须有长远的眼光，不能有立竿见影的期待，出生性别比失衡具有长期性，是人口性别结构的一种常态，在相当长一段时间内，我国将是一个性别失衡的社会。我们必须对此有清醒的认识，并做好应对准备。

（五）发挥市场作用，针对城乡计生家庭发展政策性保险

保险有社会保险和商业保险之别，在商业保险中又有普通商业保险和政策性保险之分。无论哪种保险制度，都有一个共同的特征，即把众多不确定的个人风险集合起来，通过收取少量保险费形成保险基金，当

其中的少部分人发生约定损失的时候，由基金对这些受到损失的人进行补偿，形成所谓"千家万户保一家"的互助机制。

政策性保险是指政府通过政策推动、利用保险机制以达到某种政策目标的险种。对政策性保险而言，当保险公司独立经营时，其收益会小于成本。由于政策性保险一般具有相当明显的正的外部性、社会总收益大于社会总成本，因此，为获得该险种带来的经济福利，政府必须以补贴或税收优惠等政策措施推动保险公司经营或由政府直接经营。最典型的政策性保险有农业保险、出口信用保险等。总的来说，政策性保险可以在两个方面发挥作用：其一是将现有的计生家庭生活保障制度转换为计生家庭政策性保险进行运作，其二是开展更多针对性更强的政策性保险项目，采用政策性保险的方式实施农村计划生育家庭奖励扶助项目。如政策性保险可以实现计划生育家庭奖励扶助制度的目标——保障老年人的基本生活，而且更有效率，更稳定，并可实现政府跨年度财政负担的均衡化，同时奖励扶助制度在形式上是一种覆盖特定目标群体的社会救助制度，而在实质上是一种由中央和地方政府提供的现收现付制的、受益基准制的生存年金，它已经具备保险的基本特征，如果能通过政策性保险的方式运作，则可以将保险机制的优势发挥出来，达到更好的政策效果。具体来说，以政策性保险形式运作至少有四个优势：一是促进奖扶资金的差异化提供。原来扶助金是按固定数额发放的，既很少考虑地区和家庭之间的差别以及计生家庭的实际需要，也完全受制于中央政府和地方政府当年的财政支付能力，现实中很不稳定；而政策性保险则是根据未来若干年内的生活水平、死亡概率等因素，进行综合测算，考虑到地区差异，得出必要的财政支持额度，在时间跨度上实现财政支出的均衡化。同时，将奖扶资金计入每个计生家庭的家庭账户，当年龄条件或其他条件（如残疾）具备时，由年金账户开始按期支付养老年金。二是可实现跨时间、跨区域的资金的互助，并形成制度统一、标准有别的全国性制度，既能在更广阔的空间和时间跨度上分散风险，也可防止这一制度的碎片化所带来的阻碍全国统一劳动力市场形成和人力资源合理流动的后果。资金在全国的空间范围内彼此互助，在几十年的时间跨度上互相调剂，以发挥最大的社会效应。三是政策性保险具有更好的示范效应。计划生育家庭奖励扶助制度的目的是希望更多的家庭因保障的存在而不超标生育，但在目前的奖励扶助制度下只有老年农民才能拿到扶助金，受益面窄，示范效应差。而政策性保险则可以使每一个家庭都通过手中的保险单切身感受到保障的存在，从而彰显利益导向政策的效果。四是政策性保险可以使奖励扶助制度纳入严格的监管程序。目前，奖励扶助制度仍然处于试点状态，作为非正式的制度安排，监管和法律上的支持较弱，计生户缺乏受益凭证，社会监督难以落到实处。而政策性保险制度则可以将这一制度纳入现有的比较完善的保险监管体系之下，使监督更有效率①。

（六）引入社会工作，创新治理的新机制

党的十八届三中全会提出全面深化改革，推进现代国家治理体系和治理能力现代化，并对社会治理体制创新的方向和基本内容做出了顶层设计。创新社会治理是执政党理性地面对国内外压力、坚定推进改革、谋求经济社会持续协调发展的重大决策，也是执政党认识和顺应社会现代化规律做出的理性选择。

中国传统的出生性别比失衡治理实际上是以管控为中心的社会管理，这种维稳思路的社会治理多采取高压和快速处理的办法，平复各种问题。这也产生了治标不治本、对问题的简单化处理的状况。在"普二新政"下，对于出生性别比失衡这一棘手的问题，仅依靠政府一方的高压治理效果不理想，更需要创新治理机制，可引入专业社会工作，通过服务来促进社会治理，弥补以往治理机制的不足。这种治理机制有三大优势：

一是兼顾服务和治理双重目标。农村家庭的网络系统既是一个服务支持网络，也是一个治理网络。社会工作兼有为服务对象服务和促进社会秩序更趋合理两大目标，社会工作不但尽心于对困难群体、脆弱群体的服务，帮助他们争取合法权益，而且要促进社会和谐，维护正常的社会秩序。将两种目标尽量统一起来是社会工作者的理性追求②。如果能做到这一点，就既解决了社会问题，又促进了社会秩序稳定，这是一种理想的社会治理状态。二是可促进服务对象的参与和发展，激活网络中行

---

① 王国军：《商业养老保险：重新定位再出发》，《中国保险》2015年第10期。

② 王思斌：《以社会工作为核心　实现服务型治理》，《中国社会科学报》2015年1月23日。

动主体的活力。社会工作在开展服务的过程中，不但关注服务对象合理需要的满足，而且特别强调服务对象的参与和能力发展。社会工作认为，只有服务对象的能动性和潜能发挥了，让他们成为服务过程的主体，才是真正地解决了他们的问题。在许多情况下，要促进他们的参与，也需要予以增能。这些对于形成良好的治理网络同样十分重要。农村家庭对相关知识和政策有所了解并具有了良好的社会参与能力，这是建立现代社会治理体系的基础。三是通过服务实施政策，并进行政策倡导，既可以促进正式网络与非正式网络的连通，还可以使得网络结构更合理，促使社会支持网络更丰盈。社会工作是在法律和政策框架下开展工作的，社会工作者不但协助或受政府委托执行和实施社会政策，传递社会福利，而且在服务中发现问题，向政府部门反馈政策建议，完善和改进政策，以减少人为干预出生性别问题的发生。倡导政策和实施政策相结合，既可以帮助积极改变网络里的不合理的结构，寻求建立更合理的利益分配关系，又致力于实现社会公正和更高级社会秩序，这本身就是新的社会治理机制。

我国政府虽然有为人民服务的宗旨，但是实际上，受官本位、过去的狭隘的治国理念的影响，政府的职能常常被定位于对社会的管理。在维稳至上的大背景下，政府的责任变成清理麻烦，尽快抹平问题和平息社会冲突。引入社会工作的服务型治理可促进政府管理向服务型政府回归。

四　小结

总之，在"普二新政"推行的初期，综合治理出生性别比失衡的工作形势将更严峻、更复杂且更艰巨。过去，计划生育的目的在于把超生的行为控制住，把生育的数量降下来，但"新政"之下，靠行政手段管人的时代已经过去。我们应该以"普二"政策的落地为契机，牢牢地把握这个机会和机遇，真正推动理念、方式方法、体制机制的转型和创新。未来的工作重点应该是怎样帮助人们按政策实现生育，为有二孩生育意愿的人提供咨询、优生优育等方面的服务，等等。淡化管理理念、强化服务理念是未来发展的方向，但是服务什么、怎么服务、提供哪些老百姓需要的服务、如何让服务协助出生性别比失衡的治理工作、如何有效地让这个过度失衡的指标逐渐回归正常，都还有待进一步的深入探究。

第二节　系统内组织间服务关系的整合

在农村计生家庭社会支持网络中，存在着政府组织、社会组织、农村家庭、专业社会工作者、群团组织等多个节点。每个节点因其所处的位置、地位、资源等不同，在网络中的重要程度也有差异。如本书第二章所示，在农村计生家庭的支持网络中，政府及其相关部门组织、社会组织作为农村计生家庭服务的主要提供者，它们之间的整合关系到农村计生家庭获得社会支持的数量、质量、支持的稳定性、持久性和丰盈程度，因此，本部分主要讨论的是农村计生家庭社会支持网络中组织间服务整合及其策略问题。

相互联结和相互依赖是组织间网络存在的两种典型的形态，研究组织间网络的联结方式、联结强度以及网络间的相互作用是社会网络研究关注的基本议题。在面对服务对象时，服务组织必须在支持网络中进行"相互依赖"，具体地说，服务组织交换信息、客户和组织间个案协调等资源，以解决他们的案主面临的许多问题。在日常实践中，服务组织之间的差异性被认为是服务整合的根本原因。而严格的组织间边界和糟糕的组织间交流（通常由组织间缺乏共识和缺乏共同意识引起）的网络碎片化会减少对服务对象的多个问题的响应[1]。一个良好整合的网络是一个其中所有的组织都连通在一起，并且所有网络参与者之间的资源交换是有保证的网络。有研究表明，在网络中，治理也会更加成熟，治理导致了各种服务组织的努力整合，最终提高了整个网络对目标群体的复杂问题的响应能力。因此，组织间的整合问题实质上是以服务对象为中心的服务整合问题，各类组织在人类和社会服务系统中加强协作，提高效率，服务整合与组织关系是连续统一体。

---

① Foster - Fishman, Pennie G. , et al. , （2001）. Facilitating interorganizational collaboration：The contributions of interorganizational alliances. *American Journal of Community Psychology*, （6）.

一　网络整合与治理

（一）整合与网络整合的概念

在探讨网络整合的概念前，必须先将"整合"（integration）的概念做一厘清。学者 Konrad 认为整合是指将部分聚集整体的过程，即聚集各类专业组织、单位或服务线，一起为顾客、民众提供所需要的服务，并通过协调与沟通的过程，突破有形的组织界限，以此实现无隙服务（seamless service）。学者 Lawrence & Lorsch 强调整合的过程层面，认为整合是组织间为达成共同任务的过程。在这个过程中，组织与组织等次级系统会协同合作，并以一个团结、整体的组织进行运作①。

基于本研究的旨趣，本书使用学者 Konrad 对于整合的概念，即将整合看作是一个部分聚集整体的过程。通过协调与沟通的过程，突破有形的组织界限，聚集各类专业组织、单位或服务线，一起为服务对象提供所需要的服务的过程。

普罗文（Provan）使用社会网络分析来评估服务组织之间的网络整合。他们绘出了组织之间的关系纽带（tie），以分析网络的结构②。从社会资本视角来看，一个高密度和紧凑的网络与社会整合效应有关。因此，随着网络中的参与者之间的联系增加，网络上的共识和合作也在增加。最近的实证和理论研究表明，中心地位的水平也起着重要的作用。该中心的角色是连通网络不同部分的"代理"（broker）。中央行动者获得权力是因为他们为其他行动者提供了独特的资源，他们有能力与网络中的许多参与者建立联系，并促进那些相互信任或缺乏相互信任的参与者之间的交易。经纪人为其他组织提供了一个节省时间的机会。如果他们是无效的，外围的参与者可能会重新考虑他们的互动。网络结构的第三个特征是"重叠的内聚子群"，当参与者被连通在高度重叠、有凝聚力的子群中，一个高层次的同质信念，高度的整合也因此形成。在农村计生家庭

---

①　Lawrence, P. R., & Lorsch, J. W. (1967). Differentiation and integration in complex organizations. *Administrative science quarterly*, (1)

②　Provan, K. G., & Milward, H. B. (1995). A preliminary theory of interorganizational network effectiveness: A comparative study of four community mental health systems. *Administrative science quarterly*, (1).

的社会支持网中，中央行动者即为政府组织及其相关部门，它们是网络连通的重要的节点，扮演着连接者、代理人、资源提供者、服务提供者、教育者等多重角色。

（二）治理网络的类型

普罗文和肯斯提供了一个分析网络治理的有用框架①。他们根据两个维度对网络治理的形式进行了分类。首先，网络治理可能被或可能不被安排（brokered），在第二个模型中，网络是由参与者治理的或由外部治理。参与者治理的网络可以由成员集体或由单个网络参与者共同治理。外部治理的网络由一个独特的"网络管理组织"（Network Administration Organizaiton，NAO）治理，它可能是由网络成员自愿建立的，还可能是网络形成过程的一部分。Provan 和肯斯还将治理区分为领导机构治理、网络管理组织（NAO）和共享参与者控制组织（shared－participant）三种形式的治理，前两种类型可以定义为自上而下的治理，第三种类型的网络治理可以被描述为自下而上的治理。从自上向下的观点来看，领导组织治理的网络发生在一个组织有足够的资源和合法性来扮演领导角色的时候，因为它在案主和关键资源的流动中处于中心地位。这个领导组织为网络提供管理，分配财务资源，并促进成员组织的活动以实现网络目标。另一种自上而下的网络治理是 NAO。在这个网络中，专门开发了一个单独的管理实体来管理网络及其活动。虽然网络成员之间相互交流，就像主导组织模型那样，NAO 模型是集中式的（centralized）。NAO 代理在协调和维持网络方面起着关键作用，但并没有提供自己的服务。Isett 等人指出，大多数研究关注由领导组织或 NAO 召集的"正式网络"，很少研究关注共享的参与者控制的网络。这个网络是由成员治理，没有一个单独的、唯一的治理实体。Isett 等人将这些网络定义为"非正式网络"，定义为工作组（task forces）、联盟和临时委员会，这些委员会有着信息共享、能力建设、问题解决和服务交付的共同目标②。这些网络依赖

---

① Provan, K. G., & Kenis, P. （2008）. Modes of network governance：Structure, management, and effectiveness. *Journal of public administration research and theory*, （2）.

② Isett, K. R., et al., （2011）. Networks in public administration scholarship：Understanding where we are and where we need to go. *Journal of Public Administration Research and Theory*, （1）.

于组织成员的参与和承诺。网络参与者负责管理内部网络关系、运营和外部关系。这种形式的治理可以通过指定的组织代表的定期会议来完成。一般来说，这些网络通常被认为是构建"社区能力"的工具。参与这种联盟与更高质量的联系和更广泛的跨组织交换网络有联系。这些类型的会议有两个功能。首先，组织获得服务组织的提供者意识。不同组织的主要代表告知"谁做什么"的网络。其次，会议有助于填补服务交付的缺口。在会议上，代表们有机会发言并向其他成员寻求关于非常复杂的个案案件的建议。因此，参与共享治理网络的组织更可能被包含在客户信息和其他类型的资源交换中。

（三）政府：作为服务网络的关键组织参与者

Lindencrona 等人[1]对瑞典的难民安置支持网络进行了调查，发现与没有此类互动的网络相比，具有群体互动模式的网络呈现出更好的网络表现。此外，他们还强调利用网络指导组（network steering groups）的网络表现出积极的网络性能。关键组织参与者的参与对于创建一个更加整合的服务系统是非常重要的，是一个关键的网络特性，它决定了服务组织之间的资源交换以及网络对复杂目标群体的响应能力。

因此，在构建农村家庭支持网络之初就应确定政府职能，在网络化治理过程中，政府也应该发挥多种功能：（1）政府应该永远保留制定政策的权力。（2）政府官员或政治家是网络的激活者。政府可以设计网络，政府有权通过补贴或合同形式提供资金，吸引潜在参与者的注意力，鼓励多元行动者形成网络，政府可以利用人力资源或技术资源激活一个网络所需要的各种资源。（3）政府权威是形成网络的一种重要资源，政府可以有效利用召集不同行动者的权力，围绕重要的公共事务，为组织和个人提供合作机会，促使通过协商达成共识[2]。在网络化治理时代，政府应该发展一系列新的核心能力，尤其是构思网络、设计网络和促进网络各方沟通和知识共享的能力。

---

[1] Lindencrona, F., Ekblad, S., & Axelsson, R. (2009). Modes of interaction and performance of human service networks: A study of refugee resettlement support in Sweden. *Public Management Review*, (2).

[2] 田凯：《治理理论中的政府作用研究：基于国外文献的分析》，《中国行政管理》2016 年第 12 期。

二　组织间服务整合

（一）组织间服务整合概念

从农村计生家庭需求的角度来看，围绕着需求提供服务是网络中各个组织、机构的核心产品，也是网络运行的重心。而在提供健康、教育、服务等服务时，以人为核心的连续性服务方式则是服务组织迈向整合的最终目的，也是组织网络在规划服务时的设计重点。

如果说整合是将部分聚集成整体的过程，那么，"服务关系整合"则是一个无隙服务的概念，主要借由两个或者是两个以上的专业机构、单位或服务线，一起为案主提供所需要的服务，并通过协调与沟通的过程，来突破界限的概念，如单一窗口（single intake）、协力（collaboration）、协调（coordination），多元化服务等都被认为具有相同的意蕴。服务整合可以取代过去以机构为导向的工作方式，其目的在于强调整体运作，避免服务的重复性，以减少资源浪费与强化目标群众的服务结果。机构管理者常常觉得服务整合的概念很抽象，而在无法了解服务整合的内涵时，个别的服务组织便一再重整组织架构，但是犹如进入一个黑箱中，每个人都有一套独特的诠释与做法，使得服务整合的美意无法达到预期的效果。另外，服务组织在迈向整合之路时，很多组织只是在模仿同侪，并不了解服务整合的真正价值，包括行动是否具有成本效能等。

对组织网络而言，服务整合的目的在于提供民众整合性、连续性的服务，换句话说，对于一个整合组织而言，不管是由单一机构或多机构来提供服务，服务对象应总是处在连续性服务线的某一个服务提供点上，由专业的人员来提供所需的服务，并且每一个服务接触点都是有服务重点及目的的，这些服务点即代表组织网络内部的子服务系统，而这些子服务系统亦可以由单一机构（组织）或多机构（组织）来共同提供。

（二）服务整合的作用

一是从支持网络运营的角度来看，提供整合服务可提高支持系统的有效性，增加网络的容量和价值，减少重复的服务和管理过程（例如，身份验证和文档认证）。这也意味着服务交付组织可以将资金和人员资源重新分配到项目活动中。因此，从业人员的工作可能会因此而增加；可改进战略规划和系统完整性，共享不同机构和区域之间的信息，以便可以更好地理解服务使用模式、系统结果和客户端需求；更有效地对资源进行定位，让提供者考虑，并发现欺诈或程序错误。可以减少对危机服务的需求，更快更大协调的援助可以帮助稳定服务对象的状况，限制高成本的危机干预措施（如养老院和医院服务）的需要。二是从服务对象的角度来看，整合服务提供了一个更快速响应的支持系统，建立"一站式"商店、整合门户网站和正式的服务网络。使用"没有错误的门"的交付组织意味着公众从公共的入口点进入社会服务系统中，他们不再需要导航来定位他们所需要的支持。

整合和自定义的支持。随着重复的流程被逐步淘汰，管理人员通过共享数据库访问客户信息，对客户需求有了更全面的理解。可采用以人为中心的服务交付方式，让管理人员或团队围绕客户的需求而不是服务线来协调支持。客户也更容易在他们得到的支持的决策中扮演更积极的角色。

更快的响应时间。流线型的后台系统改善了处理时间，而网络中的工作者可因此做出更快的决策。同样，可以在寻求支持的提供者和服务对象之间建立新的工作关系，使得服务对象更容易、更及时地获得服务，增加服务对象的满意度。

三　网络内组织间服务的整合机制

（一）网络内组织间服务关系的整合机制

组织在进行整合时必须搭配整合机制，才能实际运作。然而，何谓整合机制（integration mechanisms），学者林妍如、万德和认为，整合机制是指，在组织间进行整合运作时，所有组织、成员在其功能运作上进行协调的方法与手段，主要是帮助组织与组织彼此能成为一个生命共同体①，学者 Kogut 和 Zander 也认为整合机制使组织间协调能力与方法，通过整合机制，组织间的成员能够获得各方面的分享，包括资讯、知识以

---

① 林妍如、万德和：《健康照护之价值创造（第一版）》，（台北）双叶书廊 2003 年版，第318 页。

及资源①。Kelly 和 Stahelski 则将整合机制定义为组织进行整合的多种方法与途经。通过整合机制能够促进组织团队成员的整合，也就是说，整合机制是组织完成整合的催化剂。整合机制的运用范围，小到组织内的成员人事运作，大到组织与组织间的策略合作②。

综观上述各学者对整合机制的界定，我们可以归纳出整合机制具有以下特质，包括：（1）它是组织进行整合的方法与途径；（2）具有协调组织成员的功能；（3）该机制的运用是多层的。因此，通过以上学者对整合机制的界定，再考虑本书的研究旨趣，将整合机制定义为，组织与组织间在进行整合时的多种方法与途径，而该方法与途径带有协调的特质与能力，使通过整合的组织彼此能成为生命共同体。

Stoker 认为若从政府组织的面向探讨，组织网络的运作是必要的，因为当今政府在面对复杂的环境系统时，仅具备有限的权力以及影响力，若要实践公共利益之目标，必须通过由长期的组织联盟、合作之运作同样的观点③，Stone 认为，传统的国家政府组织是扮演仲裁与控制的角色，然而随着面对的问题愈趋复杂、大众的利益愈趋分歧，政府组织已无法独立运作，而须借由联合其他行动组织的能力与资源，以共同解决复杂的问题。④

（二）常用的组织间整合方式

一般来说，组织网络的成员最常以个案管理、跨专业团队以及单一窗口等方式来保证这些子服务系统在提供服务时的连续性，如下。

1. 个案管理

近年来，研究者以及实务工作者相继指出如何以最具成本效能（cost-effectiveness）的方法来为受服务者提供广泛性及连续性的服务。部分学者认为网络中的组织应建立完备的个案管理计划，个案管理可以帮助接

---

① Kogut, B., & Zander, U. (1992). Knowledge of the firm, combinative capabilities, and the replication of technology. *Organization Science*, (3).

② Kelley, H. H., & Stahelski, A. J. (1970). Social interaction basis of cooperators' and competitors' beliefs about others. *Journal of Personality and Social Psychology*, (1).

③ Stoker, G. (1998). Governance as theory: Five propositions. *International Social Science Journal*, (155).

④ Stone, C. N. (1993). Urban regimes and the capacity to govern: A political economy approach. *Journal of Urban Affairs*, (1).

受服务者在组织网络内成员间进行转介；另外，个案管理亦可以帮助安排及确保整合组织内的各成员之财务需求及目标。在个案管理的实行下，将使组织网络在面对管理式服务的热潮下，能够确保提供者提供高品质及高效能的服务①。

可见，个案管理的理念与组织网络的服务整合的精神不谋而合。个案管理的目的在于为政策性家庭提供适切的服务，包括依政策性家庭的个别状况来调整的服务资源利用、避免不必要或重复性的服务提供，以达到成本管控的目标。因此，个案管理的内容除了协助政策性家庭进行家庭能力评估以及服务的规划、安排与各种服务的协调外，还要对所提供的服务进行完善的监测，以为政策性家庭量身定做所需的服务。执行个案管理计划通常必须要有一位个案管理师，其工作在于针对复杂的服务需求在服务过程中进行把关。个案管理师帮助个案的需求预做安排，包括需要评估、财务状况评估、社区资源以及服务转介、社区教育、社会支持等。

2. 单一窗口

单一窗口化服务是一些国家整合的重要形式。以美国为例，美国 National Performance Review（NPR）、美国国家绩效评估委员会 1993 年报告就提出"顾客至上"原则。美国总统发布行政命令第 12862 号"订定顾客服务标准"，也就是单一窗口化服务，须具有"一次联系、一次往返、一次接触"三项服务特质。总而言之，政府借由内部的整合与检讨、简化工作作业流程，民众只需要前往一处政府机关，即可收到一处接收需求，即可获得全程的服务②。更深入来说，单一窗口必须先从简化与民众有关的行政作业流程开始，主要重点包括工作简化、流程再造、研究创新等项目，并适时运用资讯科技，以提供迅速而便捷的服务。参照前人的研究与政府部门实践，在农村家庭的社会支持网络中，单一窗口的意蕴，就推动单一窗口而言，须遵循"三个 C"指导原则。

① Erickson, R. J. , & Wharton, A. S. （1997）. Inauthenticity and depression: Assessing the consequences of interactive service work. *Work and Occupations*, （2）.

② 郑士雄：《基层地政机关单一窗口服务成功关键因素之研究——以彰化县地政事务所为例》，彰化师范大学，2003 年。

一是在理念上要以案主为导向。正式和非正式支持系统的运作，其目的都是为了针对其所服务的案主。所以网络中的主体，尤其是政府各个部门必须成为一个能倾听人民心声、处处为民众着想、以为民众服务为宗旨的公共组织。

二是结构上要达到充分与相互的联系。单一窗口的作业必须将原本彼此独立的承办人员、单位、团队与机关间依业务的流程加以整合，以达到组织间充分与互相的联系，来消弭政府部门之间的界限壁垒。

三是流程应能集中作业。对于原本依职能而被分割的业务，加以集中、整合成动线良好的作业流程，可减少时间的耗费及作业的成本，以提高服务品质和行政效率。

针对单一窗口的内容而言，要做到"四个单一"：

单一办公地点。民众只需到一个服务窗口，就可以完成所要求的服务事项，达到"一处接案，全程服务"的目标。

单一办公次数。民众办理一个案件只需前往机关一次交件便可办成，不应让民众来回奔波数趟。若因资料不足或填写错误而无法办理，也仅需做到一次补件即可。

单一的接触点。单一窗口的目的，便是要做到多种或整合的服务，若民众办理的案件，不论需涉及多个承办员、部门或机关，都是由最初接办的承办员从头服务到底，如同一处收件。

单一窗口的作业动线。单一窗口化的服务往往会牵涉不同单位，须打破单位组织间的界限，利用电子化连线，将有关机关或单位事权重新整合，并建立标准作业程序。

第三节　正式支持与非正式支持的跨界整合

科层的治理方式由于狭隘的服务视野、政策目标与手段相互冲突、资源运作重复浪费、政府机构设置出现重叠、公共服务分布于各部门间，具有明显的分散性和不连贯性，无法有效地提供民众所需求的服务。同时，竞争治理往往不自觉地受制于短期的市场价值与经营绩效，使得政府组织反而更趋向于功能分化与专业分工，并有不断深化功能性裂解性治理的趋势。面对复杂性、交叉性的问题，需要增加网络结构的行动以提供整合性公共服务。整合性服务就是责任治理、伙伴关系、在线网络技术和平台提供服务的过程。整合性公共服务有助于综合性回应民众需求，持续高效能地服务。

一 正式支持与非正式支持的服务整合

机构裂化、部门分割、职能划分带来了政策、服务碎片化等问题，美国把协作性公共管理作为地方政府改革的新战略，英国 1999 年在《现代化政府》白皮书中把"联合的公共服务供给"作为新的施政目标，新西兰 2001 年政府的组织评审就专门关注"分权化"和服务供给分割的问题。借鉴在西方各国盛行的新公共管理改革运动的理论和实践，本书认为，正式支持与非正式支持的服务整合是为了应对服务对象要求的复杂性，进行跨越不同子系统的系统边界和地方层级利益相关者的组织边界，进行整合性服务提供的过程。这种服务整合主要有以下特征：

第一，跨界性协同的公共服务。整合性服务要求各种服务组织跨部门边界、组织边界和区域边界进行伙伴关系式的服务提供。这与以往各部门间、各个子系统之间各自为政，以组织分割与区域隔离为特征，通过具体的目标和预算方案提供服务形成显著的区别。

第二，以计生家庭为中心的服务提供。整合性公共服务就是要改变传统官僚制模式下，计生家庭以点的方式获得服务和新公共管理模式下分散式公共服务的状况，实行以面为基础的高效性、无缝隙的整合性服务，把公民及其需求置于公共服务提供的中心位置。

第三，以信息技术为基础的整合性服务。充分利用信息技术和电子政务，提供整合性的在线服务，使公民能够容易地获取信息、数据等公共资源和社会资源，能够快速和便捷地获取整合性的服务。

要实现整合性服务的目标，不仅需要各种公共服务组织及机构协同运作，还需要与社会组织、社团组织等协调合作，共同提供整合性公共服务。这个目标的实现依赖于建立政府与非营利组织的伙伴关系。这种制度安排主要是为弥补政府失灵、市场失灵和志愿失灵以更好地满足公共服务需求，是一种公共服务的跨界性组织结构与替代性反应机制。萨拉蒙教授认为，政府与非营利组织的伙伴关系在 19 世纪已经开始出现，现在已经发展成为跨组织行动的庞大体系。他通过调查发现，当把福利国家理论应用到美国时，它并没有把政府作为资金提供者与监管者的作用和政府作为服务提供者的作用区分开来。当涉及实际的服务时，联邦政府广泛求助于第三方机构（州、市、县、大学、医院、银行、行业协会等）来有效地实施政府的职能，从而形成了一个精巧的"第三方治理体系"。在这个体系中，政府与第三方执行者在公共资金支出和公共权威运用方面的裁量权上实现了高度共享。此外，就我国目前农村计生家庭的服务网络来看，网络服务的专业化和规范性需要加强，需要引入专业的服务力量进入系统中。

二　农村计生家庭支持性服务整合的核心内容

（一）农村计生家庭支持性服务整合的出发点

在经济社会发展日益多维度和多面向的过程中，服务提供机制围绕服务需求复杂化的过程进行着要素的重新组合，梳理要素结构变化的起点是对服务需求复杂性的分析。

复杂性作为当前服务需求的综合表现，其具体特征可以被归纳为以下三个方面：一是动态化。即从服务需求的总体规模看，服务需求总体上呈现出持续增加的趋势；从公共服务需求的结构看，公共服务需求的内容也随着经济社会发展而出现变化。公共服务的收入弹性就是很好的例证。二是多元化。相比于传统社会，当前公共服务需求构成种类多样化，内容表达个性化。服务类活动有力地揭示了公共服务多元化的特征。三是出生性别比治理的复杂性。出生性别比作为一个棘手问题，是现代社会发展及社会问题复杂化的产物，同时也为日益复杂的技术问题所推动，难以明确界定，不存在明确或证实的解决方案，与诸多利益相关者相联系，跨越多种机构和主体进行延伸的责任，解决方案可能需要行为主体和利益相关者的群体行为的转变。

（二）正式支持与非正式支持的整合的结构逻辑

公共服务需求的复杂化决定了公共服务提供结构的变革。大工业时代，公共服务的结构模式是包含纵向等级制和横向职能制的二维金字塔结构，其基本特征是：纵向上，层次模块和权力等级构成的科层制结构中，公共服务的信息垂直流动，缺乏足够的水平沟通；横向上，部门设置按业务划分，各部门围绕其单一职能形成独立服务的系统。这种结构在公共服务需求规模较小且种类单一的情况下，能够较为有效地满足公共服务的需求。当公共服务需求日趋复杂，尤其是权力分散、组织边界模糊，各种公共服务问题呈现出地域性趋势的时候，官僚制组织就越来越不适应。同时，在新公共管理范式下以市场价格为核心的公共服务提供模式造成了公共服务供给系统的碎片化问题，导致了政治和行政领导缺乏调控、干预和获取信息的有效途径，部门沟通困难。在这种情况下，公共服务提供的逻辑结构由科层逻辑和市场逻辑逐渐向网络逻辑演化。

网络不同于市场的个体化和自愿性，也不同于科层制的命令等级链条，强调网络中主体的互动协调、相互依赖的动态结构。在公共服务提供的网络结构中，既包含各相关利益者的专有资源和比较优势，又呈现出行动者之间的协作关系。政府作为重要行动者之一，通过变革自身角色，驱动网络运行。通过网络结构的整合和优化，正式支持和非正式支持整合与网络管理能力的融合，以及利用技术将网络连接在一起的公共服务提供机制实现了跨界合作的最高境界。

网络结构的维度重组是对公共服务需求复杂性的直接回应。在垂直维度中，公共服务需求的动态性驱使政府调整组织纵向权力结构和权力关系，通过分权化改革建立适度事权关系，以应对公共服务事权扩大化的趋势；通过组织内权力和责任要素的转移和重组，构建以规范化、弹性化和任务化为特征的组织结构，应对公共服务需求内容的动态性变化。在水平维度中，多元化的服务需求一方面要求政府摒弃以往等级制的公共服务提供结构，并推动此结构向扁平化和网络化的方向发展；另一方面要求政府通过职能转变提供多样化的公共服务，并通过将部分职能转移和权力共享等形式发挥非正式支持体系的作用以满足公共服务的个性化需求。在空间维度中，出生性别比失衡问题诉诸公共服务提供机制的变革，在于超越以往用于解决一般问题的技术和方法，采取跨越组织或系统边界的形式，寻求跨机构协调的工作方式，以满足相关利益主体的需求。

值得一提的是，信息技术的变革为公共服务提供的跨界合作提供了有效的技术支持。信息技术的迅速发展使得政府可以在公共服务实践中充分掌握信息资源，并利用现代技术手段，搭建服务信息平台，实现信息网络和行动网络的整合。同时，这个整合过程也是政府通过信息技术实现公共服务创新，扩大公共服务的社会包容面，推动公民政治参与，并加强社会各个层面的整合和协同的过程。

（三）公共服务提供跨界合作的运作特征

公共服务提供跨界合作模式不仅在结构上有效地克服了以往公共服务提供的分散化和碎片化困境，在运作过程中也呈现出崭新的特征：

第一是跨界合作的协同机制将碎片化的公共服务整合到连续的统一体当中，形成资源聚集的规模效应。首先，跨越政府部门边界的合作通过政府部门间系统协调和有效协作摆脱因刚性行政环境而出现的公共服务"碎片化"困境，实现政府公共服务资源在连续统一系统内的有机整合。其次，跨越政府、市场和社会领域边界的合作通过将行动者连接在共同目标下一起行动产生增值效益。公共服务提供网络中的行动主体在合作中充分发挥自身比较优势，完成公共服务经济高效地生产和提供。在此过程中，资源互换和相互依赖促生了参与者之间的多赢局面。最后，跨越组织空间边界的合作改变以往以行政边界或者户籍边界为服务边界的政策取向，推动公共服务要素跨越排他性的制度障碍，促使有序统一的公共服务体系的实现。

第二，公共服务过程中的权力共享机制，通过优化资源在政府、市场和社会的配置，形成了公共服务提供的联动性的结构和竞争性网络。传统公共服务供给主体的单一决定了其他公共服务部门的低水平发展以及配合或从属地位。20 世纪 80 年代以后蓬勃兴起的志愿性非营利部门逐渐确立了公共服务提供的独立地位。公共服务提供的跨界合作则通过权力共享机制整合市场组织和第三部门的力量，加上作为最终的公共服务接受者，形成了联动化的公共服务主体结构。

第三，公共服务提供跨界合作的动态传输机制建立了服务输送和最终消费者之间的动态连接，提升了公共服务的公平性和可及性。这种动态传输机制包括宏观层面政策工具层面确定与目标和情景匹配的适宜机制，以及服务接受者和服务提供者的责任关系。这使得人们的服务信息需求以及对服务的评价信息可以及时有效地传递给公共服务供给链条，从而有针对性地提升公共服务品质。

第四，公共服务提供跨界合作的弹性责任机制，减轻了单一政府主体的财政负担和政策成本。以跨界合作为核心的公共服务提供模式可以有效地回应不确定性环境的冲击，并通过分散的责任分担机制，将风险在参与者之间"稀释"。交互的责任关系也有利于网络结构中多层次公共服务交叠生产和提供方式的生成，使得政府在面临崭新情景时，拥有不同路径的行为空间以选择和开展多样化的行动策略。

三 既有服务系统与社会工作专业力量的整合

人口计划生育社会工作指的是针对人口计划生育问题的社会工作。从2006年开始，我国的人口计生社会工作开始有一些实质性发展。2006年10月，上海浦东计生协会与浦东社工协会联合成立了人口计生社会工作专业委员会，在体制和专业两个方面协力推进了人口计生社会工作的专业化发展。2008年5月至2009年7月，香港乐施会和国家人口计生委国际合作司在甘肃开展了"在人口与计划生育领域社会主义新农村新家庭建设中引入社会性别敏感的社会工作理念和方法"项目，第一次在国家层面上推进了人口计生社会工作的发展。这个工作最终衍生出5个项目并持续了5年。2008年底，深圳市人口计生委通过政府购买服务的方式引进了4名社工，推动街道人口计生社会工作的实践。2011年，中央18部门在《关于加强社会工作专业人才队伍建设的意见》中首次采纳了人口计划生育社会工作的提法，人口计划生育社会工作成为社会工作的一个专门领域。此外，国家人口计生委在《人口和计划生育事业发展"十二五"规划》中的"加强人才队伍建设"部分第一次正式提到了要"加强社会工作专业人才队伍建设"。可以说，这是人口计生系统以人为本和转变工作方式的生动体现。

（一）建构新型卫生计生服务体系迫切需要专业社会工作介入

更加重视心理社会关爱和人文关怀，更加重视生态系统和多元视角解决个体与社会问题，更加重视多专业跨界合作、多资源整合支持的个性化方案开展精准服务，是信息化、智能化发展和社会文明进步的重要趋势。医疗卫生、人口计生领域也正在朝着这个趋势改革发展，在此过程中亟须引入和发展专业社会工作。从医学模式看，正在由生物医学模式向生物—心理—社会医学模式转变。随着医学理论研究和实践发展的不断深入，人们逐步意识到疾病病理不仅在身体发生了器质性病变，而且与心理、精神以及社会环境密切相关，这就决定了疾病的治疗不仅要采取生物治疗方式，也要从心理、社会层面进行合理调适和功能修复。同时，随着医学社会福利制度的不断完善，原来单纯的疾病医治逐步与社会福利、社会救助制度相衔接，为疾病患者及家庭提供更加健全的支持保障。从健康照顾模式看，正在由注重身体健康向关注身、心、灵、社"全人"健康模式转变，目前国家正在实施全民健康素养促进行动，开展健康社区、健康家庭建设，倡导健康生活方式，传播健康生活理念。从计生服务模式看，由过去重点做好人口控制向优生优育、妇女和婴幼儿健康服务、失独家庭服务等大计生服务转变。

积极发展专业社会工作，大规模培养使用社会工作专业人才做好心理、精神和社会支持服务工作，对实现医学模式、健康照顾模式和计生服务模式的现代化、人文化转变，促进卫生计生服务体系的提升发展，具有独特的作用。从当前看，发展医务专业社会工作，还是缓解医患矛盾、促进和谐医院建设、提升医院人文关怀的重要手段。

（二）专业社工介入卫生计生服务已有相应政策要求

目前，至少有8个国家政策文件对卫生计生领域社会工作发展做出相关规定和要求。中共中央、国务院印发《关于深化医药卫生体制改革的意见》（中发〔2009〕6号）提出："开展医疗执业保险，开展医务社会工作，完善医疗纠纷处理机制，增进医患沟通。"国家人口计生委印发的《"十二五"和2020年人口和计划生育队伍职业化建设中长期规划》（国人口发〔2009〕5号）提出："加强生殖健康咨询师队伍、社会工作者队伍的基地建设、学科建设、教材建设、师资建设。积极鼓励街道社区工作人员及群众团体参加社会工作者水平考试，并取得社会工作者执业资格。""增强群众参与和群众自治的能力，加大乡村两级群团和自治组织队伍的培训力度，切实增强生殖健康咨询和社会工作能力和本领，10年内培养10万名生殖健康咨询和社会工作的群众团体和自治骨干队伍。15年内村级工作人员要全部取得生殖健康咨询或社会工作者职业资格。"卫生部印发的《医药卫生中长期人才发展规划（2011—2020年）》（卫人发〔2011〕15号）提出，"适应新时期人民群众的健康需求，加强健康管理、心理卫生、公共营养、老年护理、社会工作等相关人才培养"。国务院印发的《卫生事业发展"十二五"规划》（国发〔2012〕57

号）提出，"改进群众就医服务，三级医院和有条件的二级医院普遍开展预约诊疗、'先诊疗、后结算'、志愿者和医院社会工作者服务，优化医疗机构门急诊环境和流程，广泛开展便民门诊服务"。国务院办公厅转发中央综治办等11部门《关于加强严重精神障碍患者救治救助工作的意见》提出，"各级综治、民政、卫生计生部门和残联等要依托精神卫生医疗机构、社区卫生服务机构、农村医疗卫生机构和各类精神疾病社区康复机构，加强衔接配合，充分发挥基层综合服务管理平台作用，积极开展社会化、综合性、开放式精神疾病康复工作，为居家严重精神障碍患者提供治疗康复服务和人文关怀。扩大专业人员类别，吸收精神康复专业人员、精神卫生社会人员进入精神卫生工作队伍"。国务院转发卫生计生委、中央综治办、民政部等10部门出台的《全国精神卫生工作规划（2015—2020年）》提出，到2020年，"心理治疗师、社会工作师基本满足工作需要，社会组织及志愿者广泛参与精神卫生工作"。"各地要建立健全精神卫生专业队伍，合理配置精神科医师护士、心理治疗师，探索并逐步推广康复师、社会工作师和志愿者参与精神卫生服务的工作模式。""教育部门要加强精神医学、应用心理学、社会工作学等精神卫生相关专业的人才培养工作。"国家发改委、中央综治办、公安部、民政部、人力资源和社会保障部、中国残联印发的《关于开展全国精神卫生综合管理试点工作的通知》（国卫疾控发〔2015〕57号）提出，"积极支持和引导社会组织参与试点工作。每个试点地区至少要扶持1个社会组织，并吸引专业社会工作者和志愿者参与精神障碍患者社区康复服务"。"专业机构逐步建立健全由精神科医师、护士，心理治疗师、康复师、社会工作者组建的多功能服务团队。"国家卫生和计划生育委员会发布的《关于印发进一步改善医疗服务行动计划的通知》（国卫医发〔2015〕2号）提出，"加强医院社工和志愿者队伍专业化建设，逐步完善社工和志愿者服务。三级医院应积极开展社工和志愿者服务，优先为老幼残孕患者提供引路导诊、维持秩序、心理疏导、健康指导、康复陪伴等服务。儿童医院、艾滋病定点医院等专科医院可以与儿童、艾滋病患者关爱组织等合作，提供体现专科特色的志愿者服务。充分发挥社工在医患沟通中的桥梁和纽带作用"。在出生性别比失衡方面，在人口计生服务机构就职的专业社工，主要职责是协助开展优生优育政策与知识宣传，协助做好有特殊困难的孕妇、产妇、婴幼儿健康照顾服务，以及协助做好失独家庭特殊关爱服务。

四　群团组织与个体化农户的整合

在基层人口计生工作中，计生协会是不同于政府和行政部门的群众团体，却承担着行政职能部门很难延伸到的工作层面，其综合基础性作用的发挥，既有不可忽视的实践意义，又是做好人口数量控制和流动人口管理服务的关键力量。但调查了解到，目前农村计划生育基层协会发挥不了真正的作用，村民自治难以实现。目前农村村村都有计划生育协会，都有计生协会章程，但是发挥不了作用，有的流于形式。基层计生管理工作与计生协会工作分不清，尤其是计生工作由行政向服务转变，协会就更难有自己的特色，不少基层的计生协会组织是形同虚设，计生协与计生办两块牌子一个班子，没有真正发挥协会群团组织的作用，由此，真正的村民自治也就难以做到。

（一）计生协会参与性别治理的合法性

计划生育协会的产生，不仅是人口与计划生育工作自身发展的客观需要使然，更是中国共产党发扬自身群众工作传统的内在逻辑使然。作为人口与计划生育群众工作队伍，计划生育协会组织只有深入最基层的群众中，才能做好群众工作，营造良好的人口环境，推动人口良性发展。但是，基层人口问题的复杂性决定了计划生育协会在面对群众开展工作时，不能就人口抓人口，必须坚持人口问题与基层社区发展问题同时抓，只有这样才能更好地完成计划生育协会自身的人口工作使命，而计划生育协会这一综合性功能的发挥，也得到了党和国家的充分肯定，中央有关文件明确指出，计划生育协会在基层计划生育、扶贫开发、社区发展等工作和社会主义精神文明建设中，正在发挥着日益明显的作用。《人口与计划生育法》第七条明确规定："工会、共产主义青年团、妇女联合会及计划生育协会等社会团体、企业事业组织和公民应当协助人民政府开展人口与计划生育工作。"明确计划生育协会开展人口与计划生育工作的法定义务。之后又进一步规定了"村民委员会应当支持服务性、公益性、互助性社会组织依法开展活动，推动农村社区建设"。肯定了计划生育协会等群众组织在农村社区建设中的积极作用。中国计划生育协会也先后通过自身的章程进一步明确了计划生育协会的基本性质和职能，强调计划生育协会是非营利性群众团体，要协助政府统筹解决人口问题，促进人口长期均衡发展，并动员和组织广大群众参与人口发展、生殖健康、计划生育和家庭保健。

（二）人口计生工作从管控走向服务的转变为计生协会提供了发挥作用的空间

随着计划生育政策的落实和成效的转变，我国在新旧世纪之交即已实现了人口再生产类型的转变，进入了人口低生育水平国家行列。这一举世瞩目成就的取得，基本上是依靠强有力的行政干预方式。这种方式在人口多、底子薄、人口快速增长的过去无疑有着关键、主导性的作用。但是，随着人类社会的发展，随着"以人为本"观念逐步深入人心，随着国际社会对人口与发展问题各个方面的进一步关注，我国正逐步与国际接轨，"世界人口发展"大会的先进理念，也在不断引入我国的人口与计划生育工作之中。转变行政部门在计生工作方面的理念，即从严密监管走向综合服务带动的转变，提高人口素质、注重社区工作、体现人本关怀等新型工作理念要求我们的工作思路与方法应适时转变，在以进一步稳定低生育水平，统筹解决人口问题为主要任务的新的时期，人口与计划生育事业与时俱进的必要而又有效的途径是必须改变主要依靠强有力的行政手段控制人口增长的做法。从当前计生协会的任务看，在贯彻执行党和国家有关人口计生的法律、法规和政策，充分发挥会员的示范带头作用的同时，重点参与政府统筹解决人口问题，组织开展富有鲜明特色的人口计生群众性宣传活动，倡导科学文明进步的婚育新风，引导群众自觉实行计划生育。为广大群众尤其是青少年提供性与生殖健康、预防性病和艾滋病等服务，普及避孕节育、优生优育等知识，推广健康文明的生活方式。推行计划生育民主管理和民主监督，实现群众对计划生育的自我教育、自我服务、自我管理、自我发展，反映计划生育群众的诉求，维护群众的合法权益。

（三）新时代下计划生育协会工作是社会管理创新不可或缺的重要补充

党的十八大报告中，中央站在新的历史起点上，审时度势地提出，要在综合完善社会主义建设"五位一体"的总布局过程中，在2020年，实现全面建成小康社会的目标。社会建设与经济建设、政治建设、文化建设和生态文明建设相互联系，互相统一。21 世纪开始以来，随着市场经济体制的逐步完善和改革开放的深入发展，一方面，法律制度、财政与收入分配等制度在逐步完善，另一方面，"党委领导，政府负责，社会协调，公众参与"的社会管理格局正在形成，社会事业发展增速，人民生活水平不断提高。党的十八大报告要求完善和创新流动人口和特殊人群管理服务，在这一过程中，我国人口城镇化进程在进一步加快，城乡人口流动更加频繁，流向多元，长期制约着城乡统筹发展的户籍制度正处于改革进行时，加快改革户籍制度，有序推进农业转移人口市民化，努力实现城乡基本公共服务常住人口全覆盖，各种管理制度的现代化和非行政化，使得政府直接管理计划生育的机制和效率不可避免地面临诸多挑战和难题，而通过群众组织管理群众的机制无疑适应了形势的要求，在新阶段人口与计划生育工作，尤其是在城市流动人口管理工作中，既是行政权力无法顾及领域的有效补充，又是动员和引导流动人口和农村人口实现科学发展的重要力量，是新时代社会总布局建设和实现小康社会目标的有效生力军。

第四节　个案管理：网络支持整合的核心技术与策略

社会工作者作为社会政策实施的重要承担者，连通政府服务及社会服务项目与案主的实际需求，是农村计生家庭的社会支持网络中重要的桥梁和纽带，所以相关社会福利和服务的整合是社会工作的实践内容。在传统的自上而下的政治执行和服务提供的框架下，服务对象被当作社会福利和服务的被动接受者，社会工作实践局限于服务的传递和中介者角色，可动用的福利资源十分有限。在传统的社会工作实践中，社会工作强调个体的社会心理诊断和干预，缺乏对于更广泛社会问题的关注，社会性不足，社会工作者缺乏对政策实现的话语权。伴随国家治理现代化、社会保障政策日益完善、社会组织蓬勃发展以及社会成员需求的多样化，社会工作者对政策过程的参与以及对服务整合的关注日渐增强。在这个过程中，社会工作者不仅仅扮演着诊断和服务传递的角色，也更多地作为社会服务的组织者和连通者、政策倡导者以及社会发展者。

一　个案管理技术与性别失衡治理的互构

（一）农村计生家庭服务提供体系与个案管理的功能

个案管理的核心目标是通过整合服务来满足社会成员的福利及服务需求，如果从功能视角出发可以发现，我国以政府为主导的社会服务发送方式也在某种程度上体现了个案管理的实践形态，它主要表现在计划体制传统下对社会服务的行政化连通、整合与发送体系，这种形态在改革以前表现得尤为明显。例如，单位体制便是一种通过单位来整合社会服务的组织形态，医疗、住房、教育、养老等各种社会服务以单位成员身份为基础来提供或分配。农村社会的各种社会福利服务与城市相比相对缺乏，但合作医疗、民政救助等福利服务的提供建立在集体经济的管理体制之上，对相关福利和服务的整合起到积极的作用。不过，总的来说，计划体制传统下的社会服务提供模式基于自上而下的行政命令，社会服务和保障更多地带有社会控制的政治性功能而非服务功能，具体的工作方法乃是行政化和半专业化的①。这种方法在某些服务领域、服务对象上比较有效，但它较少考虑到案主层面的个体化和多元化的需求，服务的专业性、整合性和持续性都存在许多问题，与西方国家的制度化与专业化的个案管理相比存在很大差异。

伴随着市场经济改革和社会变迁，传统的社会服务提供体系受到冲击，福利服务资源的获得、运用以及连通方式都相应地发生变化，服务资源和发送体系的分化、分散成为一个突出的问题。如前所述，从集体经济到家庭经济的转型使农村的集体社会保障功能大大减弱，大量的农村居民或从农村到城市的流动人口缺乏基本的社会保障和服务。社会福利和服务的发送在总体上受制于政府部门之间的体制分割，虽然部门之内的行政动员能力较强，但部门之间的合作则受到体制差异、利益冲突以及人员编制等限制无法深入，对服务发送的整合构成了很大的阻碍。此外，民间组织也在过去一段时期得到快速发展，许多民间组织介入社会服务发送中，成为政府服务的有益补充。然而，政府和非营利组织之

---

① 王思斌：《中国社会工作的嵌入性发展》，《社会科学战线》2011 年第 2 期。

间的信任、合作仍有待增强，各个非营利组织之间也没有建立起良好的合作伙伴关系。而在具体的服务发送层面，许多社会服务工作者缺乏必要的培训和整合运用资源的能力，行政化的服务发送模式依然占据主导地位，更多地强调自上而下的行政管理而非自下而上的个体化服务满足。

个案管理致力于通过专业化的服务方法，整合多元福利体系中的可用资源，发展出较为系统的服务发送与案主干预计划，以满足案主持续性、多元化的服务需求，对于解决目前我国社会服务发送所面临的问题应该说具有十分积极的意义，它具体表现在网络、服务与技术几个层面。在网络层面，个案管理可以建立不同服务组织或部门之间具有常规化的连通关系，发展出有效的服务转介网络，协调服务网络中的可用资源，以及整合正式和非正式的社会支持系统等。在服务层面，个案管理可以促进案主与可用服务资源之间的连通，为案主提供充分且多样化的服务信息及选择，增进案主的决策能力。同时，个案管理还可以监督服务的有效性、追踪服务的发送过程。在技术层面，个案管理已经发展出许多比较有效的服务方法或技能，如信息的保存和记录、服务监测和评估、服务转介、案主培训、咨询和治疗等。个案管理的技术也包括从案主识别、案主选择、需求和风险评估、照顾/干预计划、照顾/干预实施到服务监测和服务再评估的服务程序。中国改革以来的福利变迁基本上是朝着福利多元化的方向，它导致计划体制下的服务整合机制不再有效，以及福利体系和服务资源的分化，而个案管理在网络、服务和技术三个层面上的实践模式有助于弥合多元福利变迁下的福利分化状态。

（二）个案管理技术与人口出生性别比失衡治理政策的"互构"效应

社会服务技术不仅基于科学的知识体系，也基于经验、伦理及信仰系统[1]。社会服务技术在应用过程中常常面临着诸多的模糊性和不确定性，受到特定社会意识形态、制度情境以及服务工作者的自由裁量权等的深刻影响。对于在我国社会服务发送体系中引入个案管理，研究者和实践者都应当重视服务技术的这种社会构成特点。个案管理的实践受到特定制度、组织环境以及行动者选择的形塑，但它也在应用的过程中持

---

[1]　Hasenfeld, Y., & Paton, A.（1983）. *Human service organizations.* Englewood Cliffs, NJ: Prentice – Hall：50.

续地建构及重构着与其相关联的社会服务体系，技术和社会结构的这种"互构"的效应在许多研究中得到验证，并日益受到社会工作研究者的重视。社会工作发展中的"互构"效应需要我们详细了解专业知识和本土制度环境的各自特点，并在实践过程中不断地反思两者之间可能产生契合或冲突的方面。

比如从社会政策到服务的转换常常容纳复杂的互动和行动自由空间。在政策的实施过程中，基层的福利工作人员实际上扮演着一种"双重代理人"的角色，其中包含有利益共同体的影响。而政策本身往往并不能对基层变通行为进行限制，实际上，由于制度成本的约束，这种监督也是不可能的。基层行动者的自由空间也由此产生了类似"关系福利"或者通过利益共同体的政策扭曲行为。此外，利益导向及相关的福利保障制度依赖社区作为政策实施的基层环节。乡镇和村委会是执行政策的主要工作人员，由于农村地区已有的社区管理体制，计生家庭保障的实施节省了大量的制度成本。但这些基层工作人员大多并没有接受过专业的社会工作伦理或技巧训练，在选择或传递计生家庭服务的过程中，他们许多依赖于行政化或非专业化的工作方法，并不能有效地实现持续性的发展目标。事实上，基层工作人员常常面临计生家庭服务的两难困境，如果审查很严格，容易出现社会排斥及福利的耻辱化情形，如农村计生女孩家庭的社会排斥问题和农村计生家庭老年孤独现象；但如果审查不力，则容易出现贫困群体的福利依赖。解决这种困境的一个思路是以公众权利为基础的福利参与。首先，不应该将福利对象视为被动的接受者，而应将其看作平等的权利主体，获得计生家庭服务是贫困群体的正当权利。其次，计生家庭服务中福利参与的一个重要目标是通过福利工作者与受助者的积极互动，促进他们参与社区、组织以及各种服务与项目，这种参与并非仅仅局限于福利服务的传递，而是致力于持续性的能力建设，消除福利依赖。

二 个案管理：从政策到服务的实务模式

（一）个案管理的内涵

多数研究者认为，个案管理是从 20 世纪 70 年代在美国社会服务领域中首先获得采用，并从 80 年代以后扩展到欧洲、澳大利亚等其他地区和国家。个案管理的起源和发展一方面体现了美国及其他西方国家的多元化社会福利的制度传统及变革方向，另一方面也与社会工作的专业及实践发展具有紧密的联系。它经历了从个体化的慈善实践到组织化、制度化安排的演变历程。最早的个案管理实践可以追溯到 1863 年，美国马萨诸塞州成立第一个州立慈善理事会，试图以此协调公共服务以及节省用于对贫困者和病人的公共开支。随后的睦邻安置社运动则是第一次在社会工作实践中运用较为粗略但有效的个案管理式方法。睦邻安置社采用了许多保存服务对象和相关问题记录的方法，比如索引卡片、培训小组等，目的在于较为全面地了解所服务社区和移民的各种问题。19 世纪后期开始建立的慈善组织协会则侧重于各种慈善机构之间的连通与合作，通过采用保存服务记录以及交叉监测等方法以避免不同组织的重复性服务发送，其目的在于更有效地利用慈善资源，这一传统在 20 世纪 20 年代以后许多地区兴起的综合社区服务机构的实践中得到继承。

1992 年，美国社会工作者协会将社会工作个案管理定义为一种提供服务的方法，运用这种方法，专业社会工作者评估当事人及其家庭的需要，并安排、协调、监管、评估及争取包括多种服务的一揽子服务，以满足特定当事人的多种需要。Ballew 和 Mink 认为，个案管理是在助人服务中"唯一"一种以同时遭遇多重问题，并且在获取及使用资源上有困难的个人和家庭为其案主群的工作方法。面对越来越多的受助人群所面临的通常是多重的困难或问题，且他们又往往无力使用或接触到各种社会资源，个案管理的独到之处在于，在评估当事人及其家庭的多样化需要基础上，链接、动用各种社会资源，注重发展资源网络，开展组织机构间的合作，为同时遭遇多重问题的受助人群提供一揽子支持性服务。

可见，个案管理是一种利用多种方法和资源进行服务的"综融性社会工作"，是基于案主的多元化需求而对服务资源进行整合和管理的系统方法，它反映了社会工作的核心价值观。"全人"（the whole person）是社会工作的一个核心假设，即社会工作者致力于连通广泛的社会福利资源以满足案主生理、心理以及社会的多方面的需求。在此假设基础上，个案管理的目标及功能包括：建立案主与正式福利体系的对接，提供信息和行政的支持，保证服务的连续性和整合性，以及监督服务的效果，等等。个案管理有助于福利资源的动员，同时增加服务的效率和效果，因此被视为社会服务整合的核心策略。

（二）系统取向与个案取向的个案管理

个案管理在实践过程中常常涉及各种不同的目标人群、服务领域、组织环境或专业，这也在某种程度上导致其概念、内涵及实践标准呈现出模糊性。如在个案管理的概念界定上，有的学者强调以案主为中心的服务发送过程①；有的学者强调其连通和整合服务发送网络的功能②。系统取向和案主取向之间的张力在个案管理的概念界定和实践过程中是最为突出的，它也反映了与其相关的社会工作等专业领域长期以来存在的宏观和微观视角上的对立。

对于系统取向的研究者和实践者来说，个案管理应当主要被看作一个连通和协调服务发送体系中的各种分散要素的机制。其主要功能包括整合服务和促进服务的连续性，前者体现在跨部门和服务领域的合作；后者体现在为应对服务需求的变化提供持续性的协助③。在系统取向看来，个案管理的核心功能是服务整合，而案主的治疗或倡导等较为个体化的服务应当包含于个案管理的系统化过程④，组织连通、行政管理、服务规划、服务监督和评估等内容在其中占据重要的地位。系统取向的个案管理目的在于控制，通过协作、管理等控制手段降低不必要的资源重复。然而，与其相对的是，案主取向的个案管理更加重视在案主层面而非系统层面的服务干预，在个案管理中，工作者重视与案主较为密切、直接的接触和互动，了解案主的个人、家庭等环境因素，并制订相应的干预计划。案主的问题解决、倡导以及增权被放在工作的首位，组织合作和福利资源的运用主要是为了满足案主个体化和多元化的需求。案主取向的个案管理基于支持，案主也是消费者，支持和满足案主的需求是

---

① Weil, M., & Karls, J. (1985). Historical origins and recent developments in case management. San Francisco Calif: Jossey – Bass Publishers: 148 – 149.

② Rothman, J. (1991). A model of case management: Toward empirically based practice. *Social Work*, (6).

③ Ibid.

④ Weil, M., & Karls, J. (1985). Historical origins and recent developments in case management. San Francisco Calif: Jossey – Bass Publishers: 148 – 149.

服务发送的主要驱动力①。

在实际个案管理实践中，许多研究发现，工作者更偏重于案主层面的任务和责任，而忽略其在系统层面的角色②。不过，这也与工作者缺乏足够的权威、资源和影响力来改变既存的制度和组织安排有关，他们在系统层面上的功能发挥常常受到外部环境的诸多限制。而更多的研究指出，系统和案主两个层面实际上是相互促进和影响的关系，个案管理应当被看作是一个以系统取向和案主取向为两端的连续谱，根据个案管理实践的目标人群、组织情境以及制度环境的不同，其对系统或案主的强调程度也会有所不同。如精神健康的服务中，案主的照顾、治疗等个体层面的需求常常更加突出，而在社区老年人照顾中，组织化的资源整合以及服务持续性则被放在更重要地位③。

（三）个案管理工作者的角色定位与一般工作程序

尽管个案管理越来越表现出多元化和综合化的趋势，但它仍然具有某些核心的特点和工作程序④。

个案管理工作者，通常被称为个案管理员，也有称之为个案管理师、"个案经理"。与其他社会服务工作者不同，个案管理工作者兼有评估者、辅导者、问题解决者、服务协调者、个案代理者、倡导者及机构间合作的监督者等复杂角色，在服务输送过程中发挥着沟通、联系、协调、监督等多种作用。正因如此，个案管理者既可以是专业服务的直接提供者，也承担起间接服务的职责。这也是个案管理与一般意义上的社会个案工作明显有别之处。

在工作过程中，一个个案管理者实际上同时管理、并为多位社区居民提供着有序的服务。因而，其工作程序相对明晰且规范。一般认为，个案管理的程序或实施步骤可包括六个阶段（也有八个阶段之说），分别是：发现个案和建立关系、预估和诊断、拟订服务计划、连接或整合资

①　Moxley, D. （1997）. *Case Management by Design: Reflections on Principal and Practices.* Nelson – Hall Publishers: 167.

②　Austin, C. D. （1993）. Case management: A systems perspective. *Families in Society*, （8）.

③　Gursansky, D. J, Harvey J, Kennedy R. （2003）. Case Management: Policy, Practice and Professional Business. Columbia University Press: 98 – 101.

④　Austin, C. D. （1993）. Case management: A systems perspective. *Families in Society*, （8）.

源以执行计划、监督和评估服务的输送、结案①。

三　个案管理应用于计生家庭的优势

（一）根据家庭生命周期和历程，为计生家庭能力建设提供针对性的服务方案

个案管理工作者可根据家庭不同生命周期阶段面临的问题，开展服务及相应的家庭发展能力建设，预防问题的发生。这里仅从家庭生计维系的角度来谈。随着一个家庭的产生、发展与消亡，其家庭的能力和生计目标在不断变化，生计状况可能也随之变化。我们以家庭生命周期和家庭生命历程理论为基础，以家庭最主要的任务为标准，将家庭所处的阶段划分为哺育型、生产型、赡养型、负担型四种类型。16 岁以下的未成年人主要是消耗者而非生产者，16 岁以后多开始承担起生产的重任；60 岁以下的成年人，其生产的作用大于消耗，而 60 岁以上的老人则需要的赡养多于其生产。如家庭发展的赡养阶段是家庭生计水平最差的时期，农村计生家庭进入赡养任务阶段时家庭发展能力越发受到挑战。处于赡养任务阶段的家庭，其拥有的生计资本相比其他任务阶段有显著的下降，农村计生家庭亦然。由于人口进入老年后丧失了大部分劳动能力，在家庭中消耗大于生产，老人对家庭的价值更多体现在教育子女尤其是孙辈上，而赡养型家庭中又没有未成年人需要老人的照顾，老年人的这一价值也被削弱了，赡养阶段的生计维持对生计资本的要求增高，但是生计资本水平却在下降，家庭的发展能力可谓降到最低点，计生家庭由于成年子女数量更少，更难以在完成对老人赡养任务的同时仍然保持家庭的可持续发展。个案管理可以敏锐地追踪家庭生命周期各个阶段的需求及其变化，为有需要的家庭构建起预防性、治疗性和发展性兼备的支持网络系统，减弱现代化进程中各种风险和不确定性对于家庭及其成员的冲击，消减影响性别选择的外部性因素，并协助维系家庭生命共同体。

（二）有利于提供个性化和多元化的服务

具体到每一户计生家庭，其救助需求既有共性的，也可能是个别的，

---

① 高灵芝、杨洪斌：《个案管理应用于社会救助的优势与思路》，《东岳论丛》2010 年第 9期。

且往往是不尽相同的需求组合。计生家庭多样化需要和复杂问题的交集，依托现有的计生家庭服务管理体制和运行机制，能否进行全面评估，并予以充分满足和及时化解呢？实践证明这是不可能的。事实上，在现行的计生家庭服务工作实践中，受制于主流意识关于计生家庭的消极社会认知、计生家庭服务资源的"碎片化"、组织机构自身的服务范围与水平、工作人员专业服务能力以及经费相对有限等主客观的原因，计生家庭的多样化需要完全可能被忽视或故意屏蔽。在传统观念的影响下，邻里资源、时间、农村计生家庭的轻易不放弃的勇气、才能和潜能等，这些重要的资源通常"大多都不被利用和开发"，致使具有巨大的、可以利用的精力、主意、才能和工具的"宝库"被抛弃并被视为一文不值。在转换服务视角基础上，通过尊重、信任服务对象、开展对话与合作、激发服务对象抗逆力和内在能力与相关资源等方式来实现助人自助的目的。在评估每一户计生家庭的独特的"优势"的基础上，才能挖掘计生家庭自身潜在的资源，这恰恰又是个案管理工作的主要内容或"强项"。

综上所述，作为一种新的服务设计，个案管理通常用来为那些有着多样需求、复杂或多重问题与障碍的个人或家庭提供服务。其特别之处在于，个案管理工作机构和工作人员格外注重评估服务对象的多元化需求，并针对每个个案"量身定制"服务方案。如此，既可全面准确评估计生家庭的多样化需求，又可有针对性地设计多种救助措施的组合。引入个案管理工作模式是对现行的政出多门、多头管理、资源分散的计生家庭服务与管理体制的有效修复。

（三）有利于链接、统筹各种社会资源，更好地实现计生家庭服务政策目标

个案管理的特色在于涵盖个案转介和追踪、服务整合、组织间的关系与合作、资源整合、服务系统与网络建构等管理议题和实务运作。整合不同机构的多种资源，广泛动员和有效使用社会资源，是个案管理工作者的重要任务，也是这一服务模式得以为服务使用者提供切实满足其需要的可持续服务的重要保障。将个案管理服务模式应用于计生家庭服务工作，有利于链接、统筹各种社会资源，更好地可持续地满足计生家庭的复杂的、动态的、多样化的需求。

（四）可推动人口计生工作及队伍的成功转型和扩展发展空间

目前，人口计生社会工作岗位的主要工作内容、职责和角色还比较模糊。人口计生系统被归并到卫生系统中，表面看来，这可能会对前一阶段人口计生社会工作发展的势头产生延缓作用。不过，这种情况也可能有另外积极的一面，即由于归并的挤压作用，会促使人口计生系统的部分人员主动选择社工的职业定位，加之我国人口控制的紧迫性减弱，计划生育原本的"家庭计划"含义反倒可能凸显，并释放出对人口优质服务的需求信号，使计生社工的正向发展得到刺激。目前除了南京邮电大学的社工专业有人口计生这个方向并设有系统课程，国内似乎没有其他高校的社工专业专门开展这个方向的教育，这种情况也限制了人口计生社会工作的进一步发展。要想回应上述问题，固然可以多方面入手，但是从社工实务角度看，人口计生社会工作应重点发展个案管理的实践和理论探索。

新时期做好人口计生工作任重而道远。人口计生工作要适应不断发展中的新需求，必须更新人口计生理念、延伸服务对象、拓展工作内容、转变工作方法，即由原来的行政手段为主，转向"以人为本"的社会工作理念，并在人口与计划生育领域引入社会工作方法，建立一支人口社会工作队伍，打破人口与计划生育领域的瓶颈。尽快提高专业化社会服务水平，是基层计生干部的当务之急。在实践中，应当系统地学习社会工作知识，接受新的理念、掌握新的方法，以适应人口计生工作的转型，使人口计生工作有创新、有作为。

四 个案管理应用于计生家庭服务的思路

（一）个案管理机构的人员构成

这里首先需要澄清一个问题，即对"社会工作"及其所服务的领域和机构等情况应有一个全面的理解。有时，人们在谈及"社会工作"介入某一领域时，仅仅是局限在专业社会工作者用专业方法从事社会工作实务，这是很狭隘的，也可能是目前我国社会服务专业化过程中的一大误区。对此，我们可以从两个层面上加以说明：

其一，如扎斯特罗所言，几乎所有的社会工作者都工作在社会福利等相关领域，但还有许多其他专业和职业群体也同样工作在这一领域内，这些专业人员包括律师、医生、教师、心理学家、精神病专家等。换言之，社会工作者并没有且实际上也不可能独占人类服务的某一领域，相反，社会工作者必然要与同一领域中其他专业和职业的工作人群展开交流与合作，以提升服务质量。

其二，就某一特定的社会工作专业服务机构的人员构成而言，其人员的专业构成和职能分工也理应是多样化的。社会工作介入任何一个领域，需要建设专业社会服务组织机构及其专业服务队伍。而专业社会服务组织机构里既要有"懂管理、会经营"的"经理人"，也要有与组织服务宗旨相吻合的各类专业人员，如社会工作机构行政管理者、社会政策研究者、社会工作督导、社会工作员、法律工作者、心理咨询师等，即服务队伍应是各类专业人员的组合，可统称为社会服务工作者，而不仅仅是社会工作者，但非社会工作者的其他专业服务人员应具有社会工作理念和掌握一定的社会工作方法。因此，个案管理机构的人员构成亦应是专业特长多样化的组合，尤其是在城乡的区、县和不设区的市所设立的计生家庭服务个案管理机构更应如此。具体到一个特定的区域，可根据当地计生家庭服务对象的救助需求结构配置相应的专业人员。

需要说明的是，即使强调多样化的人才组合，任何一个计生家庭服务个案管理机构及其个案管理者也不可能独自担负起解决计生家庭所有问题的重任，因而，提供信息、转介服务、链接资源等工作手法的使用具有更重要的意义。以资源联结为例，将计生家庭与所需的资源有机地结合起来，为其建构起一个助人者的合作团队或助人网络，并与不同专业机构的助人者之间结成紧密的互动关系，是个案管理者的重要职责，其内涵和复杂程度也远非单纯的个案工作的转介服务可比拟。

（二）个案管理的适用人群

从理论上看，所有的计生家庭均可以成为个案管理的对象。然而，如果我们承认当事人是特别的、差异化的，这意味着在具体的工作中，个案管理者必然要对计生家庭进行预估、区分和选择。个案管理的主旨就在于对面临多种困难或有着多样化需求的案主，动员并组织由多个组织机构内的多类专业人员（包括社会工作师）来提供多元的服务，实际上这也是这一服务模式有别于其他的重要标志。例如，面对仅仅是因为重大意外发生而暂时性陷入生活窘境的社会成员，介入并动员社会资源来帮助其渡过当下的困境是工作者首要的选择。然而,如果面对的是一位长时期内卧病在床且正常的生活起居无法自理的无固定收入老人,个案管理者可能就需要分别针对其疾病的诊治、日常照顾与护理和生活来源等多个方面的难题做出回应。

(三)计生家庭个案管理机构的职责

个案管理应用于计生家庭服务还需要明确计生家庭服务个案管理的专业机构/专业服务人员的职责。通过前文分析可以看出,个案管理模式的应用将使计生家庭服务管理服务的焦点由以往的"任务中心"转为"任务中心"与"以家庭为中心"并重,专业机构/专业服务人员的职责将更为具体、完整和多元。诸如,对计生家庭服务申请者的家庭经济状况调查和对已享受计生家庭服务者的追踪调查;评估每个计生家庭的需要,根据每个计生家庭需要设计救助方案(救助方法),这样可以较有成效地将"分类施助"具体到每个服务对象;为计生家庭提供个性化和专业化的咨询、辅导与治疗,以及个案转介和追踪服务;评估每个计生家庭独特"优势",以挖掘计生家庭自身潜在的资源,促使其自我成长,重塑其自我形象;找出面临多种问题的计生家庭服务对象所需的服务网络,找出这个服务网络中各项服务提供者彼此的互动关系,帮助计生家庭运用、链接和组合存在于家庭、职场、邻里社区、政府各部门和其他社会组织中的各种社会资源。

(四)个案管理介入计生家庭服务的路径

就个案管理应用于计生家庭服务而言,通过什么途径、由哪些机构将个案管理理念和工作模式应用于计生家庭服务是一个关键问题,这是因为,缺乏作为社会资源网络的各类特定服务机构及其专业人员的存在这一前提,包括个案管理在内的计生家庭服务专业模式的讨论均是虚妄之谈。在现阶段及今后一段时期内,可考虑如下两个途径。

一是将个案管理理念和工作模式全面嵌入基层政府现行的计生家庭服务管理体制框架内。具体可考虑在城乡区、县和不设区的市的民政局设立计生家庭个案管理服务的事业经办机构,负责统筹本辖区内的计生家庭的个案管理服务,并由机构内的社会工作督导对辖区内专业服务人员进行专业理念和专业方法督导;而工青妇残联等群团组织均可成为这一模式的社区实践的重要组成部分和参与者。

二是在街道办事处、乡镇政府、社区村（居）委员会设置计生家庭服务个案和管理的专业岗位、配备专业人员和专门经费。此外，围绕着个案管理服务活动的运作与展开，积极培育发展民办为计生家庭服务的专业机构，通过政府购买服务，由民办计生家庭服务专业服务机构提供计生家庭服务个案管理服务，也应尽快提上日程。

五　结语：开展农村计生家庭个案管理运动

在西方许多国家中，个案管理通过法律和社会政策被规定为社会服务发送的核心机制，这是个案管理在政策层面的制度设计。不过，个案管理的制度化过程并非是短期形成的，不同的政策和服务项目对个案管理的采纳乃是一个渐进的扩散过程。同样，个案管理在我国的发展也需要一个学习的过程，由于政府仍然在社会服务发送中占据主导地位，个案管理的应用在很大程度上依赖于政府在社会政策制定及实施中对个案管理的认知和采纳的方式。除了政策制定的支持外，组织间网络的合作与开放性对个案管理的实践运行也十分重要。在具体的服务发送过程中，个案管理工作者常常需要处理不同组织之间复杂的政治经济关系，其中最突出的问题是个案管理项目或工作者的权威与参与个案管理的各个组织本身的自治性之间的冲突。目前我国社会管理体制中的"条块分割"的问题依然比较严重，不同的社会服务领域归属于不同的政府部门如劳动、卫生、民政以及工会、妇联、残联等，部门利益关系对社会服务资源的整合形成较大的阻碍。由于个案管理实践需要跨越组织的边界，动员、协调或干预到各个组织的资源运用方式以满足案主的需要，它可能影响到组织本身的自主性及控制权力。尽管个案管理的实践与组织网络之间的结构关系是一个相互作用的过程，但更高层次上的行政结构整合是个案管理的功能得以发挥的重要前提，即我们在本章第二节谈到的政府组织间的服务整合问题，这需要有关部门也同样有壮士断腕的勇气，才能在人口性别治理、农村计生家庭服务网络整合等重大方面取得突破性进展。

个案管理还需要来自于专业的规范力量。个案管理日益发展成为多学科和多专业的介入领域，但不可否认，社会工作仍然是其发展的重要专业基础。对于从事个案管理的大部分工作者来说，从接案到结案、从宏观政策到微观的案主需要等的每一个环节都需要比较专门化的知识和训练，社会政策、社会行政、社区工作、小组和个案工作等社会工作专业课程构成个案管理的专业知识基础。此外，社会工作者还需要学习有关于具体服务领域和服务对象的专业知识和技能，致力于发展有利于个案管理实践的专业准则，促进相关实习的督导和评估。个案管理的应用和发展需要在我国人口政策变迁的制度环境和专业环境中不断实践、学习及反思。因此，对于专业人才的培养以及对现有队伍中专业能力的提高关系到支持网络的运转质量，也应得到重视。

参考文献

［美］尼古拉斯·克里斯塔基斯、詹姆斯·富勒：《大连通：社会网络是如何形成的以及对人类现实行为的影响》，简学译，中国人民大学出版社2012年版。

［美］安东尼·唐斯：《官僚制内幕》，郭小聪等译，中国人民大学出版社2006年版。

［美］弗兰克·奈特：《风险、不确定性与利润》，安佳译，商务印书馆2006年版。

［美］科塞：《社会冲突的功能》，孙立平等译，华夏出版社1989年版。

［美］拉塞尔·M.林登：《无缝隙政府：公共部门再造指南》，汪大海等译，中国人民大学出版社2002年版。

［美］莱斯特·M.萨拉蒙：《全球公众社会—非营利部门视界》，贾津西、魏玉等译，社会科学文献出版社2002年版。

［美］莱斯特·M.萨拉蒙：《公共服务中的伙伴：现代福利国家中政府与非营利组织的关系》，田凯译，商务印书馆2008年版。

［美］罗伯特·鲁宾：《在不确定的世界》，李晓岗、王荣军、张凡译，中国社会科学出版社2004年版。

［美］斯蒂芬·戈德史密斯、威廉·D.埃格斯：《网络化治理：公共部门的新形态》，孙迎春译，北京大学出版社2008年版。

［英］齐格蒙特·鲍曼：《寻找政治》，洪涛等译，上海人民出版社2006年版。

［英］安东尼·哈尔、詹姆斯·梅志里：《发展型社会政策》，罗敏等译，社会科学文献出版社2006年版。

［卢森堡］玛丽安娜·伍德赛德、特里西娅·麦克拉姆：《社会工作个案管理：社会服务传输方法》，隋玉杰译，中国人民大学出版社 2014年版。

［美］诺思：《制度、制度变迁与经济绩效》，杭行译，格致出版社2008 年版。

［波兰］齐格蒙特·鲍曼：《个体化社会》，三联书店 2002 年版。

［德］西美尔：《社会学：关于社会化形式的研究》，林荣远译，华夏出版社 2002 年版。

乌尔里希·贝克：《个体化》，北京大学出版社 2011 年版。

邓锁：《个案管理：多元福利背景下的服务整合与发送》，王思斌主编：《中国社会工作研究》第 7 辑，社会科学文献出版社 2010 年版。

金一虹：《父权的式微：江南农村现代化进程中的性别研究》，四川人民出版社 2000 年版。

李珍：《社会保障理论》，中国劳动社会保障出版社 2001 年版。

刘慧君、李树茁：《性别失衡的社会风险研究》，社会科学文献出版社 2014 年版。

世界银行：《让服务惠及穷人—2004 年世界发展报告》，中国财政经济出版社 2004 年版。

徐安琪：《风险社会的家庭压力和社会支持》，上海社会科学院出版社 2007 年版。

郑杭生：《走向更加公正的社会：弱势群体与社会支持》，中国人民大学出版社 2003 年版。

毕雅丽、李树茁、尚子娟：《制度关联性视角下的出生性别比治理制度环境分析》，《妇女研究论丛》2014 年第 2 期。

边燕杰、张文宏：《经济体制、社会网络与职业流动》，《中国社会科学》2001 年第 2 期。

蔡禾等：《城市居民和郊区农村居民寻求社会支援的社会关系意向比较》，《社会学研究》1997 年第 6 期。

曹立斌：《计生与非计生家庭生计资本状况比较研究——来自湖北省的数据》，《人口与经济》2015 年第 2 期。

曾凡军、韦彬：《整体性治理：服务型政府的治理逻辑》，《广东行政学院学报》2010 年第 1 期。

曾维和：《整合性公共服务—当代西方国家公共服务提供的新模式》，《上海行政学院学报》2012 年第 1 期。

成伯清：《社会建设的情感维度——从社群主义的观点看》，《南京社会科学》2011 年第 1 期。

邓锁：《社会服务递送的网络逻辑与组织实践——基于美国社会组织的个案研究》，《社会科学》2014 年第 6 期。

杜本峰、李碧清：《农村计划生育家庭生计状况与发展能力分析—基于可持续性分析框架》，《人口研究》2014 年第 4 期。

范斌、朱媛媛：《从碎片化到无缝隙—基于一个社会工作项目的研究》，《湖南社会科学》2017 年第 4 期。

顾宝昌：《中国大陆、中国台湾省和韩国出生婴儿性别比失调的比较分析》，《人口研究》1996 年第 5 期。

贺寨平：《国外社会支持网研究综述》，《国外社会科学》2001 年第 1 期。

黄桂霞：《构建性别平等社会保障制度，促进社会公平正义建设》，《中华女子学院山东分院学报》2010 年第 6 期。

黄胜伟：《发展专业社会工作助力卫生计生服务体系改革》，《中国社会工作》2016 年第 1 期。

蒋丽：《基于电子政务的无缝隙政府理论分析》，《黑龙江社会科学》2008 年第 6 期。

李慧英：《男孩偏好与父权制的制度安排——中国出生性别比失衡的性别分析》，《妇女研究论丛》2012 年第 2 期。

李立文、余冲：《试论农村纯女户社会支持系统的构建》，《人口与经济》2008 年第 2 期。

李林艳：《社会空间的另一种想象——社会网络分析的结构视野》，《社会学研究》2004 年第 3 期。

李树茁、陈盈晖、杜海峰：《我国的性别失衡与社会可持续发展——一个跨学科的研究范式与框架》，《西安交通大学学报》（社会科学版）2009 年第 6 期。

梁中堂：《艰难的历程：从"一胎化"到"女儿户"》，《开放时代》

2014 年第 3 期。

陆杰华：《全面二孩政策背景下完善出生性别比综合治理体系的思考》，《人口与发展》2016 年第 3 期。

［瑞士］罗尔夫·贝克尔、安德烈亚斯·哈贾尔：《"个体化"与阶级结构——个体生活何以仍然受社会不平等影响》，《国际社会科学杂志》2016 年第 1 期。

彭锦鹏：《全观型治理：理论与制度化策略》，《政治科学论丛》2005 年第 23 期。

彭希哲、胡湛：《当代家庭变迁与家庭政策重构》，《中国社会科学》2015 年第 12 期。

丘海雄、陈健民、任焰：《社会支持结构的转变：从一元到多元》，《社会学研究》1998 年第 4 期。

石智雷、彭慧：《库区农户从贫困到发展：正式与非正式社会支持的比较》，《农业技术经济》2015 年第 9 期。

宋健：《我国出生人口性别比偏高问题的政策回应与效果—兼论县级层面社会政策协调的探索与启示》，《人口研究》2009 年第 4 期。

谭琳、周垚：《治理出生人口性别比偏高：公共政策的赋权性分析—中国和韩国国家层面公共政策比较》，《妇女研究论丛》2008 年第 9 期。

唐任伍、赵国钦：《公共服务跨界合作：碎片化服务的整合》，《中国行政管理》2012 年第 8 期。

田遇春、刘玲琪：《农村计划生育家庭养老保障机制研究》，《人口学刊》2007 年第 1 期。

王国红：《试论政策规避的危害》，《国家行政学院学报》2007 年第 5 期。

韦艳、吴燕：《整体性治理视角下中国性别失衡治理碎片化分析及路径选择》，《人口研究》2011 年第 2 期。

吴红梅、王春婷：《整体性治理视域下社会养老保险问题的棘手性分析与系统思考》，《社会主义研究》2012 年第 4 期。

吴小英：《市场化背景下性别话语的转型》，《中国社会科学》2009 年第 2 期。

杨君、徐选国、徐永祥：《迈向服务型社区治理：整体性治理与社会再组织化》,《中国农业大学学报》(社会科学版) 2015 年第 3 期。

杨文庄等:《构建和谐社会中的政策协调问题—以计划生育为例》,《人口研究》2007 年第 5 期。

张文宏:《社会转型过程中社会网络资本的变迁》,《社会》2008 年第 3 期。

张翼:《中国人口出生性别比的失衡、原因与对策》,《社会学研究》1997 年第 6 期。

朱玉知:《整体性治理与分散性治理—公共治理的两种范式》,《行政论坛》2011 年第 3 期。

竺乾威:《从新公共管理到整体性治理》,《中国行政管理》2008 年第 10 期。

国家统计局:《第六次全国人口普查主要数据发布》, 2011 - 11 - 25 (http：//www. stats. gov. cn/zgrkpc/dlc/yw/t20110428_ 402722384. htm)。

Beckman, L. J. , &Houser, B. B. (1982). The consequences of child-lessness on the social - psychological well - being of older women. *Journal of Gerontology*, (2).

Etzioni, A. (1996). The responsive community：A communitarian per-spective. *American Sociological Review*, (1).

Hernandez, D. J. (1984). *Success or failure? Family planning programs in the Third World*. Westport, CT：Greenwood Press.

Kinnvall, C. (2017). Feeling ontologically (in) secure：States, trau-mas and the governing of gendered space. *Cooperation and Conflict*, (1).

Lin N. (2001). *Social Capital：A Theory of Social Structure and Action*. New York：Cambridge University Press.

Moore, S. (1992). Case management and the integration of services：How service delivery systems shape case management. *Social work*, (5).

Roberts, N. (2000). Wicked problems and network approaches to reso-lution. *International Public Management Review*, (5).